2e année du 2e cycle du secondaire

Éc$_2$sphère

Science et technologie • Science et technologie de l'environnement
Manuel de l'élève • Volume 2

Mathieu Dubreuil
Paul Morissette
Monique Pagé
Annie Poirier

LES ÉDITIONS CEC
Une compagnie de Quebecor Media

8101, boul. Métropolitain Est, Anjou (Québec) Canada H1J 1J9
Téléphone : 514-351-6010 • Télécopieur : 514-351-3534

Direction de l'édition
Claude Fortin

Direction de la production
Danielle Latendresse

Direction de la coordination
Rodolphe Courcy

Charge de projet
Patrice Ricard

Révision linguistique
François Morin

Correction d'épreuves
Sabine Cerboni

Réalisation technique et conception graphique

matteau parent
graphisme et communication

Geneviève Guérard (concept original et couverture)
Nancy Lafontaine (conception et réalisation graphique)

Illustrations
Bertrand Lachance
Stéphan Vallières
François Escalmel

Recherche iconographique
Peggie Gosselin

Les auteurs et l'Éditeur tiennent à remercier les personnes suivantes, qui ont participé au projet à titre de consultants.

Consultants scientifiques

Geneviève Beaulé, professeure,
Collège André-Grasset

Philippe D'Autray Tarte, professeur,
Collège André-Grasset

Mélanie Desrochers, géographe, M. Sc.

Paul Dorion, ing., ingénieur en environnement, consultant

Nicolas Mainville, consultant

Nicolas Milot, chercheur, Institut des sciences de l'environnement, Université du Québec à Montréal

Jean-François St-Amant, chargé de cours, Université de Montréal

Consultants pédagogiques

Peggie Gosselin, consultante pédagogique

Annie Ouellet, conseillère pédagogique au Programme d'éducation internationale, Commission scolaire de Saint-Hyacinthe

Pascal Roy, enseignant, Collège Mont-Sacré-Cœur

Collaboration à la rédaction

Peggie Gosselin

Collaboration à la rédaction des capsules

Josée-Nadia Drouin, Agence Science-Presse

Dans cet ouvrage, la féminisation des titres des fonctions et des textes est conforme aux règles d'écriture proposées par l'Office de la langue française dans le guide *Au féminin,* produit par Les Publications du Québec, 1991.

Les Éditions CEC remercient le gouvernement du Québec de l'aide financière accordée à l'édition de cet ouvrage par l'entremise du Programme de crédit d'impôt pour l'édition de livres, administré par la SODEC.

Écosphère, Manuel de l'élève, volume 2
© 2008, Les Éditions CEC
8101, boul. Métropolitain Est
Anjou (Québec) H1J 1J9

Dépôt légal : 2008
Bibliothèque et Archives nationales du Québec
Bibliothèque et Archives Canada

ISBN 978-2-7617-2634-4

Imprimé au Canada

1   2   3   4   5   12   11   10   09   08

Table des matières

Problématique de l'énergie

UNIVERS VIVANT

L'exploitation de l'énergie

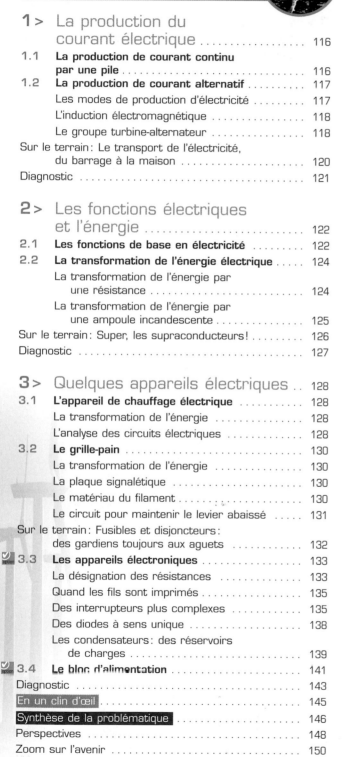

Outils

Présentation du manuel

Le manuel *Écosphère*, volume 2, est une ressource essentielle au développement des compétences ciblées par les programmes *Science et technologie* (formation obligatoire) et *Science et technologie de l'environnement* (formation optionnelle). Cet outil de référence aborde les concepts prescrits sous l'angle de deux problématiques environnementales à l'étude au cours de la 2e année du 2e cycle du secondaire : l'**eau** et **la forêt.**

Afin de bien exposer les défis environnementaux qui se présentent à l'humanité, chacune des problématiques aborde les savoirs tirés des quatre univers suivants : **Univers Terre et espace, Univers matériel, Univers vivant** et **Univers technologique.**

À la fin du manuel, une section **Outils** offre des fiches destinées à soutenir l'élève dans l'application des démarches, des techniques, des attitudes et des stratégies propres à la science et à la technologie. L'élève y trouvera aussi un **glossaire,** un **index** et le **tableau de classification périodique des éléments.**

La collection *Écosphère* propose trois manuels de l'élève pour la 2e année du 2e cycle du secondaire :

Chacun des volumes comporte :

- deux problématiques environnementales ;
- des savoirs relatifs à ces problématiques, groupés sous quatre univers : Univers Terre et espace, Univers matériel, Univers vivant et Univers technologique ;
- une section Outils ;
- un glossaire ;
- un index ;
- un tableau de classification périodique des éléments.

Au fil des problématiques

Un intitulé propose à l'élève de s'interroger sur la problématique abordée et interpelle sa conscience environnementale.

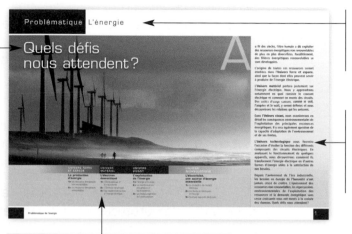

Un intitulé désigne la problématique environnementale à l'étude.

Un texte d'introduction met l'accent sur les liens qui existent entre chacun des quatre univers et la problématique abordée.

Une énumération des principaux sujets traités dans les quatre univers.

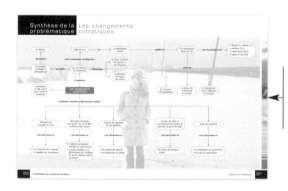

Placée à la fin de la problématique, la section **Synthèse de la problématique** résume l'enjeu environnemental et social de la problématique. Elle amène l'élève-citoyen à structurer l'information transmise dans la problématique.

Placée à la fin de la problématique, la section **Perspectives** expose une sous-problématique qui amène l'élève à réfléchir, à construire son opinion, puis à prendre position sur des questions scientifiques ou technologiques liées à son environnement.

Placée à la fin de la problématique, la section **Perspectives** expose une sous-problématique qui amène l'élève à réfléchir, à construire son opinion, puis à prendre position sur des questions scientifiques ou technologiques liées à son environnement.

Au fil des univers

Chaque univers se distingue par une couleur particulière, ce qui en facilite le repérage au sein de chacune des problématiques.

L'univers étudié.

Un intitulé met en relief le lien entre l'univers et la problématique.

Un texte présente l'angle particulier sous lequel chaque univers est abordé dans une problématique.

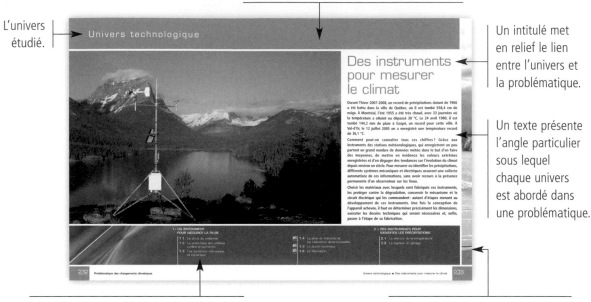

Une table des matières énumère les principaux concepts traités dans cet univers.

Une bande rappelle la problématique ciblée dans cet univers.

Au fil des pages

Plusieurs rubriques ponctuent les pages.

La rubrique **culture +** sert à ancrer le développement des concepts dans la réalité sociale, culturelle ou quotidienne de l'élève. Le contenu de cette rubrique sert de repère culturel aux progrès de la science et de la technologie. Ces repères peuvent être reliés à une ressource du milieu, à une intervention humaine, à un personnage historique ou à un événement marquant.

La rubrique **info +** permet d'approfondir un sujet ou de découvrir des aspects percutants de la science et de la technologie.

La rubrique **SOS** met l'accent sur les répercussions de l'activité humaine ou des réalisations scientifiques et technologiques qui portent atteinte à l'environnement, à l'économie, à la santé et au vivre-ensemble.

La section **Diagnostic** propose des questions et des problèmes à résoudre qui permettent à l'élève de vérifier sa compréhension des concepts étudiés.

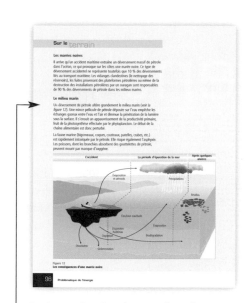

La section **Sur le terrain** présente les concepts abordés dans une situation concrète, ici ou ailleurs dans le monde. L'élève prendra conscience que la science et la technologie peuvent être la cause de certains problèmes environnementaux mais aussi en être la solution.

Placée à la fin de chaque univers, la section **En un clin d'œil** résume les concepts abordés.

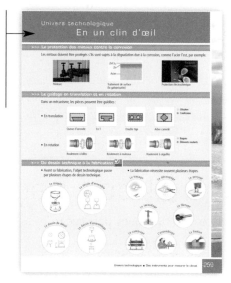

De nombreux moyens sont mis en œuvre pour faciliter l'appropriation des concepts.

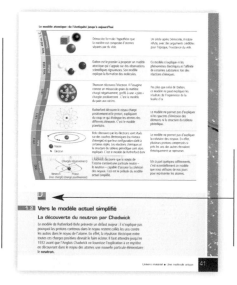

Des **documents visuels** nombreux et variés facilitent la lecture et soutiennent la compréhension de l'élève.

De nombreux **tableaux** offrent une synthèse pratique de l'information.

Des mots et des expressions apparaissent en **bleu gras** dans le texte et sont repris dans le glossaire à la fin du manuel.

Des mots et des expressions sont mis en évidence en **noir gras** pour faciliter l'appropriation des concepts et la compréhension du texte.

Les sections associées au pictogramme abordent des concepts prescrits du programme optionnel Science et technologie de l'environnement.

Quels défis nous attendent?

UNIVERS TERRE ET ESPACE	UNIVERS MATÉRIEL	UNIVERS VIVANT
La production d'énergie	**L'électron domestiqué**	**L'exploitation de l'énergie**
1 > Les ressources énergétiques non renouvelables	**1 >** L'électrostatique et le magnétisme	**1 >** L'énergie et le vivant
2 > Les ressources énergétiques renouvelables	**2 >** L'électricité dynamique	**2 >** Les transformations énergétiques et les écosystèmes
	3 > Des transformations liées à l'énergie électrique	**3 >** Les limites adaptatives de l'environnement

u fil des siècles, l'être humain a dû exploiter des ressources énergétiques non renouvelables de plus en plus diversifiées. Parallèlement, des filières énergétiques renouvelables se sont développées.

L'origine de toutes ces ressources seront étudiées dans l'**Univers Terre et espace**, ainsi que la façon dont elles peuvent servir à produire de l'énergie électrique.

L'**Univers matériel** portera justement sur l'énergie électrique. Nous y apprendrons notamment en quoi consiste le courant électrique et comment on monte des circuits. Des unités d'usage courant, comme le volt, l'ampère et le watt, y seront définies et nous découvrirons les relations qui les unissent.

Dans l'**Univers vivant,** nous examinerons en détail les conséquences environnementales de l'exploitation des principales ressources énergétiques. Il y sera également question de la capacité d'adaptation de l'environnement et de ses limites.

L'**Univers technologique** nous fournira l'occasion d'étudier la fonction des différents composants des circuits électriques. En analysant le fonctionnement de quelques appareils, nous découvrirons comment ils transforment l'énergie électrique en d'autres formes d'énergie utiles à la satisfaction de nos besoins.

Depuis l'avènement de l'ère industrielle, les besoins en énergie de l'humanité n'ont jamais cessé de croître. L'épuisement des ressources non renouvelables, les répercussions environnementales de l'exploitation des ressources et la demande énergétique sans cesse croissante nous ont menés à la croisée des chemins. Quels défis nous attendent ?

Univers Terre et espace

1 > LES RESSOURCES ÉNERGÉTIQUES NON RENOUVELABLES

1.1 L'exploitation des ressources énergétiques

1.2 La production d'énergie électrique à partir des hydrocarbures

1.3 La production d'énergie électrique à partir du nucléaire

La production d'énergie

De nos jours, plus de 80 % de l'énergie qui pourvoit à nos besoins (se nourrir, se loger, se déplacer et produire des biens) provient des combustibles fossiles ou de l'uranium, un combustible nucléaire. Or, ces ressources énergétiques ne sont pas renouvelables. Inéluctablement, les gisements se vident tour à tour. Leur épuisement aura un impact majeur sur notre mode de vie. Les sociétés industrialisées devront donc modifier leur modèle de développement et remplacer ces importantes ressources naturelles.

Pour saisir l'importance de la problématique énergétique, il faut analyser les faits. Dans les pages qui suivent, les énergies non renouvelables, leur origine et la manière dont elles sont exploitées sont présentées. Le portrait de la situation serait incomplet si on faisait fi des conséquences environnementales de l'extraction de ces ressources, de leur utilisation et de la gestion des résidus produits. Il nous faudra donc étudier également ces questions.

Étant donné les limites des ressources non renouvelables, nous devons nous tourner vers d'autres types de ressources pour satisfaire nos besoins énergétiques. Parmi les pistes explorées, celle des ressources renouvelables est la plus communément envisagée. Mais comme toute solution, celle-ci présente des avantages et des inconvénients qu'il faut connaître et comprendre pour pouvoir agir de façon éclairée.

1> LES RESSOURCES ÉNERGÉTIQUES NON RENOUVELABLES

Dans nos sociétés, l'énergie est essentielle pour répondre aux besoins quotidiens des individus, de la production industrielle, du transport, des communications, etc. Cette énergie est principalement tirée de l'exploitation des ressources naturelles. Or, les différentes activités humaines consomment à grande échelle des ressources énergétiques non renouvelables et, très souvent, polluantes. Avec l'augmentation de la demande mondiale en énergie, il importe de prévenir l'épuisement de ces ressources énergétiques. Pour préserver autant que possible les stocks de combustibles fossiles, l'exploitation de l'énergie nucléaire et de la biomasse est une solution à envisager.

1.1 L'exploitation des ressources énergétiques

Les systèmes de production d'énergie électrique

L'électricité est la forme d'énergie la plus souvent utilisée pour répondre à nos besoins courants, et ce, pour deux raisons : l'énergie électrique est facile à contrôler et sa transformation en une force est efficace. Différents systèmes ont été mis au point pour extraire et transformer les **ressources énergétiques** présentes dans l'environnement. Le tableau suivant énumère les types de systèmes de production d'énergie électrique et les ressources naturelles qu'ils transforment (*voir la figure 1*).

SYSTÈME DE PRODUCTION D'ÉNERGIE ÉLECTRIQUE	RESSOURCE ÉNERGÉTIQUE
Centrale thermique classique	Hydrocarbures (combustibles fossiles)
Centrale thermique nucléaire	Éléments fissiles (uranium)
Centrale thermique	Biomasse (matière organique)
Centrale hydroélectrique Centrale marémotrice	Eau (courants et marées)
Parc éolien	Vent
Système géothermique	Géothermie (chaleur du sol)
Capteur photovoltaïque	Rayonnement solaire (lumière et chaleur)

La centrale thermique
de Tracy

La centrale thermique nucléaire
de Gentilly

La centrale marémotrice
d'Annapolis Royal,
en Nouvelle-Écosse

Le parc d'éoliennes
de Cap-Chat

Figure 1
Différents systèmes de production d'énergie électrique

La classification des ressources énergétiques

Le choix d'un système de production d'énergie électrique dépend de la disponibilité des ressources énergétiques. Au Québec, le vaste réseau hydrographique permet de produire au moyen de centrales hydroélectriques presque toute l'électricité qui y est consommée. Dans les provinces des Prairies, où le sous-sol est riche en combustibles fossiles, les centrales fonctionnent principalement au gaz naturel et au pétrole. Pour sa part, la Chine consomme de grandes quantités de charbon en raison de son faible coût et de son abondance. Plusieurs pays européens, dont la France, se sont tournés vers les centrales thermiques nucléaires, qui présentent l'avantage d'occuper un espace relativement restreint sur leur territoire densément peuplé.

Plus de 80 % de l'énergie utilisée aujourd'hui dans le monde est tirée des combustibles fossiles ou d'éléments fissiles (*voir la figure 2*). Ces ressources naturelles résultent des **cycles biogéochimiques** longs, ce qui explique leur caractère limité et épuisable. Quand on exploite une mine d'uranium ou un puits de pétrole, on puise dans les stocks d'une ressource qui a mis des millions d'années à se constituer. Or, nos connaissances actuelles nous permettent d'estimer avec une assez bonne précision l'état des réserves mondiales exploitées et inexploitées de ces ressources. La conclusion est claire : il est impératif de réduire notre consommation de ces ressources, sans quoi elles s'épuiseront dans quelques générations (*voir la figure 3*).

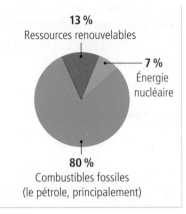

13 %
Ressources renouvelables

7 %
Énergie nucléaire

80 %
Combustibles fossiles
(le pétrole, principalement)

Figure 2
Les formes d'énergie consommées à l'échelle mondiale
Les êtres humains consomment principalement des ressources énergétiques non renouvelables.

Charbon : 200 ans

Uranium : 100 ans
Gaz naturel : 60 ans
Pétrole : 40 ans

Figure 3
La durée de vie prévue de la réserve mondiale de ressources énergétiques non renouvelables

Les ressources énergétiques **non renouvelables** sont en effet limitées quantitativement. Elles présentent également une autre caractéristique préoccupante. Leur exploitation produit beaucoup de **polluants.** Autant leur extraction et leur consommation que la gestion de leurs déchets représentent un défi important pour les écosystèmes. Toutes les étapes du cycle de vie des combustibles fossiles entraînent l'émission de polluants. La description du **cycle de vie d'une ressource énergétique** (*voir la figure 4*) permet de faire des choix responsables, car ses impacts environnementaux sont analysés à chacune des étapes de sa transformation – de l'extraction de la matière première à la gestion des résidus inutilisables.

Extraction de la ressource énergétique

Production et utilisation de l'énergie

Gestion des résidus

Conséquences sur l'environnement

Figure 4
Le schéma général du cycle de vie d'une ressource énergétique

Pour leur part, les ressources énergétiques **renouvelables** présentent le double avantage d'être éternelles et de produire peu ou pas de polluants. C'est pourquoi elles sont qualifiées de propres. Le tableau ci-dessous énumère les différentes ressources naturelles et les formes d'énergie qu'elles nous fournissent.

CLASSIFICATION DES RESSOURCES ÉNERGÉTIQUES RENOUVELABLES ET NON RENOUVELABLES		
Les ressources énergétiques	Les formes d'énergie exploitées	Les types de ressources
Hydrocarbures (combustibles fossiles)	Énergie chimique	Non renouvelable, polluante
Éléments fissiles (uranium)	Énergie nucléaire	Non renouvelable, polluante
Biomasse (matière organique)	Énergie chimique	Renouvelable, peu polluante
Ressources hydrauliques (mouvement de l'eau)	Énergie mécanique	Renouvelable, non polluante
Ressources éoliennes (vent)	Énergie mécanique	Renouvelable, non polluante
Géothermie (chaleur du sol)	Énergie thermique	Renouvelable, non polluante
Rayonnement solaire (lumière et chaleur)	Énergie rayonnante	Renouvelable, non polluante

info +

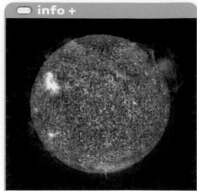

LA FUSION NUCLÉAIRE, SOURCE D'ÉNERGIE D'AVENIR ?

La fusion thermonucléaire est le processus au cours duquel deux noyaux atomiques fusionnent pour en produire un troisième, plus lourd. C'est ce phénomène qui se produit au cœur du Soleil et d'autres étoiles, où l'hydrogène est transformé en hélium. Cette réaction libère une immense quantité d'énergie : la fusion de 1 g d'hydrogène dégage une énergie équivalente à la combustion de 13,5 t de pétrole. Sur Terre, des expériences de fusion sont en cours avec du deutérium et du tritium.

Comme le centre de la Terre demeure chaud, que le Soleil brille sans cesse, les énergies géothermique et solaire sont inépuisables. Les écarts de température entre les différentes régions du globe engendrent la circulation générale de l'air et de l'eau (l'énergie éolienne et hydraulique). C'est pourquoi on dit que ce sont des ressources énergétiques renouvelables. Grâce à la lumière, les plantes poussent et se reproduisent naturellement. La biomasse est renouvelable à l'échelle d'une vie humaine. Cette ressource n'est pourtant pas inépuisable.

Sur le terrain

Les inégalités énergétiques

Avec la production en série du moteur à explosion et l'essor des matériaux plastiques, le pétrole est devenu une ressource naturelle de première importance pour l'industrie. Or, cette ressource n'est pas également répartie sur la Terre. Les pays consommateurs de pétrole sont dépendants des pays producteurs de pétrole. Pour les pays non producteurs, le recyclage des matières plastiques, la réduction de la consommation de pétrole et le développement de nouvelles technologies sont des solutions qui leur permettent de diminuer leur dépendance à l'égard du pétrole (*voir la figure 5*).

S₂S

L'arme nucléaire

Les armes nucléaires sont d'une puissance sans commune mesure avec les autres types d'armes. Certaines bombes nucléaires ont la capacité de tout raser sur un rayon de 10 km et d'irradier le territoire sur un rayon de 100 km. La contamination par les déchets radioactifs d'une explosion nucléaire peut durer des centaines d'années.

Les armes nucléaires sont aujourd'hui l'une des plus grandes menaces pour la biosphère.

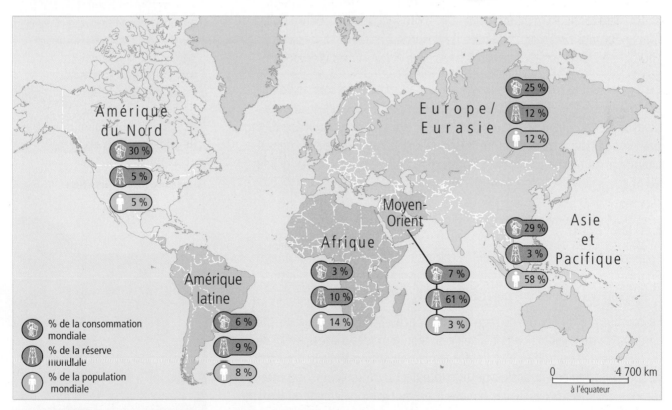

Figure 5
La production et la consommation de combustibles fossiles à travers le monde

La production d'énergie électrique à partir des hydrocarbures

Une centrale thermique classique produit de l'électricité en brûlant des hydrocarbures (des combustibles fossiles), c'est-à-dire du pétrole, du gaz naturel ou du charbon.

Le charbon

Le charbon est un minerai à haute teneur en carbone. On le trouve en larges filons. C'est le combustible fossile le plus abondant (80 % des stocks disponibles) et aussi le plus facile à extraire. Ces avantages en font le combustible de prédilection des pays en voie de développement.

Le minerai de charbon (*voir la figure 6*) est toutefois le combustible fossile qui a le plus faible **pouvoir calorifique**. À quantité égale, il produit moins de chaleur que le pétrole et le gaz naturel. De plus, c'est le combustible le plus « sale ». Sa combustion produit des poussières, de la suie et une fumée noirâtre. Il dégage beaucoup de dioxyde de carbone (CO_2), d'oxyde d'azote (NO_x) et de dioxyde de soufre (SO_2). Ces deux derniers gaz produisent des acides au contact de la vapeur d'eau et de l'oxygène de l'air, ce qui est la principale cause des pluies acides.

Figure 6
Du charbon

Le gaz naturel

Le gaz naturel prend la forme d'hydrocarbures gazeux (*voir la figure 7*) : le méthane, l'éthane, le propane et le butane. C'est le gaz naturel qui offre le meilleur pouvoir calorifique parmi les combustibles fossiles. À quantité égale, il produit plus de chaleur que le charbon et le pétrole. Le gaz naturel est également le combustible fossile le plus « propre ». Sa combustion est presque complète, c'est-à-dire qu'elle produit peu de résidus solides. Le dioxyde de carbone (CO_2) et la vapeur d'eau sont les principaux gaz dégagés par la combustion du gaz naturel. D'ailleurs, les cheminées des systèmes de chauffage au gaz naturel n'ont pas à être ramonées comme celles des foyers au bois.

Figure 7
Le gazoduc Trans-Sibérien

Le pétrole

Le pétrole brut est un minéral liquide fait d'un mélange d'hydrocarbures. En raison de sa viscosité, il faut le **raffiner** avant de l'utiliser dans les brûleurs et les moteurs à explosion courants (*voir la figure 8*).

La combustion du pétrole dégage des gaz nocifs. Selon les impuretés qu'il contient, cette combustion entraîne l'émission d'oxydes d'azote (NO_x) ou de dioxyde de soufre (SO_2). Le fioul, pétrole peu raffiné à usage industriel, dégage principalement des oxydes d'azote (NO_x). De son côté, l'essence raffinée destinée aux véhicules à moteur produit principalement du dioxyde de soufre (SO_2).

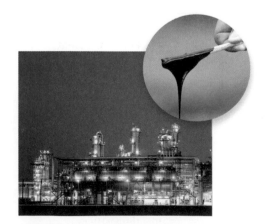

Figure 8
Une raffinerie de pétrole où est traité le pétrole brut

L'analyse du cycle de vie des combustibles fossiles

Pour évaluer les répercussions environnementales globales engendrées par un baril de pétrole, il faut dresser le bilan de la matière et de l'énergie utilisées (**intrants**) et produites (**extrants**) pendant son cycle de vie, de l'extraction à la gestion des résidus résultant de sa combustion. L'analyse du cycle de vie des hydrocarbures montre que leur exploitation a un effet sur toute la planète : la lithosphère, l'hydrosphère et l'atmosphère en sont touchées (*voir la figure 9*).

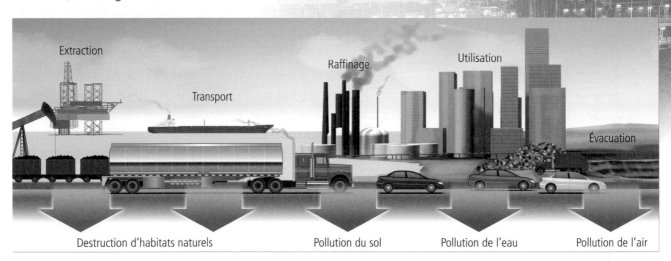

Figure 9
Le cycle de vie des hydrocarbures et leurs effets sur l'environnement

---

● info +

SANS FRONTIÈRES

La pollution atmosphérique ne reconnaît pas les frontières. Elle les traverse allégrement, portée par les vents. Or, durant l'été, sous les latitudes comprises entre 30° et 60°, les vents dominants sont du sud-ouest. Par conséquent, le sud du Québec se trouve sur le parcours des polluants atmosphériques disséminés par les États industrialisés du centre du continent.

Les rejets atmosphériques d'oxyde nitreux (NO$_x$) se déplacent dans la direction générale des vents, soit des régions industrielles du Midwest américain vers le sud-est québécois.

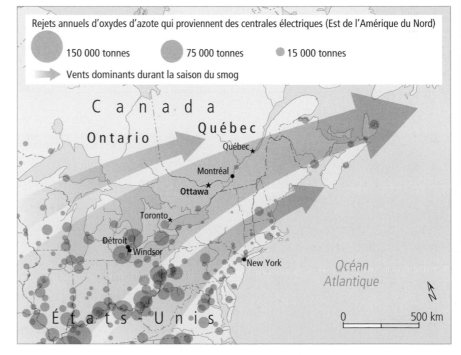

L'origine des polluants atmosphériques qui touchent le sud du Québec

EXPLOITATION DES HYDROCARBURES

Les répercussions sur la lithosphère

- Pour extraire le charbon, il faut creuser, broyer et déplacer de gigantesques volumes de roches.
- On estime qu'il faut extraire 2 tonnes de sables bitumineux pour produire un baril de pétrole.
- L'extraction de combustibles fossiles a un impact profond et permanent sur le paysage d'une région.
- Les terrains contaminés de résidus de pétrole sont rendus impropres à l'agriculture et à la construction domiciliaire.

Les répercussions sur l'hydrosphère

- On utilise de grandes quantités d'eau douce pour pousser le pétrole et le gaz à la surface, et également pour lubrifier les foreuses et laver les installations.
- De deux à cinq barils d'eau douce sont utilisés pour produire un baril de pétrole à partir de sables bitumineux.
- Le transport des hydrocarbures est risqué car un pétrolier accidenté peut laisser échapper une « marée noire » qui endommagera considérablement les écosystèmes environnants.
- Quelques contenants d'huile à moteur dont on dispose de façon inadéquate peuvent contaminer durablement une nappe d'eau souterraine.

Les répercussions sur l'atmosphère

- La combustion du charbon et du pétrole a des effets sur la santé des habitants et l'équilibre climatique de la planète.
- De nombreux polluants atmosphériques sont liés à l'utilisation des hydrocarbures : fumées (poussières, aérosols, etc.), gaz irritants (sulfure d'hydrogène, ozone, etc.), gaz acidifiant (oxydes d'azote et de soufre) et gaz à effet de serre (dioxyde de carbone, méthane, etc.).
- Le traitement des sables bitumineux est très énergivore : il faut chauffer et centrifuger le bitume pour séparer le pétrole du sable. On estime que le tiers du pétrole extrait des sables bitumineux est consommé sur place.
- Les nuages polluants voyagent sur de grandes distances avant de retomber au sol.

---

 info +

Les sables bitumineux de l'Orénoque

LES SABLES BITUMINEUX

Les sables bitumineux sont un mélange de sable et d'eau recouvert d'une pellicule visqueuse d'hydrocarbures, le bitume. Les plus importants gisements de sables bitumineux se trouvent au Venezuela, dans le bassin du fleuve Orénoque (en pleine forêt tropicale), au Canada, dans le bassin de la rivière Athabasca (au nord de l'Alberta) et en Russie, dans le bassin de la rivière Olenek (en Sibérie). Extraire le bitume – qui ne représente qu'environ 12 % du poids des sables bitumineux – et le transformer en mélange d'hydrocarbures semblable au pétrole brut nécessite des opérations techniques très coûteuses. En effet, le bitume, 100 fois plus visqueux que le pétrole, doit subir de nombreux traitements physicochimiques avant de pouvoir être commercialisé. Les coûts sont tels que l'exploitation des sables bitumineux ne devient rentable que lorsque le pétrole se négocie à fort prix.

Le principe de fonctionnement des centrales thermiques classiques

Les centrales thermiques du début du XXe siècle produisaient des tonnes de cendres, crachaient constamment une épaisse suie, rendaient l'air irrespirable et étaient relativement peu efficaces. La technologie a beaucoup évolué depuis, tant sur le plan du traitement des résidus que sur celui du **rendement énergétique** obtenu. La figure 10 illustre le principe de fonctionnement des centrales thermiques classiques.

Figure 10
Le principe de fonctionnement d'une centrale thermique classique

❶ On alimente la chambre de combustion en air et en combustible (charbon, pétrole ou gaz naturel). Pour faciliter la combustion et obtenir ainsi un meilleur rendement, on pulvérise le charbon et on vaporise le pétrole en fines gouttelettes.

❷ Des brûleurs entretiennent la combustion. Une température optimale doit être maintenue et le mélange de carburant et d'air doit être calibré de façon précise.

❸ Les gaz d'échappement sont expulsés par de hautes cheminées. Ils contiennent du CO_2, du NO_2, du SO_2 et d'autres polluants. Différentes solutions techniques permettent de réduire la pollution atmosphérique.

❹ Des canalisations d'eau passent dans la chambre de combustion. Sous l'effet de la chaleur, l'eau se vaporise dans les tuyaux et la vapeur se dilate.

❺ La vapeur sous haute pression est envoyée vers une turbine, qu'elle actionne.

❻ À la sortie de la turbine, la vapeur est dirigée vers un condenseur qui la transforme en eau. Cette eau est ensuite refroidie par son passage dans un bassin ou un cours d'eau. Elle est ensuite réintroduite dans le générateur de vapeur et le cycle recommence.

❼ La turbine est liée à un alternateur : son mouvement de rotation produit de l'électricité.

1.3 La production d'énergie électrique à partir du nucléaire

La matière nucléaire fissile

Les centrales thermiques nucléaires exploitent l'énergie contenue dans le noyau des atomes. Le noyau des atomes de certains éléments peut être brisé. Ce phénomène est appelé la fission nucléaire et il s'accompagne d'un très grand dégagement d'énergie.

La fission de l'uranium (*voir la figure 11*) ou du plutonium produit une grande quantité de chaleur. Ces matières nucléaires fissiles présentent la rare propriété de pouvoir produire une réaction de fission soutenue. La fission de 1 g d'uranium produit autant d'énergie que la combustion de 1 t de pétrole ou de 3 t de charbon. La matière nucléaire fissile est parfois qualifiée de combustible : toutefois, elle ne brûle pas avec l'oxygène comme les hydrocarbures. La fission ne produit pas de dioxyde de carbone.

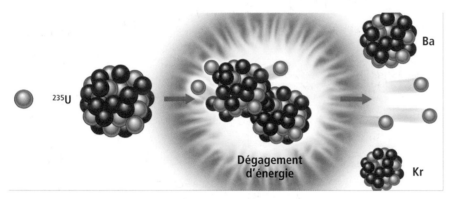

Figure 11
La fission d'un atome d'uranium La fission d'un atome d'uranium est une réaction en chaîne produite par le bombardement d'un noyau d'uranium 235 par un faisceau de neutrons. La rupture du noyau produit deux éléments, le baryum (Ba) et le krypton (Kr), et des neutrons. Ces neutrons provoquent à leur tour la fission d'autres noyaux d'uranium.

L'uranium fissile (*voir la figure 12*), duquel le plutonium est produit, se trouve naturellement dans un **minerai** appelé la pechblende (*voir la figure 13*). Le Canada est le principal producteur mondial de ce minerai.

Figure 12
De l'uranium L'uranium est un métal radioactif. Seule la forme U235, très peu abondante, est naturellement fissile.

Figure 13
De la pechblende La pechblende est un minerai d'uranium à base d'oxyde d'uranium.

L'analyse du cycle de vie de l'uranium

L'énergie nucléaire est présentée par certains comme une source d'énergie propre, économique et sécuritaire, alors que d'autres la décrivent comme dangereuse, coûteuse et polluante. On peut évaluer les effets de l'uranium sur la planète en analysant son cycle de vie, de son extraction jusqu'au stockage des déchets nucléaires (*voir la figure 14*).

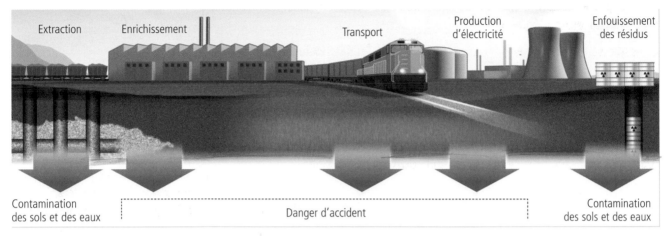

Figure 14
Le cycle de vie de l'uranium et ses répercussions sur l'environnement

EXPLOITATION DU NUCLÉAIRE

Les répercussions sur la lithosphère

- L'extraction du minerai d'uranium désagrège la roche-mère du sous-sol.
- Le nucléaire est une solution de rechange à l'utilisation des hydrocarbures pour produire de l'énergie électrique, ce qui permet d'allonger la durée de vie des réserves mondiales de combustibles fossiles.
- Il y a un risque de déversement de matières nucléaires fissiles ou de déchets radioactifs au cours de leur transport.
- Les déchets radioactifs d'une centrale contaminent pour longtemps le sol où ils sont enfouis.
- Le site d'une centrale nucléaire est condamné pour longtemps car la désintégration de l'uranium demande des centaines de millions d'années.

Les répercussions sur l'hydrosphère

- La présence d'un cours d'eau important, d'un lac de grande taille ou de la mer est nécessaire pour refroidir une centrale thermique nucléaire.
- L'eau d'un bassin versant n'est pas contaminée par une installation nucléaire puisqu'elle n'est utilisée que pour ses systèmes de refroidissement.
- L'écosystème aquatique voisin d'une centrale peut être perturbé par le pompage de l'eau et l'augmentation de sa température.
- Pendant plusieurs décennies, les déchets radioactifs ont été stockés dans les profondeurs des océans.

Les répercussions sur l'atmosphère

- La production d'énergie électrique avec le nucléaire n'entraîne pas l'émission de gaz à effet de serre.
- Un accident nucléaire a déjà projeté des éléments radioactifs à plus de 1 km d'altitude. Les nuages radioactifs qui se sont formés ont disséminé des contaminants sur de grandes distances.

Le principe de fonctionnement d'une centrale nucléaire

Les centrales nucléaires sont essentiellement des centrales **thermiques,**
ce qui veut dire qu'elles produisent de la chaleur qui transformera de l'eau
en vapeur pour faire tourner une turbine (*voir la figure 15*).

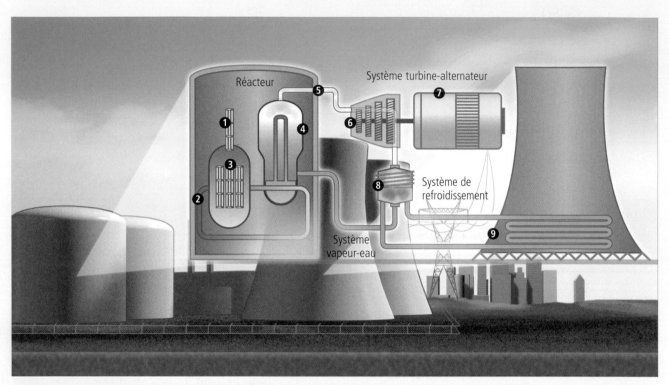

Figure 15
Une centrale électrique à énergie thermique alimentée par un réacteur nucléaire

Le réacteur

❶ Le réacteur est alimenté de matière nucléaire fissile (uranium).
On contrôle la fission des atomes pour obtenir une production
constante de chaleur.

❷ Un premier circuit d'eau sous pression passe dans le réacteur
et y absorbe la chaleur. À cause de la haute pression maintenue
dans les canalisations, l'eau atteint des températures de plus
300 °C sans se vaporiser.

❸ Lorsque la matière nucléaire ne permet plus de générer
suffisamment de chaleur, elle est retirée et remplacée. Les solides
radioactifs produits par la réaction nucléaire sont alors stockés
dans un bassin d'eau. Ils seront ensuite enfouis.

Le circuit vapeur-eau

❹ Le circuit d'eau sous pression entre en contact avec une
canalisation d'eau. Sous l'effet de la chaleur, l'eau du second
circuit se vaporise dans les tuyaux et la vapeur se dilate.

❺ La vapeur sous haute pression est acheminée vers une turbine.

Le système turbine-alternateur

❻ La vapeur sous pression entraîne la rotation d'une turbine.

❼ La turbine est liée à une génératrice : son mouvement de
rotation produit de l'électricité.

Le système de refroidissement

❽ Après être sortie de la turbine, la vapeur est acheminée vers
un autre échangeur de chaleur. Ce troisième circuit est ouvert :
il pompe de l'eau fraîche d'un cours d'eau ou de la mer.

❾ La vapeur se liquéfie dans l'échangeur, puis l'eau est pompée
vers le réacteur. L'eau du troisième circuit est pompée vers une
tour de refroidissement avant d'être retournée dans
l'environnement.

Diagnostic

SECTION **1.1** **L'exploitation des ressources énergétiques**

1 Les ressources énergétiques suivantes sont-elles renouvelables ou non renouvelables ?

a) Le rayonnement solaire

b) L'hydraulique

c) La géothermie

d) Le vent

e) Les combustibles fossiles

f) La matière nucléaire fissile

2 Pourquoi est-il important de planifier l'utilisation des réserves mondiales de combustibles fossiles et de matière nucléaire fissile ?

SECTION **1.2** **La production d'énergie électrique à partir des hydrocarbures**

3 En quoi l'analyse du cycle de vie d'une ressource énergétique consiste-t-elle ?

4 Soit le pétrole, le gaz naturel et le charbon.

a) Quels sont les deux principaux éléments chimiques qui composent les hydrocarbures ?

b) Placez ces combustibles par ordre croissant selon leur température de fusion.

c) Placez ces combustibles par ordre croissant selon la taille de la molécule de leur substance principale.

d) Placez ces combustibles par ordre croissant selon leur pouvoir calorifique.

e) Placez ces combustibles par ordre croissant selon leur réserve mondiale disponible.

f) Placez ces combustibles du plus polluant au moins polluant.

g) Nommez les deux combustibles généralement présents ensemble dans les mêmes gisements.

h) Nommez les deux substances que produit toujours la combustion des combustibles fossiles.

5 Décrivez les répercussions négatives que les centrales thermiques classiques peuvent avoir sur :

a) la lithosphère ;

b) l'hydrosphère ;

c) l'atmosphère.

SECTION **1.3** **La production d'énergie électrique à partir du nucléaire**

6 Expliquez pourquoi la fission nucléaire de l'hydrogène ne peut pas être effectuée.

7 Décrivez les répercussions négatives des centrales thermiques nucléaires sur :

a) la lithosphère ;

b) l'hydrosphère ;

c) l'atmosphère.

8 Donnez deux arguments en faveur du remplacement :

a) d'une centrale thermique classique par une centrale nucléaire ;

b) d'une centrale nucléaire par une centrale thermique classique.

9 Si vous aviez à choisir entre habiter près d'une centrale thermique classique ou près d'une centrale thermique nucléaire, quel choix feriez-vous ? Justifiez votre choix.

2> LES RESSOURCES ÉNERGÉTIQUES RENOUVELABLES

Au Québec, l'énergie électrique utilisée pollue moins l'atmosphère que dans la plupart des provinces et États voisins. En effet, la production d'électricité québécoise est essentiellement basée sur l'hydroélectricité et non sur des combustibles fossiles brûlés dans des centrales thermiques.

Le Québec a néanmoins entrepris de diversifier ses modes de production d'énergie électrique afin de répondre à l'augmentation des besoins en énergie. Mais vers quelles énergies de rechange faut-il se tourner en priorité : l'énergie solaire, éolienne, géothermique, marémotrice ? Pour faire un choix éclairé, il faut d'abord connaître ces divers modes de production énergétique.

2.1 La production d'énergie électrique à partir de la biomasse

Les biocarburants

Toute **matière organique** est susceptible de brûler et de produire de l'énergie. Un biocarburant est un combustible extrait de la matière organique non fossilisée. Les biocarburants peuvent prendre plusieurs formes. Il peut s'agir d'un gaz, comme le méthane et l'hydrogène, d'un liquide, comme l'éthanol et le biodiesel, ou d'un solide, comme le bois densifié et la tourbe.

BIOCARBURANTS	BIOMASSE D'ORIGINE	
Méthane (aussi appelé biogaz)	Fermentation bactérienne du lisier, ou purin	
Éthanol (aussi appelé bioéthanol)	Fermentation à la levure du maïs, de la canne à sucre, de la betterave à sucre, du blé, etc.	
Biodiesel	Transformation de l'huile de tournesol, de colza, du palmiste, etc.	

● culture +

RUDOLF DIESEL

Rudolf Diesel (1858-1913) est l'inventeur d'un moteur à explosion qui brûle des carburants moins volatils que l'essence. À l'origine, le moteur diesel se présentait comme un « moteur à l'huile ». Diesel l'avait conçu pour fonctionner à l'huile végétale. L'idée des biocarburants pour l'automobile n'est donc pas si récente.

Bois densifié	Compaction de résidus de bran de scie, de tiges de graminées, etc.	
Charbon de bois	Carbonisation de fibres végétales	
Déchets organiques	Incinération d'ordures domestiques	
Tourbe	Extraction du sol d'anciens marais (tourbières)	

Le cycle de vie des biocarburants

Les centrales à biomasse sont essentiellement de type **thermique,** c'est-à-dire qu'elles produisent de la chaleur pour transformer de l'eau en vapeur qui fait tourner une turbine. Pour tirer le plus grand profit possible de la biomasse, une partie de la vapeur est aussi récupérée à des fins de chauffage. C'est ce que l'on appelle la cogénération. Le cycle de vie de la biomasse présente des enjeux environnementaux bien particuliers (*voir la figure 16*).

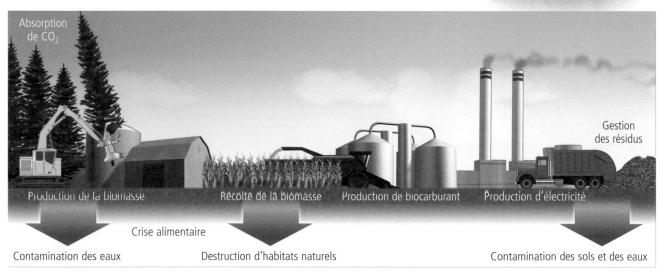

Absorption de CO_2

Gestion des résidus

Production de la biomasse — Récolte de la biomasse — Production de biocarburant — Production d'électricité

Crise alimentaire

Contamination des eaux — Destruction d'habitats naturels — Contamination des sols et des eaux

Figure 16
Le cycle de vie des biocarburants et leurs répercussions sur l'environnement

Les répercussions sur la lithosphère

- La production de biocarburants est associée au déboisement et à une agriculture intensive, toutes deux des causes de l'appauvrissement des sols et de la désertification.
- L'incinération des déchets domestiques et l'utilisation de la chaleur produite pour la production d'électricité réduisent de façon importante la quantité de déchets à enfouir.
- L'utilisation des résidus de l'industrie du bois comme combustible pour la production d'électricité valorise ce qui était auparavant perdu.

Les répercussions sur l'hydrosphère

- L'agriculture industrielle consomme beaucoup d'eau pour s'assurer du développement optimal des céréales. Le pompage excessif de l'eau d'une nappe phréatique a un impact sur l'approvisionnement en eau potable d'une population.

Les répercussions sur l'atmosphère

- Les biocarburants sont parfois qualifiés de « vert » parce que la culture des végétaux destinés à les produire absorbe du CO_2 de l'atmosphère. Toutefois, leur récolte, leur transport et leur combustion sont des sources d'émissions de CO_2.

2.2 La production d'énergie électrique à partir de l'eau

La force du courant

Toute personne qui a déjà navigué ou nagé en eau vive sait que l'eau en mouvement peut exercer une force phénoménale. Plus le courant est fort, plus cette force est importante. Les **centrales hydrauliques** utilisent cette force pour produire de l'électricité. C'est pourquoi on les appelle également centrales hydroélectriques.

Les centrales hydrauliques au fil de l'eau exploitent directement le mouvement naturel de la masse d'eau d'une rivière ou d'un fleuve – le courant – pour produire de l'électricité. Une grande puissance hydraulique suppose un fort courant dans un grand volume d'eau.

Ces deux conditions sont rarement présentes ensemble naturellement. Elles sont artificiellement réunies par la construction d'un ouvrage de retenue – un barrage – en aval d'un **bassin versant** important.

Poussée par une accumulation dans un grand réservoir, l'eau franchit une forte dénivellation et fait tourner des turbines (*voir les figures 17 et 18*).

Barrages et réchauffement climatique

L'inondation causée par un barrage submerge la végétation et met en circulation de la matière organique provenant du sol, particulièrement en zone tropicale. Les eaux des réservoirs sont pauvres en oxygène. Voilà des conditions propices à la décomposition de la matière organique en méthane, qui a un impact sur le réchauffement climatique plus de 20 fois supérieur à celui du CO_2 sur une période de 100 ans.

Les variations naturelles du **cycle de l'eau** ont un effet direct sur la production d'une centrale hydraulique. Des précipitations faibles ou une évaporation importante auront comme conséquence une baisse de la production d'électricité. Au Québec, par exemple, les réserves se constituent à la fonte des neiges.

Les marées

Le phénomène de la marée est dû à la **variation cyclique** du niveau des océans. Il se produit une montée et une descente quotidiennes des eaux côtières et de celles des estuaires. Comme le mouvement des astres est régulier, les marées sont donc prévisibles. Dans nos régions, une marée haute se produit toutes les 12 heures et 25 minutes environ. Le décalage entre le cycle du jour (24 heures) et la rotation de la Lune autour de la Terre (24 h 50 min) font que les marées ne surviennent pas toujours aux mêmes heures (*voir la figure 19*). Les marées résultent de l'effet combiné du Soleil et de la Lune sur les grandes étendues d'eau de la Terre. L'**attraction gravitationnelle** de ces astres a pour effet de déformer l'hydrosphère.

Figure 17
Créer un fort courant
L'eau accumulée dans le réservoir s'engouffre dans une conduite forcée qui l'amène vers les turbines, situées beaucoup plus bas.

Figure 18
Le réservoir Toulnustouc, au Québec
Un réservoir constitue un volume d'eau important qui contribuera à créer un fort courant.

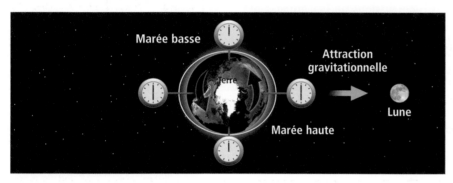

Figure 19
Le schéma simplifié du phénomène quotidien des marées

Quotidiennement, des masses d'eau considérables se déplacent par l'action des marées. Or, ce mouvement possède une énergie mécanique qui, comme le courant d'une rivière, peut être exploitée pour faire tourner une turbine. C'est le principe de fonctionnement d'une **centrale marémotrice.** Les régions côtières n'offrent pas toutes le même potentiel d'énergie marémotrice puisque la topographie des lieux entre en ligne de compte. La hauteur des marées varie d'un lieu à un autre et d'un moment de l'année à l'autre. La variabilité de cette ressource énergétique explique d'ailleurs que l'exploitation de l'énergie des marées est moins répandue que celle de l'énergie des rivières et des fleuves.

info +

LE BARRAGE DES TROIS-GORGES

Le barrage des Trois-Gorges, situé sur le fleuve Chang Jiang, en Chine, est, avec ses 2 335 m de longueur et ses 100 m de hauteur, le plus gros barrage hydroélectrique du monde. Achevée en 2006, sa construction a suscité de fortes polémiques. Ici, tout est démesuré : 27 millions de m³ de béton, 1 250 000 personnes déplacées, 15 villes et 116 villages engloutis — dont des sites archéologiques.

Le cycle de vie de l'hydroélectricité

Quelles sont les répercussions de l'utilisation de l'hydroélectricité sur l'équilibre de la planète ? L'analyse du cycle de vie de l'hydroélectricité permet d'évaluer ses effets sur le sol, l'eau et l'air (*voir la figure 20*).

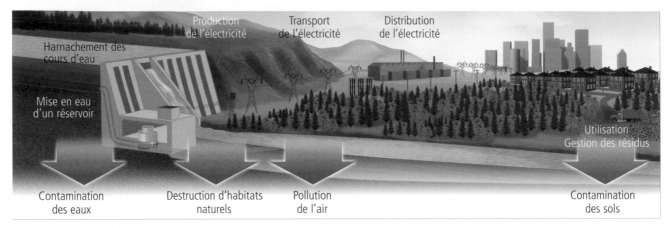

Figure 20
Le cycle de vie de l'hydroélectricité et ses répercussions sur l'environnement

EXPLOITATION DE L'HYDROÉLECTRICITÉ

Répercussions sur la lithosphère

- De vastes étendues de terre sont inondées pour créer les réservoirs d'eau qui alimentent les centrales hydroélectriques. Cette pratique entraîne nécessairement la destruction de nombreux habitats naturels terrestres.
- De graves problèmes d'envasement apparaissent en amont d'un barrage lorsque l'eau soulève les horizons friables du sol qui recouvrent la roche-mère.
- Les lignes à haute tension qui transportent l'électricité modifient le paysage.
- Les barrages doivent être conçus et entretenus pour résister à la dégradation du temps et aux catastrophes naturelles les plus improbables.

Répercussions sur l'hydrosphère

- Le détournement d'un cours d'eau pour alimenter un réservoir modifie durablement le bassin versant, ce qui perturbe les biomes dulcicoles situés en aval du barrage.
- Un ouvrage de retenue permet de régulariser le débit d'eau disponible en aval lors de périodes de pluies ou de sécheresse.
- Il se produit un assèchement des plans d'eau situés en aval, qui peut avoir des effets sur l'approvisionnement en eau.
- Un barrage est un obstacle pour les espèces migratrices qui passent de l'eau salée à l'eau douce pour compléter leur cycle de reproduction.
- L'inondation d'un territoire met en circulation des métaux lourds emprisonnés dans la roche. En solution, ces contaminants ont la propriété d'être transmis à travers la chaîne alimentaire.

Répercussions sur l'atmosphère

- La production d'énergie électrique n'engendre pas de gaz à effet de serre (GES).
- La fabrication du ciment utilisé pour la construction d'une centrale et de son barrage est une source importante d'émission de CO_2.

Sur le terrain

Le principe de fonctionnement d'une centrale hydraulique

Une centrale hydraulique produit de l'énergie électrique à partir du mouvement de l'eau (énergie cinétique). L'énergie cinétique de l'eau est proportionnelle à la hauteur de sa chute. L'aménagement d'un barrage a alors pour fonction d'accumuler un volume d'eau qui a le potentiel de faire tourner rapidement les turbines (*voir la figure 21*).

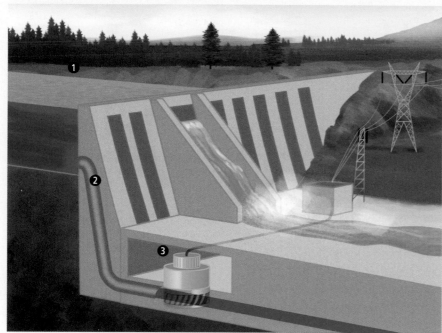

❶ Le barrage

Le barrage fait obstacle à l'écoulement naturel de l'eau. L'eau s'accumule donc et un réservoir se constitue.

❷ La conduite forcée

Une fois l'eau stockée et le niveau désiré atteint, des vannes sont ouvertes pour permettre à l'eau de s'engouffrer dans de longues canalisations métalliques appelées conduites forcées. Ces tuyaux dirigent l'eau vers la centrale hydraulique, située en contrebas.

❸ La production d'électricité

À la sortie de la conduite, dans la centrale, la force de l'eau fait tourner une turbine qui, à son tour, fait fonctionner un alternateur. Grâce à l'énergie fournie par la turbine, l'alternateur produit un courant électrique.

Figure 21
Le principe de fonctionnement d'une centrale hydraulique

2.3 La production d'énergie électrique à partir du vent

La force du vent

Il y a plus de 5 000 ans que l'être humain tire parti du vent pour produire un mouvement. Encore aujourd'hui, ces **technologies** anciennes sont toujours employées : des bateaux sont propulsés par des voiles et des **éoliennes** fournissent l'énergie mécanique nécessaire pour actionner une pompe et puiser l'eau d'un puits.

Mais d'où vient le vent ? Le vent se forme lorsque l'atmosphère se réchauffe de façon inégale. Moins dense que l'air froid, l'air chaud a tendance à monter. Son élévation entraîne son remplacement au sol par une masse d'air plus dense, donc plus froide. Ce mouvement perpétuel est nommé cellule de **convection** (*voir la figure 22*).

L'air chaud, moins dense, tend à s'élever.

L'air frais, plus dense, tend à descendre.

Figure 22
Le schéma simplifié d'une cellule de convection de l'atmosphère

La rotation de la Terre insuffle au vent un mouvement horizontal. De nombreux facteurs tels que la topographie du terrain, la couverture nuageuse et l'humidité modifient le comportement du vent. Le vent est en conséquence une ressource énergétique intermittente et aléatoire, donc **imprévisible.**

Le vent produit deux forces distinctes. Premièrement, il pousse les objets qui lui font obstacle. C'est la force de **traînée.** La traînée est une force dirigée dans la même direction que le vent (*voir la figure 23*).

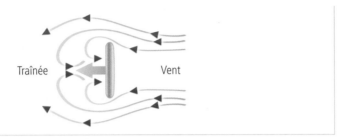

Figure 23
La traînée La traînée est la force exercée par le vent dans la direction de son écoulement.

Deuxièmement, le vent produit également une force perpendiculaire à sa direction. C'est la force de portance. La **portance** est une force liée à l'aérodynamisme d'une pièce. Les pales des éoliennes sont profilées comme une aile d'avion. L'air circule plus rapidement d'un côté de la pale que de l'autre. Cet écart crée une différence de pression et pousse l'objet dans une direction perpendiculaire au vent (*voir la figure 24*).

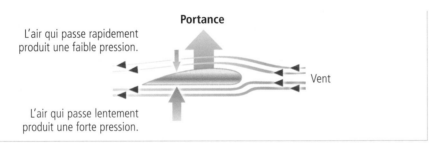

Figure 24
La portance La portance est la force exercée par le vent dans une direction perpendiculaire à son écoulement.

Le cycle de vie de l'énergie éolienne

Utiliser le vent pour faire de l'électricité, rien de plus évident pourrions-nous penser. Les **réserves de vent** sont illimitées, gratuites et non polluantes. Pourtant, ce mode de production d'électricité a ses détracteurs. C'est en analysant le cycle de vie de l'énergie éolienne que l'on peut faire le bilan des avantages et des inconvénients des parcs d'éoliennes (*voir la figure 25*).

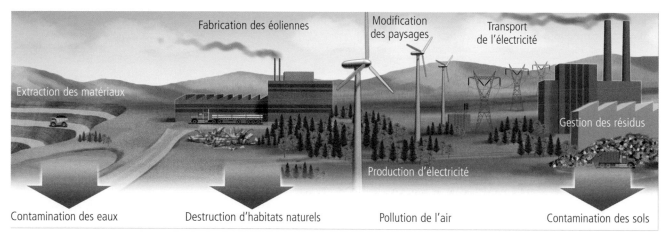

Extraction des matériaux

Fabrication des éoliennes

Modification des paysages

Transport de l'électricité

Gestion des résidus

Production d'électricité

Contamination des eaux

Destruction d'habitats naturels

Pollution de l'air

Contamination des sols

Figure 25
Le cycle de vie de l'énergie éolienne et ses répercussions sur l'environnement

EXPLOITATION DE L'ÉNERGIE ÉOLIENNE

Répercussions sur la lithosphère

- En comparaison des autres modes de production d'énergie électrique, un parc éolien ne demande que peu de matériaux, qui sont d'ailleurs faciles à recycler lorsque l'appareil arrive à la fin de sa vie utile. La lithosphère est de ce fait relativement épargnée au moment de la construction et du démantèlement d'un parc éolien.
- Les lieux propices à l'implantation d'éoliennes sont souvent déjà utilisés à d'autres fins (activités agroalimentaires, habitation, activités de loisirs et tourisme).
- La principale nuisance des parcs d'éoliennes est la modification du paysage.
- Pour produire la même puissance électrique que la centrale de Gentilly, il faudrait 450 éoliennes qui monopoliseraient un territoire beaucoup plus considérable que celui d'une centrale nucléaire.

Répercussions sur l'hydrosphère

- Le fonctionnement d'un parc éolien ne perturbe pas le cycle de l'eau.
- Aucun inconvénient majeur n'est encore répertorié dans le cas de la construction de parcs éoliens en pleine mer.

Répercussions sur l'atmosphère

- Les éoliennes présentent l'avantage de ne pas produire de gaz à effet de serre (GES). Il s'agit donc d'une énergie très propre.
- La rotation des hélices d'un parc éolien peut incommoder par le bruit qu'elle produit. Certains qualifient ce bruit de pollution sonore.

Le principe de fonctionnement d'une éolienne

Une éolienne produit de l'électricité à partir de la force du vent. Le vent actionne les pales d'une hélice, qui met en mouvement un alternateur. Un parc éolien reçoit l'énergie électrique de plusieurs éoliennes, qu'elle achemine vers les consommateurs par des lignes de transport électrique. Le principe de fonctionnement d'un parc éolien est similaire à celui des autres centrales (*voir la figure 26*).

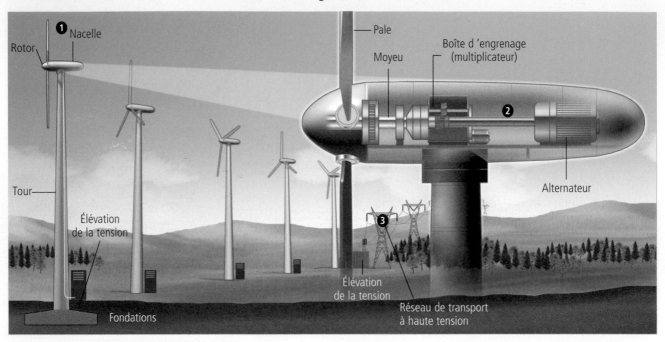

Figure 26
Le principe de fonctionnement d'une éolienne

❶ Le système de captation du vent

Les pales sont profilées de façon à transformer la force de traînée et de portance du vent en une rotation qui entraîne le rotor. Un vent d'environ 15 km/h est suffisant pour actionner une éolienne. Pour des questions de sécurité, le rotor est bloqué lorsque le vent dépasse 90 km/h.

❷ Le système de production d'électricité

Le mouvement du rotor entraîne un axe lié à une boîte d'engrenage, située dans la nacelle, boîte qui est elle-même liée à un alternateur. L'alternateur produit un courant électrique en tournant.

❸ Le système de raccordement au réseau de transport

Un transformateur situé à l'intérieur du mât transforme le courant électrique produit par l'éolienne en vue de son transport par les lignes à haute tension.

🔊 **culture +**

LA CRÉATION D'HYDRO-QUÉBEC

Hydro-Québec, société publique de production et de distribution d'électricité, appartient à l'État québécois. L'entreprise s'est créée en deux temps. En premier lieu, le gouvernement du Québec a nationalisé en 1944 la Montreal Light Heath and Power Company Consolidated au profit de la Commission hydroélectrique du Québec, bientôt nommée Hydro-Québec. Lors de la deuxième phase de nationalisation sous le gouvernement de Jean Lesage, en 1963, Hydro-Québec a acquis une dizaine de distributeurs d'électricité privés. L'entreprise est ainsi devenue experte en matière de production, de transport et de distribution d'hydroélectricité. En 2006, ses bénéfices ont atteint 3,74 milliards de dollars. La même année, son actif total, soit la valeur de l'ensemble de ses installations et de son stock a atteint plus de 64 milliards de dollars.

La production d'énergie électrique à partir des radiations solaires

L'énergie lumineuse

Le potentiel d'ensoleillement du Québec est de l'ordre de 100 W/m². Cette valeur varie considérablement au quotidien selon la saison et les conditions météorologiques. Sous nos latitudes, dans des conditions idéales, les **panneaux photovoltaïques** (*voir la figure 27*) ont un **rendement** de 10 %, c'est-à-dire une production d'environ 10 W/m². La production d'électricité solaire est peu efficace, intermittente et imprévisible. C'est au mieux une source d'énergie d'appoint, car elle n'offre pas la régularité nécessaire pour un approvisionnement constant. Il reste néanmoins que l'énergie solaire est prometteuse, car elle est gratuite et son utilisation est non polluante.

Pour transformer la lumière en énergie électrique, les panneaux photovoltaïques utilisent des matériaux semi-conducteurs. Le silicium, classé comme un **métalloïde**, est l'élément le plus utilisé dans la fabrication de matériaux semi-conducteurs. Bien que très abondant sur Terre, le silicium ne se retrouve pas à l'état élémentaire dans la nature. On l'extrait du sable ou du quartz en décomposant la silice (SiO_2) [*voir la figure 28*]. Les procédés servant à obtenir du silicium sont passablement polluants. La silice (SiO_2) est chauffée en présence de carbone (C), ce qui produit non seulement le silicium (Si), mais aussi du dioxyde de carbone (CO_2) :

$$SiO_{2(s)} + C_{(s)} \rightarrow Si_{(s)} + CO_{2(g)}$$

Figure 27
Une maison dotée de panneaux photovoltaïques

Figure 28
Des cristaux de quartz
Le quartz est une forme de silice (SiO_2) et est le minéral le plus abondant de la croûte terrestre.

Le cycle de vie des panneaux photovoltaïques

La lumière du Soleil est éternelle, gratuite et non polluante. Pourtant, la production d'électricité par panneau photovoltaïque a ses détracteurs. C'est en analysant le cycle de vie des panneaux photovoltaïques que l'on peut évaluer les effets de ce mode de production énergétique (*voir la figure 29*).

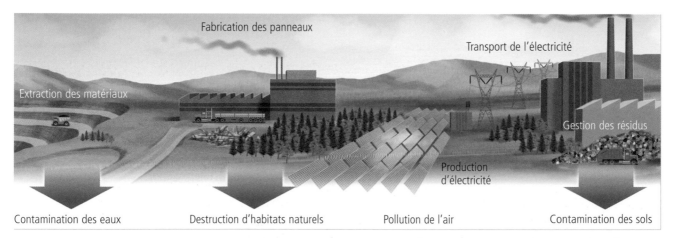

Fabrication des panneaux

Transport de l'électricité

Extraction des matériaux

Gestion des résidus

Production d'électricité

Contamination des eaux   Destruction d'habitats naturels   Pollution de l'air   Contamination des sols

Figure 29
Le cycle de vie des panneaux voltaïques et leurs effets sur l'environnement

EXPLOITATION DE L'ÉNERGIE SOLAIRE

Répercussions sur la lithosphère

- Des éléments métalliques et des métalloïdes – dont certains sont rares – entrent dans la fabrication de panneaux photovoltaïques. L'extraction d'éléments rares demande la transformation de grandes quantités de roche-mère.
- La production d'énergie électrique à partir de la lumière solaire est peu efficace. Par exemple, il faudrait recouvrir de panneaux photovoltaïques plus de 1 000 km² pour répondre aux besoins des Québécois.
- Avec le recyclage, la fabrication de panneaux photovoltaïques deviendra moins polluante à l'avenir. La technologie permet de facilement réutiliser l'aluminium, le silicium, le cuivre, le verre et d'autres matériaux contenus dans les panneaux.
- L'exploitation du solaire restera encore longtemps un système d'appoint pour la production d'énergie électrique.

Répercussions sur l'hydrosphère

- Les piles qui stockent l'énergie captée par les panneaux photovoltaïques contiennent des quantités importantes de métaux lourds, ce qui en fait des déchets dangereux. Lorsqu'on dispose d'une pile de façon inadéquate, elle peut contaminer les sources d'eau potable en libérant des métaux lourds.

Répercussions sur l'atmosphère

- Le fonctionnement de panneaux photovoltaïques ne produit pas d'émission de gaz à effet de serre.
- Chaque mégawatt-heure (MWh) d'énergie produit par le solaire évite le rejet de 600 kg de CO_2.
- La purification du silicium (Si), le métalloïde qui transforme de l'énergie rayonnante du Soleil en énergie électrique, est un procédé très énergivore qui dégage de grandes quantités de CO_2, un gaz à effet de serre.

Une machine produisant du silicium en lingots.

⬛ info +

LES PILES DU FUTUR

Une pile à combustible est un générateur d'électricité. Son principe de fonctionnement repose sur la transformation d'une énergie chimique en énergie électrique. La pile à combustible la plus courante est la pile à hydrogène. Elle contient, comme une pile traditionnelle, une anode et une cathode immergées dans un milieu, l'électrolyte, qui assure la transmission des ions. Dans le cas de la pile à hydrogène, cette molécule se combine avec l'oxygène de l'air ambiant pour générer de l'électricité, de la chaleur et de l'eau, évacuée sous forme de vapeur. Comme son utilisation ne produit pas de déchets toxiques et réduit la production de gaz à effet de serre, la pile à combustible présente de nombreux avantages environnementaux. Les possibilités d'utilisation de cette technologie sont nombreuses dans les secteurs du transport, de la téléphonie mobile, des ordinateurs portables et des appareils photo numériques.

Le principe de fonctionnement d'un panneau photovoltaïque

Les panneaux photovoltaïques utilisent des matériaux semi-conducteurs. Un matériau semi-conducteur se comporte à la fois comme un **isolant** et comme un **conducteur.** Il peut être chargé positivement ou négativement, mais il peut aussi laisser circuler des électrons comme un conducteur. Cette double personnalité est le fait d'éléments métalloïdes, comme le silicium (Si) qui sont le principal constituant des matériaux semi-conducteurs.

Dans un panneau photovoltaïque, l'énergie lumineuse permet à un électron d'échapper à l'emprise d'un atome. On appelle ce phénomène l'**effet photoélectrique** (*voir la figure 30*). Libre, l'électron circule dans les matériaux du panneau photovoltaïque en suivant la polarité du circuit. L'éclairement continu d'un panneau photovoltaïque crée ainsi un courant continu qui sert à alimenter un petit appareil électrique ou à recharger une batterie.

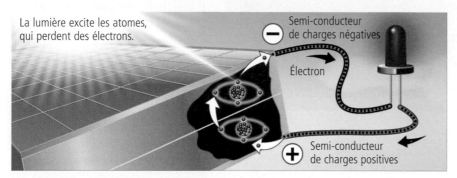

Figure 30
L'effet photoélectrique dans un panneau photovoltaïque L'énergie lumineuse est suffisante et permet de déloger des électrons de leurs atomes. Le courant d'électrons est créé par la juxtaposition de deux semi-conducteurs de charges différentes reliés par un circuit externe.

🖳 **culture +**

L'INNOVATION AU SERVICE DE L'ENVIRONNEMENT

Située à Montréal, la TOHU innove en matière de bâtiment écologique. Accueillant la Cité des arts du cirque, l'École nationale du cirque et le Cirque du Soleil, la TOHU se trouve au cœur du complexe environnemental Saint-Michel, le deuxième site d'enfouissement en milieu urbain le plus important en Amérique du Nord. Aménager les 192 hectares de friches et de dépotoir pour les transformer en espace utilisable était un défi de taille que la ville de Montréal a relevé avec ingéniosité : récupération et traitement des eaux de ruissellement sur le site par la construction de bassins paysagers et de zones pavées, système de refroidissement par entreposage de glace, ventilation assurée par un effet de cheminée et de prises d'air, chauffage provenant de la récupération de la chaleur d'une centrale électrique voisine, etc. La TOHU est un exemple d'aménagement durable pouvant être reproduit au-delà des frontières du Québec.

La production d'énergie électrique à partir de la chaleur interne de la Terre

La chaleur du sol

La croûte terrestre flotte sur de la roche en fusion, que l'on appelle magma. Plus on descend profondément sous la surface de la Terre, plus la température augmente (*voir la figure 31*). La chaleur interne de la Terre est appelée **géothermie.**

Cette chaleur est produite par la désintégration des **éléments radioactifs** naturels du sol : l'uranium, le thorium, le potassium. Les marées, en plissant et en déformant continuellement la croûte terrestre, créent une friction qui est également source de chaleur.

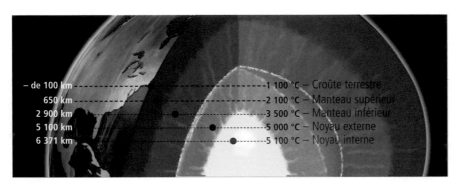

– de 100 km	1 100 °C	Croûte terrestre
650 km	2 100 °C	Manteau supérieur
2 900 km	3 500 °C	Manteau inférieur
5 100 km	5 000 °C	Noyau externe
6 371 km	5 100 °C	Noyau interne

Figure 31
La structure interne de la Terre

Le potentiel géothermique varie beaucoup selon la géologie d'un territoire. Dans certaines régions volcaniques ou situées près d'une faille continentale, on a facilement accès à des zones de hautes températures produites par la montée de magma près de la surface. En Islande par exemple, les températures élevées du sous-sol (plus de 150 °C) permettent de produire de l'électricité avec des **turbines à vapeur** typiques des centrales thermiques.

Le sous-sol québécois n'a pas de telles zones d'instabilité géologique. La radioactivité naturelle de notre sous-sol chauffe les eaux souterraines qui maintiennent la roche-mère à une température d'environ 10 °C, été comme hiver.

En conséquence, les eaux souterraines sont utilisées par des systèmes d'**échangeur de chaleur** qui réchauffent les habitations en hiver et les climatisent l'été. Cette ressource est renouvelable et non polluante. L'apport de chaleur est constant et le procédé d'échange de chaleur se fait à travers des conduits caloporteurs étanches.

Le cycle de vie de la géothermie

La chaleur de la Terre est une ressource disponible en permanence, peu exploitée et gratuite. Est-ce une solution d'avenir ? L'analyse du cycle de vie de la géothermie nous permet de soupeser les répercussions de cette ressource énergétique sur l'environnement.

EXPLOITATION DE LA GÉOTHERMIE
Répercussions sur la lithosphère
• La lithosphère est très peu perturbée, puisque les installations consistent uniquement en quelques trous de forage.
Répercussions sur l'hydrosphère
• Les installations utilisent des circuits caloporteurs fermés, ce qui fait que l'hydrosphère est très peu perturbée.
• Un système géothermique perd de son efficacité lorsque plusieurs installations utilisent une même nappe phréatique pour l'échange de chaleur.
Répercussions sur l'atmosphère
• La géothermie ne produit ni gaz à effet de serre ni gaz polluants qui perturbent l'atmosphère.
• L'utilisation d'un système géothermique permet de réduire la consommation d'électricité produite par les centrales électriques utilisant une énergie non renouvelable et polluante comme les combustibles fossiles.

Sur le terrain

Le principe de fonctionnement d'une centrale géothermique

Une centrale géothermique produit de l'électricité grâce à la chaleur de la Terre qui transforme en vapeur l'eau contenue dans les nappes souterraines et actionne ainsi une turbine et un alternateur (*voir la figure 32*).

❶ L'infiltration d'eau

De l'eau de pluie ou de mer s'infiltre dans les fractures de la croûte terrestre et constitue un réservoir dans le sous-sol, appelé nappe aquifère. La température de l'eau d'un aquifère situé près d'une zone à haute température comme un volcan s'élève de 150 à 350 °C.

❷ Le pompage de l'eau

L'eau chaude sous pression dans le sous-sol est pompée jusqu'à la surface par un forage. Pendant sa remontée, sa pression diminue et elle se transforme en partie en vapeur.

❸ La production d'électricité

La pression de cette vapeur fait tourner une turbine qui, à son tour, fait fonctionner un alternateur. En tournant, l'alternateur produit un courant électrique alternatif.

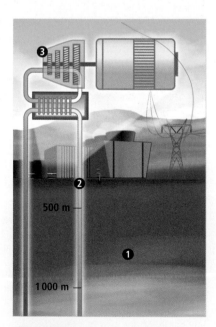

Figure 32
La production d'électricité par énergie géothermique

La maison du futur

Les architectes cherchent de plus en plus à construire des bâtiments écologiques. Ces bâtiments sont conçus pour être le moins dépendants possible d'une centrale énergétique. La solution réside dans l'utilisation de plusieurs ressources énergétiques et dans le recyclage de la matière et de l'énergie. Voici une maison écologique où les progrès de la science et la technologie de l'environnement sont mis à profit (*voir la figure 33*).

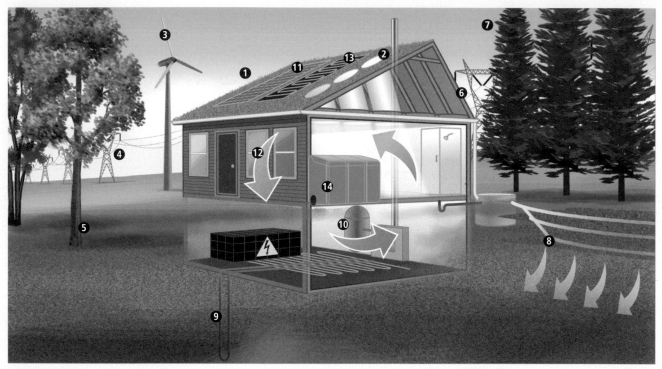

Figure 33
La maison du futur

❶ Un **toit végétalisé** isole la toiture tout en contrôlant l'écoulement des eaux de pluie autour de l'habitation.

❷ Des **tubes solaires** permettent un apport de lumière aux pièces dépourvues de fenêtre.

❸ Une **éolienne** recharge des batteries qui stockent de l'énergie électrique.

❹ Un **branchement** à une **centrale électrique** offre un approvisionnement en énergie stable. De préférence, la centrale utilisera une ressource d'énergie renouvelable non polluante.

❺ Une **fenestration** et des **arbres décidus** au Sud permettent un apport maximal de lumière en hiver et minimal en été.

❻ Une **isolation** adéquate permet de réduire les pertes d'énergie par le toit, les murs et les fenêtres.

❼ Des **arbres au feuillage permanent** et **aucune fenestration** au nord afin de s'abriter des vents et de réduire la perte de chaleur.

❽ Un système de **recyclage des eaux grises** traite l'eau rejetée par le bain, la douche, les lavabos et les électroménagers.

❾ Un **système géothermique** chauffe et climatise la maison.

❿ Une **fournaise au biocarburant** sert au chauffage de la maison et de l'eau.

⓫ Des **panneaux photovoltaïques** rechargent des batteries pour fournir une source d'électricité d'appoint.

⓬ Un **système de ventilation par convection** qui utilise un **système d'échangeur de chaleur** fournit une circulation douce, constante et silencieuse d'air chaud.

⓭ Des **panneaux solaires** assurent le chauffage de l'eau.

⓮ Un **système de gestion sélective des déchets** réduit la masse des matières à enfouir, favorise le recyclage et encourage la transformation des matières organiques en compost.

Diagnostic

SECTION 2.1 **La production d'énergie électrique à partir de la biomasse**

1 Quels sont les principaux extrants des centrales de production d'énergie électrique à partir de la biomasse?

2 Associez chacun des termes suivants à l'une des descriptions fournies ci-après.

❶ Méthane   ❺ Charbon de bois
❷ Éthanol   ❻ Déchets organiques
❸ Huile   ❼ Tourbe
❹ Bois densifié

a) La matière première nécessaire à la production de ce biocarburant est également exploitée dans l'industrie agroalimentaire.

b) Une partie de la matière première nécessaire à la production de ce carburant provient de l'industrie forestière.

c) L'extraction de cette ressource a des répercussions importantes sur les milieux aquatiques.

d) Ce procédé permet d'exploiter de façon utile des polluants potentiels.

3 Décrivez le mode de production d'un biocarburant:

a) renouvelable;

b) non renouvelable.

4 Les centrales thermiques modernes sont conçues aux fins de la cogénération. Expliquez ce qu'est la cogénération.

SECTION 2.2 **La production d'énergie électrique à partir de l'eau**

5 Pourrait-on construire une centrale hydroélectrique de forte puissance sans l'alimenter par un vaste réservoir d'eau? Justifiez votre réponse.

6 Selon les informations fournies sur ce globe, où pourrait-on observer des marées hautes et des marées basses quand une marée haute se produit au Québec?

7 Donnez deux des arguments qui peuvent être invoqués pour affirmer que les centrales hydroélectriques contribuent à l'effet de serre en produisant du CO_2.

SECTION 2.3 **La production d'énergie électrique à partir du vent**

8 Un vent de mer apparaît-il lorsque la masse d'air au-dessus des côtes est plus chaude ou plus froide que la masse d'air au-dessus de la mer? Justifiez votre réponse.

9 Quelle forme d'énergie est à l'origine du vent?

10 Sur la photographie ci-dessous, quelles flèches représentent les forces de traînée et de poussée ?

SECTION 2.4 **La production d'énergie électrique à partir des radiations solaires**

11 Avec quel type de matériaux fabrique-t-on les panneaux photovoltaïques ?

12 Donnez deux des arguments qui peuvent être invoqués pour affirmer que les centrales solaires contribuent à l'effet de serre en produisant du CO_2.

SECTION 2.5 **La production d'énergie électrique à partir de la chaleur interne de la Terre**

13 Quelle forme d'énergie est principalement à l'origine de la chaleur du sol ?

14 Expliquez pourquoi on ne trouve au Québec aucune centrale géothermique de production d'électricité comme il y en a en Islande et en Nouvelle-Zélande.

15 Pourquoi la sensibilisation des populations à l'utilisation de ressources renouvelables n'est-elle pas considérée comme une mode passagère ?

16 Décrivez une répercussion négative que chacun des modes de production d'électricité suivants peut avoir sur l'environnement.

a) Panneau photovoltaïque

b) Centrale hydroélectrique

c) Centrale marémotrice

d) Système géothermique

e) Éolienne

17 Décrivez les transformations d'énergie opérées par les systèmes de production d'énergie électrique suivants.

a) Centrale thermique à combustible fossile

b) Centrale thermique nucléaire

c) Centrale thermique à biomasse

d) Panneau photovoltaïque

e) Centrale hydroélectrique

f) Centrale marémotrice

g) Système géothermique

h) Éolienne

18 Pour chacun des systèmes de production d'énergie suivants, indiquez s'il s'agit d'une solution principale ou, au contraire, d'une solution d'appoint.

a) Centrale thermique à combustible fossile

b) Centrale thermique nucléaire

c) Centrale thermique à biomasse

d) Panneau photovoltaïque

e) Centrale hydroélectrique

f) Centrale marémotrice

g) Système géothermique

h) Éolienne

En un clin d'œil

>>> Le cycle de vie d'un mode de production d'énergie

- L'analyse du cycle de vie d'un mode de production d'énergie décrit les répercussions environnementales à toutes les étapes de transformation d'une ressource naturelle : l'extraction, la transformation, le transport, l'utilisation et la gestion des déchets résultant de l'utilisation et du recyclage.

- On peut attribuer des répercussions sur l'environnement (la lithosphère, l'hydrosphère et l'atmosphère) à chacune des étapes du cycle de vie.

- Les combustibles fossiles et la matière fissile sont des ressources énergétiques non renouvelables.

- La biomasse, l'eau, le vent et le Soleil sont des ressources énergétiques renouvelables.

>>> Les ressources énergétiques non renouvelables

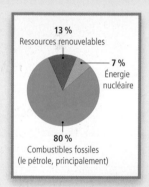

13 %
Ressources renouvelables

7 %
Énergie nucléaire

80 %
Combustibles fossiles
(le pétrole, principalement)

- Les hydrocarbures utilisés dans les centrales thermiques classiques proviennent de ressources naturelles, les combustibles fossiles, qui sont limitées et inégalement distribuées sur le globe. Leur utilisation contamine la lithosphère, l'hydrosphère et l'atmosphère.

- La matière fissile utilisée dans les centrales thermiques nucléaires est extraite de minerais riches en uranium.

- La fission du noyau de l'atome d'uranium dégage une grande quantité d'énergie et produit des déchets radioactifs néfastes pour la lithosphère et l'hydrosphère.

>>> Les ressources énergétiques renouvelables

- La présence d'un bassin versant important est primordial dans le choix du site de construction d'une centrale hydroélectrique de grande puissance. Un barrage est érigé pour créer un réservoir d'eau qui fournira un fort courant qui actionnera les turbines.

- Trois solutions peuvent produire de l'énergie électrique à grande échelle : les centrales thermiques classiques, les centrales thermiques nucléaires et les centrales hydroélectriques.

- Les parcs d'éoliennes, les centrales thermiques au biocarburant, les systèmes géothermiques et les panneaux photovoltaïques sont peu polluants, mais limités en puissance. Il s'agit de modes de production d'énergie d'appoint, du moins pour l'instant.

- La matière organique non fossilisée peut produire des biocarburants.

- La puissance hydroélectrique dépend de la vitesse du courant et du volume d'eau.

- La force de gravité du Soleil et de la Lune déforme l'hydrosphère et produit les marées.

- Les pales des éoliennes sont profilées pour exploiter la traînée (une force dans le sens du vent) et la portance (une force perpendiculaire au vent).

- Le silicium (Si) est le métalloïde qui transforme l'énergie rayonnante du Soleil en énergie électrique.

Univers matériel

L'électron domestiqué

La dépendance collective à l'égard des ressources énergétiques est l'une des principales caractéristiques de notre époque. L'énergie électrique rend plus simples les multiples tâches et occupations de la vie quotidienne. Elle facilite les gros travaux et nous offre de nombreux loisirs qui hier encore n'existaient pas. C'est au moment où l'énergie électrique vient à nous manquer que nous nous rendons vraiment compte de la place qu'elle tient dans nos vies.

L'être humain a dû maîtriser deux phénomènes connexes – le magnétisme et l'électrostatique – avant de domestiquer cette source d'énergie si pratique. L'étude de ces deux sujets sera donc le point de départ du présent **Univers matériel** sur la problématique de l'énergie. Vous étudierez par la suite le comportement de divers circuits électriques et vous découvrirez les grandeurs physiques qui permettent de calculer l'énergie électrique consommée par un appareil. Enfin, l'étude du concept de transformation d'énergie vous amènera à explorer la question de la production et de l'utilisation de l'énergie électrique.

1 > L'ÉLECTROSTATIQUE ET LE MAGNÉTISME

Le magnétisme et l'électrostatique supposent une force qui s'exerce à distance. La capacité d'agir à distance fascine et étonne. Vous avez sûrement déjà manipulé des aimants. L'étrange force de répulsion ou d'attraction que l'on ressent à l'approche de deux aimants est à la fois amusante et intrigante. Les phénomènes électrostatiques – c'est-à-dire ceux où se manifeste l'électricité statique – suscitent la même curiosité. Quel enfant ne s'est jamais amusé à se faire dresser les cheveux sur la tête avec l'électricité statique produite par un ballon de baudruche frotté sur une surface ?

Dans les pages qui suivent, vous aurez la chance d'explorer scientifiquement ces deux domaines intéressants. Sauriez-vous dire en quoi ces phénomènes sont liés à l'électron ?

1.1 Le magnétisme

Les aimants, des objets magnétiques

Une courte manipulation avec deux aimants dont les pôles sont marqués saura vous convaincre qu'ils se repoussent si on approche leurs pôles similaires (sud-sud ou nord-nord), alors qu'ils s'attirent si on rapproche leurs pôles contraires (sud-nord). Par ailleurs, vous savez probablement déjà qu'un aimant est capable d'attirer à lui certains objets comme des trombones ou des clous. Les aimants permanents sont des exemples d'**objets magnétiques.** De tels objets sont capables de trois types d'influence.

PROPRIÉTÉS DES OBJETS MAGNÉTIQUES

- Ils peuvent attirer à eux les métaux **ferromagnétiques** (le **fer**, le **nickel**, le **cobalt** et certains alliages de ces métaux).
- Ils peuvent attirer un autre aimant (si on approche l'un de l'autre des pôles contraires).
- Ils peuvent repousser un autre aimant (si on approche l'un de l'autre des pôles similaires).

Bien qu'ils soient attirés par les aimants, les trombones ne sont pas des objets magnétiques. En effet, deux trombones ne peuvent s'attirer ni se repousser. Toutefois, puisqu'ils peuvent être attirés par des aimants, on dit qu'ils sont **ferromagnétiques**. Les objets ferromagnétiques peuvent devenir des aimants temporaires lorsqu'ils sont en contact avec un aimant permanent. C'est ce qui explique qu'on puisse soulever une longue chaîne de trombones grâce à un seul aimant (*voir la figure 1*).

Figure 1
Le ferromagnétisme
Les trombones attirés par l'aimant deviennent des aimants temporaires.

La boussole et le magnétisme de la Terre

L'aiguille d'une boussole est un aimant permanent placé sur un pivot qui lui permet de tourner sur elle-même. L'extrémité qui pointe (peinte en rouge) est un pôle nord magnétique : elle peut être attirée par le pôle sud d'un aimant (*voir la figure 2*).

On utilise une boussole pour s'orienter, car, en l'absence d'objet magnétique susceptible de causer une perturbation, l'aiguille de la boussole tend à pointer vers le Nord de la Terre. Il en est ainsi parce que la Terre est un gigantesque aimant permanent (*voir la figure 3*). Le **pôle sud magnétique** de la Terre est situé tout près du **pôle Nord géographique**. Voilà pourquoi le pôle nord de la boussole pointe vers le pôle sud magnétique de la Terre (c'est-à-dire à peu près en direction du pôle Nord géographique de la Terre).

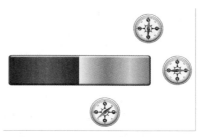

Figure 2
L'aiguille d'une boussole, un aimant permanent
L'extrémité colorée de l'aiguille d'une boussole est un pôle nord magnétique. Elle est attirée par le pôle sud d'un aimant droit.

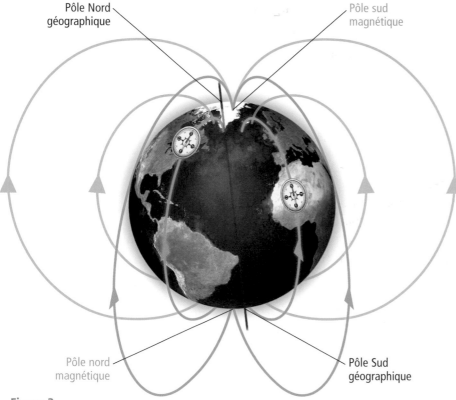

Pôle Nord géographique

Pôle sud magnétique

Pôle nord magnétique

Pôle Sud géographique

Figure 3
La Terre, un aimant gigantesque Le pôle sud magnétique de la Terre est situé à proximité du pôle Nord géographique. À la surface de la Terre, les boussoles s'orientent le long des lignes de force dirigées vers le pôle sud magnétique de la terre.

Le champ magnétique d'un aimant droit

Tout comme la force de gravité, la force magnétique entre deux aimants s'exerce à distance sur des objets qui ne sont pas nécessairement en contact. Pour modéliser cette action à distance, on utilise la notion de **champ de force**. Ainsi, le **champ magnétique** d'un aimant est illustré par des lignes de force qui représentent l'orientation que prendrait une boussole (ou une aiguille aimantée) pour chaque point de l'espace entourant cet aimant. Voilà pourquoi les lignes de force sont orientées du pôle nord vers le pôle sud de l'aimant (*voir les figures 3 et 4*).

Expérimentalement, il est très simple de visualiser le champ magnétique d'un aimant : il suffit de le déposer sous une plaque de plexiglas sur laquelle on saupoudre de la limaille de fer (*voir la figure 5*). Chaque particule de limaille devient temporairement semblable à une aiguille aimantée et s'aligne de façon à tracer la forme du champ magnétique de l'aimant.

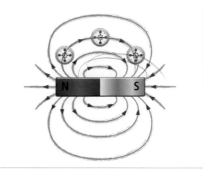

Figure 4
Un aimant et son champ magnétique modélisé

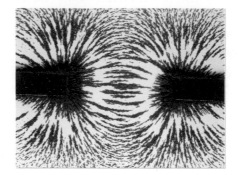

Figure 5
Deux aimants (pôles contraires) et leur champ magnétique révélé par de la limaille de fer

1.2 L'électromagnétisme

En 1820, le Danois Hans Christian Oersted découvre qu'un fil parcouru par un courant électrique fait dévier l'aiguille d'une boussole placée à proximité. C'est qu'un champ magnétique de forme circulaire se crée autour de lui (*voir la figure 6*). Avant d'expliquer comment on peut déterminer l'orientation de ces lignes de force, il faut aborder la notion de courant électrique ainsi que sa représentation.

Le sens conventionnel du courant

Lorsqu'une pile ou une autre source d'énergie électrique provoque le passage d'un courant électrique dans un conducteur, des électrons se mettent en mouvement dans tout le circuit. Ce mouvement va de la borne négative, qui repousse les électrons, à la borne positive, qui les attire. C'est le **sens réel de circulation des électrons** (*voir la figure 7*).

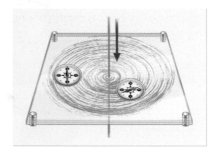

Figure 6
Le champ magnétique d'un fil droit parcouru par un courant

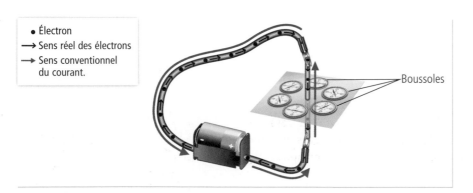

• Électron
→ Sens réel des électrons
→ Sens conventionnel du courant.

Boussoles

Figure 7
Le sens réel et le sens conventionnel du courant Le sens conventionnel du courant est en sens inverse du sens réel de déplacement des électrons.

Lorsqu'ils élaborèrent les lois de l'électricité et du magnétisme, les scientifiques du XIXe siècle ont trouvé plus commode de représenter le courant électrique comme une circulation de charges positives dans un circuit depuis la borne positive de la pile jusqu'à sa borne négative. C'est ce qu'on appelle le **sens conventionnel du courant** (*voir la figure 7, p. 38*). Au moment où cette convention a été établie, on ignorait encore que dans les conducteurs, ce sont les électrons qui sont libres de se déplacer (les protons sont emprisonnés dans le noyau des atomes). Pour éviter de devoir récrire les livres de référence, on a décidé de conserver cette convention, ce qui fait que, de nos jours encore, on représente le courant électrique par une flèche orientée en sens contraire du sens de déplacement des électrons.

La règle de la main droite

Maintenant que nous pouvons déterminer le sens (conventionnel) du courant fourni par une pile, tout ce qui nous fait défaut pour déterminer l'orientation des boussoles des figures 6 et 7 c'est… notre main droite !

CHAMP MAGNÉTIQUE PRODUIT PAR UN FIL DROIT

Pour déterminer le sens des lignes de force produites par un fil droit, on pointe le pouce de notre main droite dans le sens conventionnel du courant (illustré par une flèche). Les autres doigts de la main droite s'enroulent alors dans le même sens que les lignes de force.

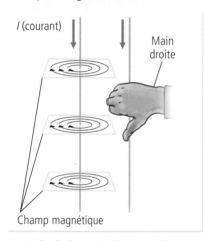

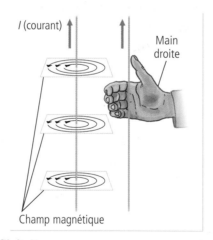

La règle de la main droite appliquée à un fil droit.

🔵 **info +**

LE MAGNÉTISME, UNE AFFAIRE D'ÉLECTRONS

Le magnétisme des aimants est lié au mouvement ordonné des électrons. Ainsi, certains matériaux peuvent être aimantés parce qu'il est possible de modifier durablement l'*orientation* de la trajectoire de leurs électrons (le terme exact de ce phénomène est *spin*, une notion trop complexe pour être abordée ici).

Comme le mouvement des électrons est lié au magnétisme, on comprend pourquoi le passage du courant électrique dans un matériau conducteur provoque autour de lui l'apparition d'un champ magnétique.

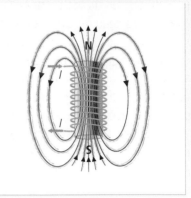

1.3 Le champ magnétique d'un solénoïde

Un **solénoïde** est un fil conducteur enroulé. Lorsqu'un courant électrique circule dans cet enroulement, un champ magnétique de forme semblable à celui d'un aimant droit est créé (*voir la figure 8*).

En insérant un noyau fait d'un matériau ferromagnétique (comme le fer doux) à l'intérieur d'un solénoïde, on obtient un électroaimant, c'est-à-dire un aimant produisant un champ magnétique temporaire dont l'intensité varie avec l'intensité du courant qui circule dans le solénoïde (*voir la figure 9*).

L'identification des pôles et de l'orientation des lignes de force dépend du sens dans lequel circule le courant électrique. La **règle de la main droite** permet de déterminer la position du pôle nord ainsi que le sens des lignes de force pour les solénoïdes.

Figure 8
Le champ magnétique d'un solénoïde

CHAMP MAGNÉTIQUE PRODUIT PAR UN SOLÉNOÏDE

Pour déterminer la position des pôles et le sens des lignes de force produites par un solénoïde (ou un électroaimant), on enroule les doigts de la main droite dans le même sens que le courant. Le pouce pointe alors en direction du pôle nord et donne la direction des lignes de force qui sortent du solénoïde.

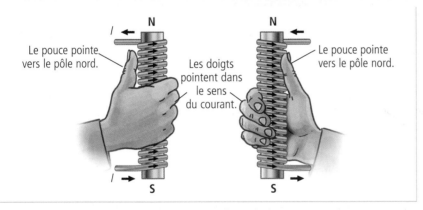

Le pouce pointe vers le pôle nord.

Les doigts pointent dans le sens du courant.

Le pouce pointe vers le pôle nord.

La règle de la main droite appliquée à un solénoïde.

Figure 9
Un électroaimant
La force exercée par un électroaimant dépend du courant qui y circule. Elle peut être interrompue au gré de l'utilisateur ou de l'utilisatrice.

1.4 L'électricité statique

Vos cheveux se sont-ils déjà dressés sur votre tête ou ont-ils déjà collé au peigne ou à la brosse quand vous les peignez ? Avez-vous déjà reçu un « choc électrique » en touchant un objet ? Ces deux phénomènes dus à l'électricité statique sont causés par l'accumulation et un déplacement d'électrons qui surviennent quand deux substances entrent en contact. Puisque les effets de ce transfert d'électrons diffèrent quelque peu selon la nature des substances, il convient de bien explorer ce phénomène.

L'électrisation par frottement

Lorsqu'on frotte ensemble deux objets de nature différente, plusieurs électrons passent de l'un à l'autre. Par exemple, quand on frotte une tige de caoutchouc avec un morceau de laine, le caoutchouc se charge négativement alors que la laine se charge positivement (*voir la figure 10*). Le frottement a pour effet de déplacer certains électrons depuis la surface du morceau de laine jusqu'à la surface de la tige de caoutchouc. La charge négative du caoutchouc s'explique par le fait qu'il a arraché des électrons à la laine. Quant au morceau de laine, sa perte d'électrons le laisse avec un surplus de protons : sa charge nette est donc positive. Ce phénomène où un objet cède des électrons à un autre objet par suite d'un frottement se nomme **électrisation par frottement.**
Deux questions se posent alors. Pourquoi le frottement n'arrache-t-il que des électrons ? Et pourquoi est-ce la laine qui cède ses électrons au caoutchouc ?

Le modèle de Rutherford-Bohr nous permet de répondre à la première question. Selon ce modèle, les électrons circulent sur des couches électroniques entourant le noyau alors que les protons, eux, sont emprisonnés dans le noyau. Les électrons sont donc les particules qui, en général, peuvent être déplacées le plus facilement par le frottement.

Avant le frottement   Après le frottement

Figure 10
L'électrisation par frottement
La laine ayant moins tendance à attirer les électrons que le caoutchouc, des électrons sont transférés de la laine vers le caoutchouc à la suite du frottement entre ces deux substances.

Pour répondre à la seconde question, il faut se rappeler le caractère donneur-receveur d'électrons des éléments chimiques. Certains éléments retiennent moins bien leurs électrons : c'est le cas des métaux alcalins (famille I A). À l'opposé, certains éléments ont une plus grande tendance à attirer les électrons : c'est le cas des halogènes (famille VII A).

La laine et le caoutchouc ne sont pas des éléments, bien sûr. Ils sont tout de même caractérisés par une certaine tendance à attirer ou à céder les électrons. Des expériences ont ainsi permis de classer les diverses substances selon leur capacité à céder ou à recevoir les électrons. La figure 11 présente une série électrostatique. Lorsqu'on frotte ensemble deux de ces substances, celle qui a la plus grande tendance à céder ses électrons se charge positivement tandis que l'autre se charge négativement. Notez que la laine n'est pas toujours chargée positivement. Si on frotte une tige de verre avec un morceau de laine, c'est le verre qui se chargera positivement, car il a une plus grande tendance à céder ses électrons. La laine sera alors chargée négativement.

Tendance accrue à céder des électrons (tendance à se charger positivement)
Verre
Cheveux humains
Nylon
Laine
Poils de chat
Coton
Soie
Polyvinylchloré (PVC)
Polyéthylène
Caoutchouc
Tendance accrue à recevoir des électrons (tendance à se charger négativement)

Figure 11
Une série électrostatique

Les conducteurs et les isolants

Les substances de la série électrostatique de la figure 11, à la page 41, sont toutes de bons **isolants** électriques. Ce type de substances est caractérisé par une mobilité très réduite des électrons. Ceux-ci circulent très difficilement d'un atome à un autre ou d'une molécule à une autre. Les non-métaux ainsi que la plupart des composés chimiques sont de bons isolants électriques. Puisque leurs électrons se déplacent difficilement d'un atome à l'autre, la charge acquise par un isolant lors d'une électrisation par frottement reste localisée à l'endroit qui a été frotté (*voir la figure 12*).

Les métaux possèdent des électrons capables de se déplacer d'un atome à l'autre. Ces substances sont de bons **conducteurs** électriques. À cause de la mobilité des électrons, la charge acquise par un conducteur électrisé se répartit sur toute sa surface extérieure. Les conducteurs peuvent être électrisés par frottement ou par contact avec un autre corps chargé (qu'il soit conducteur ou isolant) [*voir la figure 13*].

L'attraction et la répulsion électrostatique

Au moment de l'étude du modèle de Rutherford-Bohr, nous avons introduit la notion de force d'attraction et de répulsion électrique. À ce moment, nous appliquions ces notions à des particules en interaction mutuelle (électrons, protons et particules alpha). C'est la même notion que nous appliquerons maintenant aux corps chargés d'électricité statique.

Figure 12
Une tige de caoutchouc électrisée par frottement

Figure 13
L'électrisation par contact d'un conducteur
On touche la sphère métallique avec une tige de caoutchouc chargée. Après le contact, le conducteur est chargé négativement et la charge se répartit sur toute la surface du conducteur.

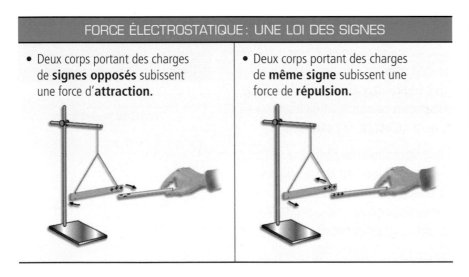

FORCE ÉLECTROSTATIQUE : UNE LOI DES SIGNES	
• Deux corps portant des charges de **signes opposés** subissent une force d'**attraction**.	• Deux corps portant des charges de **même signe** subissent une force de **répulsion**.

Pourquoi les cheveux sont-ils attirés par le peigne ? Le contact entre le peigne (du polyéthylène) et les cheveux provoque un transfert d'électrons des cheveux vers le peigne (*voir la figure 11, p. 41*). Le peigne est ainsi chargé négativement et les cheveux deviennent chargés positivement. Le peigne et les cheveux s'attirent alors mutuellement.

info +

UN ISOLANT PARFAIT ?

Aucune substance n'est un isolant parfait. Ainsi, l'air, qui est pourtant un excellent isolant, permet parfois le passage du courant électrique, notamment au moment de la foudre ou simplement à l'occasion d'une décharge électrique (ce qu'on appelle communément un « choc électrique »).

BENJAMIN FRANKLIN

Illustre personnage de l'histoire des États-Unis, Benjamin Franklin (1706-1790) est également connu pour ses inventions scientifiques et ses travaux sur l'électricité. Vers 1750, à la suite de diverses expériences sur l'électricité, Franklin acquiert la certitude que la foudre est un phénomène électrique.

Il a alors l'idée de protéger les constructions de la foudre en les dotant d'une tige métallique capable de recevoir la décharge électrique et de la conduire vers le sol : le paratonnerre était né. À cette époque, le chercheur conçoit l'électricité comme un fluide invisible de la matière. C'est lui qui a qualifié les deux types de charge de positive et négative.

1.5 La loi de Coulomb

Il est possible de calculer la force d'attraction ou de répulsion électrique qui s'exerce entre deux corps chargés. Cette force, comme toute autre, est exprimée en newtons (N). Puisque la grandeur de la force électrique dépend des charges électriques en jeu, il est nécessaire de définir une unité de mesure pour les charges électriques.

La charge électrique (q)

Lorsque nous donnons quelques coups de peigne dans nos cheveux, plusieurs dizaines de milliers d'électrons sont transférés des cheveux vers le peigne. Les scientifiques ont jugé qu'il n'était pas très pratique d'exprimer la quantité de charges électriques (q) en nombre d'électrons perdus ou gagnés. Ce nombre était beaucoup trop élevé. C'est ainsi qu'est né le **coulomb** (**C**).

Un corps qui possède une charge électrique de 1 coulomb (1 C) a dû céder $6,242 \times 10^{18}$ électrons. On peut ainsi calculer la charge électrique d'un seul électron, soit $1,602 \times 10^{-19}$ C. Comme nous le verrons bientôt, deux corps possédant chacun une charge de 1 C et séparés par une distance de 1 m subissent l'action d'une force de répulsion d'une grandeur de 900 000 000 N. Cette force est gigantesque. Aussi, les charges que l'on rencontre sont habituellement de l'ordre du millicoulomb (0,001 C, que l'on note mC) ou du microcoulomb (1×10^{-6} C, que l'on note μC).

La quantité de charges électriques

- Le symbole de la **quantité de charges** électriques est q et son unité de mesure est le **coulomb** (**C**).
- Une charge de +1 C représente une charge équivalente à un manque de $6,242 \times 10^{18}$ électrons.
- Une charge de −1 C représente une charge équivalente à un surplus de $6,242 \times 10^{18}$ électrons.

Le calcul des forces électrostatiques

Vers 1780, Charles Augustin Coulomb effectue les premières mesures de forces électrostatiques à l'aide d'une balance de torsion, un appareil qu'il a lui-même conçu à cette fin (*voir la figure 14*). Ses expériences lui permettent de formuler la loi qui porte aujourd'hui son nom : la loi de Coulomb.

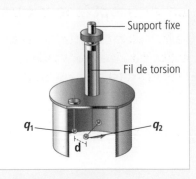

Figure 14
La balance de torsion conçue par Charles Augustin Coulomb

La loi de Coulomb

- Deux corps séparés par une distance **d** et portant respectivement des charges q_1 et q_2 s'attirent ou se repoussent avec une force **F** directement proportionnelle au produit de ces charges et inversement proportionnelle au carré de la distance qui les sépare.

Ainsi, supposons deux sphères portant respectivement une charge q_1 et q_2 et séparées par une distance **d** (*voir la figure 14*). La loi de Coulomb établit que la force électrostatique **F** qu'exercent ces sphères chargées l'une sur l'autre se calcule ainsi :

$$F = \frac{kq_1q_2}{d^2}$$

Où :   **F**   représente la force électrostatique s'exerçant entre les deux corps (en **N**).

     q_1 et q_2 représentent les charges portées par les deux corps (en **C**).

     d   représente la distance séparant les deux corps (en **m**).

     k   est une constante de proportionnalité appelée constante de Coulomb. La valeur de cette constante (à deux chiffres significatifs près) est de **$9{,}0 \times 10^9$ Nm²/C²**.

- Puisque des corps qui portent des charges identiques se repoussent, nous conviendrons qu'une force positive représente une répulsion, alors qu'une force négative représente plutôt une attraction.

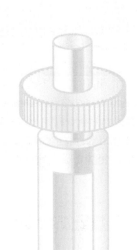

Calculons par exemple la force qui s'exerce entre les deux sphères de la figure 15 si on suppose que les charges q_1 et q_2 sont respectivement de $-2{,}5$ μC et de $+4{,}0$ μC, la distance entre les deux sphères valant 8,0 cm.

$q_1 = -2{,}5$ μC $= -2{,}5 \times 10^{-6}$ C

$q_2 = +4{,}0$ μC $= 4{,}0 \times 10^{-6}$ C

$d = 8{,}0$ cm $= 0{,}080$ m

$$F = \frac{kq_1q_2}{d^2} = \frac{9{,}0 \times 10^9 \frac{Nm^2}{C^2} \times \left(-2{,}5 \times 10^{-6}\,C\right) \times \left(4{,}0 \times 10^{-6}\,C\right)}{\left(0{,}080\,m\right)^2}$$

$$F = \frac{9{,}0 \times 10^9 \frac{Nm^2}{C^2} \times \left(-1{,}0 \times 10^{-11}\,C^2\right)}{0{,}0064\,m^2} \approx -14\,N$$

Le signe négatif de la réponse indique qu'il s'agit d'une force d'attraction.

Le champ électrique

La force électrostatique s'exerce à distance, tout comme la force magnétique entre deux aimants. Il est donc possible de définir un champ électrique dans l'espace entourant un corps chargé électriquement, tout comme nous avons défini un champ magnétique pour les aimants et les conducteurs traversés par un courant électrique. La figure 15 montre le champ électrique associé à un corps chargé positivement et celui associé à un corps chargé négativement.

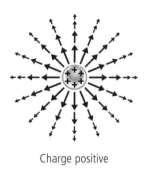 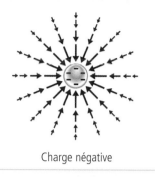

Charge positive   Charge négative

Figure 15
Le champ électrique associé à un corps
Les flèches indiquent la direction que prendrait une charge positive placée dans l'espace entourant chacun des corps chargés. La longueur des flèches indique l'intensité relative du champ électrique.

La direction des flèches a été choisie conventionnellement, comme la direction que prendrait une charge positive placée à cet endroit. Voilà pourquoi le champ électrique associé à la charge électrique négative montre des flèches qui se dirigent vers cette charge, alors que celui associé à une charge positive montre des flèches qui s'en éloignent. Plus on s'éloigne de la charge, plus le champ électrique est faible. Voilà pourquoi la longueur des flèches diminue au fur et à mesure qu'on s'éloigne de la charge.

 culture +

CHARLES AUGUSTIN DE COULOMB (1736–1806)

Charles Augustin de Coulomb est un militaire, ingénieur et physicien français né en 1736 et mort en 1806. Diplômé de l'école de Génie, il est affecté à la conception de bâtiments militaires en France et en Martinique.

S'il est davantage connu pour ses travaux en électricité, c'est d'abord grâce à ses découvertes en ingénierie que Coulomb a fait sa marque. Ce sont en effet ses découvertes sur la torsion des câbles et sa compréhension des machines simples qui lui ont permis de concevoir la balance à torsion, un appareil capable de mesurer de très petites forces, comme la force électrostatique.

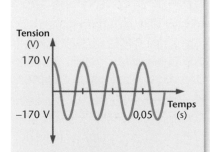

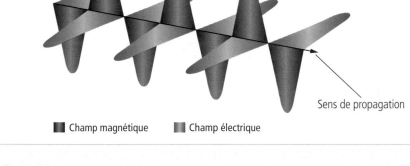

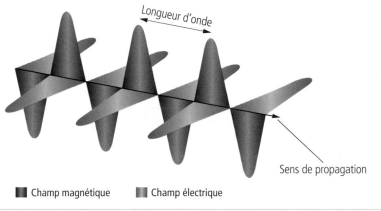

Les champs électromagnétiques

Les champs électromagnétiques sont une combinaison d'un champ électrique et d'un champ magnétique qu'on associe, la plupart du temps, à un courant électrique alternatif (*voir l'info + ci-dessous*).

Ainsi, les lignes de distribution d'électricité – et surtout celles de transport à haute tension (supportées par des pylônes) – produisent des champs électromagnétiques variant dans le temps et dans l'espace. Ces variations sont plus communément appelées ondes électromagnétiques (*voir la figure 16*). Les ondes électromagnétiques produites par les lignes à haute tension sont majoritairement confinées à l'intérieur du fil conducteur, mais une partie se déplace dans l'espace entourant le fil.

Longueur d'onde

Sens de propagation

■ Champ magnétique   ■ Champ électrique

Figure 16
La propagation d'une onde électromagnétique
Une onde électromagnétique est constituée d'un champ électrique auquel se superpose perpendiculairement un champ magnétique. Ces deux champs se propagent, telle une onde, en s'éloignant de leur point d'émission.

🔵 **info +**

LE COURANT ALTERNATIF

Le courant qui circule dans les lignes de transport et de distribution d'Hydro-Québec est un exemple de courant alternatif. Dans les câbles qui amènent l'énergie électrique jusque dans les résidences, les électrons se déplacent tantôt dans un sens, tantôt dans l'autre. Cette alternance se produit 60 fois par seconde, c'est-à-dire avec une fréquence de 60 Hz.

Ainsi, la tension fournie par les lignes de distribution d'Hydro-Québec alterne entre +170 V et –170 V. Cette oscillation produit un va-et-vient des électrons à l'intérieur des fils et des appareils branchés à une prise murale. C'est en vibrant ainsi que les électrons transfèrent leur énergie électrique à un appareil électrique. Cependant, puisque la tension n'est pas constante mais qu'elle fluctue d'un extrême à l'autre, la tension efficace n'est que de 120 V (et non de 170 V).

Tension (V)

170 V

–170 V   0,05   **Temps (s)**

Un courant alternatif
La tension offerte par Hydro-Québec alterne entre 170 V et -170 V, puis de –170 V à 170 V, 60 fois par seconde.

L'OMNIPRÉSENCE DES ONDES ÉLECTROMAGNÉTIQUES

Elles ne se voient pas, ne se sentent pas, mais elles sont partout ! Ce sont les ondes électromagnétiques. Allant des rayons gamma — aux fréquences les plus élevées — jusqu'aux ondes produites par les circuits électriques — aux fréquences les plus faibles — en passant par les rayons X, les ultraviolets, le spectre visible des couleurs, les infrarouges, les radars et les ondes radio, les ondes électromagnétiques sont une combinaison de deux ondulations, l'une électrique, l'autre magnétique.

Ces deux ondulations oscillent en même temps, mais sur deux plans perpendiculaires. Avec le développement des appareils électriques, les ondes électromagnétiques sont devenues omniprésentes dans notre environnement quotidien : téléphone cellulaire, ordinateur, four à micro-ondes, télécommande, radio, écrans de télévision, lignes à haute tension, etc. Leurs effets potentiels sur la santé font l'objet d'une préoccupation scientifique mondiale.

La lumière ainsi que toutes les ondes qui composent le spectre électromagnétique sont des ondes électromagnétiques qui ne diffèrent que par leur longueur et leur fréquence.

Les communications sans fil fonctionnent grâce aux ondes électromagnétiques. Les ondes radio, par exemple, peuvent transmettre de l'information sur de grandes distances. Pour ce faire, on soumet une antenne émettrice à un très fort courant alternatif dont les variations d'amplitude (radio AM : *Amplitude Modulation*) ou de fréquence (radio FM : *Frequency Modulation*) permettent de coder le son à transmettre. L'antenne émet alors des ondes électromagnétiques qui se déplacent dans toutes les directions. Une antenne réceptrice capte ces ondes et les transforme en un signal électrique permettant de reproduire le signal sonore initial.

La téléphonie cellulaire et les ordinateurs utilisant la technologie Wi-Fi (*Wireless Fidelity*) fonctionnent sur ce principe. Seules la fréquence et l'amplitude de l'onde électromagnétique diffèrent.

S₂S

Dangereux, les champs électromagnétiques ?

L'utilisation d'un téléphone cellulaire pendant plusieurs heures par semaine est-elle sans danger pour le cerveau ? Vivre à proximité d'une ligne à haute tension comporte-t-il des risques pour la santé ? Devrait-on s'inquiéter de la multiplication des réseaux sans fil dans notre entourage ?

Ces questions sont encore débattues et aucun consensus clair ne semble se dégager des recherches menées jusqu'à présent. On sait cependant qu'une trop forte exposition aux champs électromagnétiques est associée à une très faible augmentation du risque de leucémie chez les jeunes enfants. Aucune étude à très long terme n'a été menée sur l'utilisation du téléphone cellulaire. La proximité du cerveau ainsi que la capacité des tissus à absorber l'énergie des ondes électromagnétiques suggèrent cependant la prudence en ce domaine.

Diagnostic

1 Expliquez pourquoi l'aiguille d'une boussole pointe en direction approximative du nord géographique de la Terre.

2 Reproduisez chacune des figures ci-dessous et indiquez par une flèche à l'intérieur de chaque cercle la direction vers laquelle pointerait l'aiguille d'une boussole placée à cet endroit.

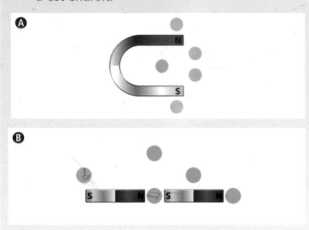

3 Reproduisez la figure ci-dessous, puis tracez les lignes de force associées à chacun des aimants.

SECTION 1.2   **L'électromagnétisme**

4 Dans un circuit électrique :

a) Quel est le sens conventionnel du courant ?

b) Pourquoi cette convention représente-t-elle mal la réalité ?

5 Reproduisez la figure ci-dessous, puis dessinez les lignes de force dans chacun des trois plans entourant le fil conducteur.

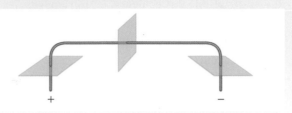

SECTION 1.3   **Le champ magnétique d'un solénoïde**

6 Dans la figure ci-dessous, dans quel sens le courant conventionnel doit-il circuler pour que le solénoïde repousse l'aimant permanent ?

option

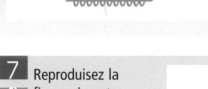

7 Reproduisez la figure ci-contre. Ensuite :

option

a) Dessinez les lignes de force produites par ce solénoïde.

b) Indiquez le nord et le sud, puis représentez par une flèche à l'intérieur de chaque cercle la direction vers laquelle pointerait l'aiguille d'une boussole placée à chacun de ces endroits.

8 Représentez un solénoïde horizontal :

option

a) dont le courant conventionnel entre par la gauche et dont le nord est à gauche ;

b) dont le courant conventionnel entre par la gauche et dont le nord est à droite.

9 Qu'est-ce qui distingue les deux figures tracées à la question précédente ?

option

SECTION **1.4** L'électricité statique

10 Est-il possible que deux substances différentes frottées l'une contre l'autre se chargent toutes deux négativement ? Expliquez votre réponse.

11 Soit le montage ci-dessous. La tige A est en verre alors que la tige B est en polyéthylène. Les extrémités de ces tiges ont été frottées avec deux morceaux de coton. Après avoir consulté la table de la figure 11 (à la p. 41), prédisez s'il y aura répulsion ou attraction entre ces tiges. Expliquez votre réponse en détail en précisant la charge portée par chacune de ces tiges.

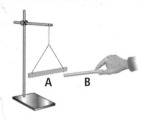

12 Les tiges A et B ont été électrisées par un frottement localisé à une seule de leurs extrémités. Laquelle de ces tiges est faite d'un matériau conducteur ? Expliquez votre réponse.

Tige A

Tige B

SECTION **1.5** La loi de Coulomb

13 Classez les illustrations ci-dessous selon l'ordre croissant de la force électrique qui s'exerce entre les deux sphères chargées. Expliquez votre réponse.

option

A 2 C −3 C	**C** 2 C 3 C	
B 2 C 4 C	**D** 2 C −2 C	

14 Deux corps sont placés à 20 cm l'un de l'autre. L'un porte une charge de −5,0 µC, alors que l'autre porte une charge de +8,0 µC.

option

a) Transformez ces charges en nombre d'électrons manquants ou en surplus.

b) Déterminez la grandeur de la force exercée entre ces deux corps.

c) Déterminez s'il s'agit d'une force d'attraction ou de répulsion.

d) Déterminez ce qui aurait le plus grand effet sur cette force : doubler l'une des charges ou diminuer de moitié la distance séparant ces corps.

15 Les plaques illustrées ci-dessous sont utilisées pour dévier un faisceau d'électrons (illustré par de petits points à intervalle régulier) en vue de créer une image sur un écran fluorescent (non représenté).

option

Vue de côté

a) Reproduisez la figure représentant la vue de côté puis dessinez le champ électrique compris dans l'espace entre les deux plaques.

b) Sur votre schéma, esquissez la trajectoire approximative du faisceau d'électrons entre les deux plaques.

2> L'ÉLECTRICITÉ DYNAMIQUE

Le courant électrique est produit par la circulation d'électrons dans un conducteur. En circulant, les électrons transportent avec eux l'énergie électrique fournie par une pile ou une source de tension variable. Lorsqu'ils passent dans une ampoule ou un moteur, les électrons cèdent une partie de cette énergie. Ce faisant, il se produit une transformation d'énergie : l'énergie ainsi libérée fait briller l'ampoule ou tourner le moteur. Comment peut-on analyser cette transformation d'énergie ? Avant de répondre à cette question, il faut se donner les outils nécessaires pour analyser des circuits électriques.

2.1 Les circuits électriques

Un circuit électrique est un assemblage d'éléments conducteurs parcourus par un courant électrique. En général, un circuit possède les éléments suivants :

- Une **source** d'énergie électrique (une source de tension variable [*voir la figure 17*] ou une pile). Le rôle de la source est de fournir aux électrons l'énergie nécessaire à leur circulation dans un circuit. Son action se fait sentir partout dans le circuit. Ainsi, dès que le circuit est fermé, des électrons se mettent à circuler, pas seulement dans la source, mais dans tous les éléments du circuit.

- Un ou des **éléments qui transforment l'énergie électrique**. Il peut s'agir, par exemple :
  - d'ampoules qui produisent de l'énergie rayonnante (et de la chaleur) ;
  - de moteurs qui produisent de l'énergie mécanique ;
  - de résistances qui produisent de la chaleur.

- Des **fils conducteurs** qui relient les autres éléments. Les fils doivent être branchés de façon à former une ou des boucles fermées permettant de faire circuler le courant électrique de la borne positive de la source jusqu'à la borne négative. Nous supposerons que les fils sont faits de conducteurs parfaits. En réalité, les fils exercent une petite résistance au passage du courant, ce qui se traduit par une légère perte d'énergie électrique sous forme de chaleur.

Figure 17
Une source de tension variable

🔘 info +

LES PILES ALCALINES

Le fonctionnement d'une pile alcaline s'appuie sur le principe de la transformation de l'énergie produite par une réaction chimique en énergie électrique. La réaction chimique se produit grâce à la présence dans la pile de deux substances (séparées par un électrolyte), l'une capable de libérer facilement des électrons et l'autre capable de les capter. Ces deux substances ne sont pas en contact direct l'une avec l'autre : les électrons circulent dans un circuit externe par l'intermédiaire de bornes métalliques. Le courant ainsi créé entre les deux bornes est utilisé pour alimenter un appareil électrique.

Le circuit simple

Un circuit constitué d'un seul élément relié aux bornes d'une source par des fils représente le circuit le plus simple qu'on puisse imaginer. La figure 18 montre un tel circuit. En admettant que les fils de connexion sont de parfaits conducteurs, on peut supposer que toute l'énergie électrique fournie par la pile est transformée en énergie rayonnante et en chaleur par l'ampoule. Le bilan de cette transformation d'énergie pourrait s'écrire ainsi :

$$E_{\text{électrique fournie par la source}} = E_{\text{rayonnante}} + Q_{\text{dégagée}}$$

Ainsi, lorsque les électrons passent dans l'ampoule, ils transfèrent leur énergie électrique au filament qui s'échauffe et devient incandescent. Les électrons retournent ensuite à la source et le circuit est bouclé.

On a représenté ci-dessous le circuit de la figure 18 à l'aide de symboles normalisés (*voir la figure 19*). En effet, pour représenter rapidement les circuits électriques, on a convenu de symboles normalisés qui permettent de représenter schématiquement les différents éléments de circuit (*voir la figure 20*).

Figure 18
Un circuit simple

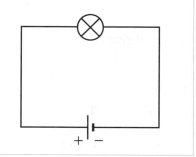

Figure 19
La représentation schématique du circuit de la figure 18

Élément	Symbole normalisé
Pile	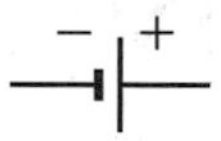 —|+
Source de tension variable	 ⟋
Moteur	 —(M)—
Ampoule	 —⊗—
Résistance (élément résistant)	 —⋀⋀⋀—
Fil	 ———
Interrupteur ouvert	 —•⟋•
Interrupteur fermé	 —•—•
Ampèremètre	 —(A)—
Voltmètre	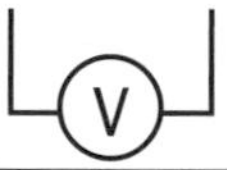 (V)

Figure 20
Les symboles normalisés des éléments de circuit les plus communs

Les circuits en série

Lorsque les éléments du circuit ne forment qu'une seule boucle, on dit qu'ils sont liés en série. Un **circuit en série** offre un seul chemin au passage du courant électrique. L'illustration de la figure 21 montre un circuit en série comprenant une pile, un interrupteur et deux ampoules.

La position ouverte ou fermée de l'interrupteur empêche ou permet la circulation du courant électrique dans le circuit. C'est donc un élément passif, qui ne consomme pas d'énergie électrique. Ainsi, dans le circuit de la figure 21, toute l'énergie électrique fournie aux électrons par la pile est transformée en énergie rayonnante et en chaleur dans les ampoules. Notez que si on ouvre l'interrupteur ou si une des ampoules grille et que son filament se rompt, le seul trajet permettant le déplacement des charges électriques est interrompu : le courant cesse de circuler partout dans le circuit.

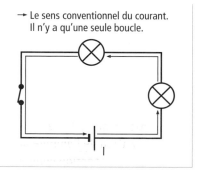

→ Le sens conventionnel du courant. Il n'y a qu'une seule boucle.

Figure 21
Un circuit montrant des ampoules liées en série

Les circuits en parallèle

Un **circuit en parallèle** se distingue par le fait que tous les éléments qui consomment de l'énergie électrique sont branchés directement à la source. Les charges peuvent donc circuler par autant de chemins qu'il y a d'éléments dans le circuit (*voir la figure 22*). Le courant électrique total fourni par la pile se divise entre les deux branches du circuit.

Il faut noter qu'avec un tel circuit en parallèle, si une des ampoules grille et ne fonctionne plus, l'autre continuera à éclairer quand même, car sa boucle de courant est indépendante de celle de la première ampoule. Il s'agit d'un mode de branchement fort utile, souvent utilisé pour les guirlandes de lumières de Noël. Enfin, une dernière constatation : si on ouvre l'interrupteur du circuit de la figure 22, les deux ampoules s'éteignent.

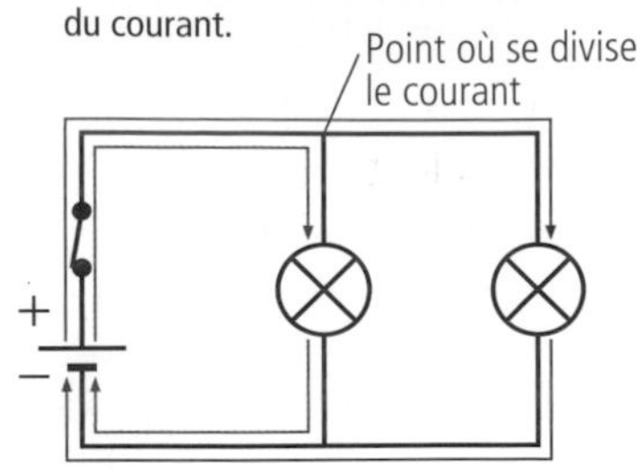

⇄ Les deux boucles de courant possibles illustrées selon le sens conventionnel du courant.

Point où se divise le courant

Figure 22
Un circuit de deux ampoules liées en parallèle avec une source

2.2 Les grandeurs de base de l'électricité

La notion de circuit électrique vous est maintenant familière et vous connaissez la différence entre un circuit monté en série et un autre monté en parallèle. Pour pouvoir pousser plus loin notre analyse des circuits électriques, nous devrons définir certaines des grandeurs physiques qui y sont associées.

L'intensité du courant électrique (*I*)

Comme on l'a vu, le courant électrique est une circulation de charges électriques dans un conducteur. Chaque seconde, chaque point d'un circuit électrique est parcouru par un nombre incroyablement grand d'électrons. Pour exprimer ce débit d'électrons, on a défini une unité de mesure plus appropriée que le nombre d'électrons par seconde : l'ampère. Un courant électrique d'une intensité de un ampère (*I* = 1 A) représente un débit de $6,242 \times 10^{18}$ électrons par seconde.

Figure 23
Un ampèremètre

INTENSITÉ DU COURANT ÉLECTRIQUE (*I*)

- L'**intensité du courant électrique** est la mesure de la quantité de charges électriques qui passent en un point donné d'un circuit en une seconde. Le symbole de l'intensité du courant électrique est *I*, alors que son unité de mesure est l'**ampère** (**A**).

- On mesure l'intensité du courant grâce à un **ampèremètre** branché en série avec l'élément qui nous intéresse (*voir les figures 23 et 24*).

- ☑ option Puisqu'un coulomb équivaut à $6,242 \times 10^{18}$ électrons, il s'ensuit que l'ampère peut également être défini comme suit :

$$1 \text{ A} = 1 \, \frac{\text{C}}{\text{s}}$$

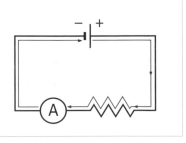

Figure 24
Le branchement d'un ampèremètre
Un ampèremètre lié en série avec un élément (avant ou après celui-ci) permet de mesurer l'intensité du courant qui y circule.

La tension électrique (*U*)

La **tension électrique,** aussi appelée **différence de potentiel,** mesure le gain ou la perte d'énergie électrique que subit chacune des charges qui traversent un élément de circuit. Ainsi, lorsqu'une charge traverse une source, elle gagne de l'énergie, tandis que lorsqu'elle traverse une résistance ou une ampoule, elle perd de l'énergie. C'est aussi grâce à la tension de la source que le courant électrique peut circuler. L'analogie suivante permet de mieux comprendre la relation entre la tension et l'intensité du courant électrique.

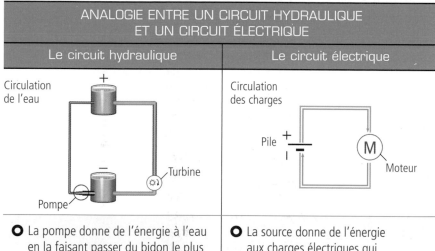

ANALOGIE ENTRE UN CIRCUIT HYDRAULIQUE ET UN CIRCUIT ÉLECTRIQUE	
Le circuit hydraulique	Le circuit électrique
O La pompe donne de l'énergie à l'eau en la faisant passer du bidon le plus bas au bidon le plus élevé.	O La source donne de l'énergie aux charges électriques qui la traverse.
O L'eau s'écoule librement du bidon marqué «+» par l'entremise d'un tuyau jusqu'à une chute.	O Les charges circulent de la borne marquée «+» jusqu'à un moteur par l'entremise d'un fil conducteur.
O Après avoir chuté, l'eau transfère son énergie à une turbine qu'elle fait tourner.	O Les charges transfèrent leur énergie au moteur et le font tourner.
O Après son passage dans la turbine, l'eau a perdu son énergie : elle retourne au bidon marqué «−» par un tuyau, et le circuit recommence.	O Après être passées dans le moteur, les charges retournent à la borne marquée «−» de la source par un fil, et le circuit recommence.

Le modèle électrique diffère cependant du modèle hydraulique sur un point : les bornes de la source ne sont pas des réservoirs de charges.

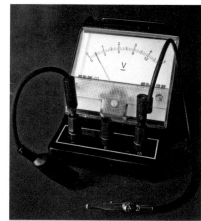

Figure 25
Un voltmètre

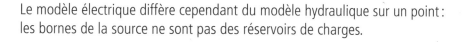
La tension électrique (*U*)

- La **tension électrique,** aussi nommée **différence de potentiel,** exprime la quantité d'énergie électrique perdue ou gagnée par chaque charge lorsqu'elle traverse un élément de circuit. On la symbolise par la lettre *U* et son unité de mesure est le **volt** (dont le symbole est **V**).

- On mesure la tension au moyen d'un **voltmètre** branché en parallèle aux bornes de l'élément auquel on s'intéresse (*voir les figures 25 et 26*).

- ☑ **option** Le volt est défini en fonction du joule et du coulomb selon la relation :

$$1\text{ V} = 1\ \frac{\text{J}}{\text{C}}$$

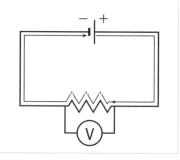

Figure 26
Un voltmètre branché en parallèle aux bornes d'une résistance

Les résistances

Les **résistances,** aussi appelées **éléments résistants,** sont des éléments de circuits électriques fabriqués avec de mauvais conducteurs. Ils offrent donc une *résistance au passage du courant.* Lorsque les électrons circulent à travers une résistance, ils y perdent un peu de leur énergie électrique. Cette énergie est alors convertie en chaleur et la résistance s'échauffe.

On trouve des résistances dans pratiquement tous les éléments qui transforment l'énergie électrique en chaleur. Les éléments chauffants d'une cuisinière électrique, d'un grille-pain ou d'un four sont tous des résistances (*voir la figure 27*). En électronique, on les utilise afin de limiter l'intensité du courant qui circule dans les éléments fragiles comme les transistors ou les diodes (*voir la figure 28*). Enfin, il convient de mentionner que même les meilleurs fils conducteurs offrent une certaine résistance au passage du courant. Cette résistance est toutefois négligeable lorsqu'on la compare à celle d'une ampoule (*voir la figure 29*) ou d'un élément résistant.

La loi d'Ohm

Les résistances possèdent une propriété particulière. Peu importe la tension (U) à laquelle on les soumet ou l'intensité du courant (I) qui les traverse, le rapport U/I reste constant. Pour déterminer la valeur de ce rapport, il suffit d'utiliser un circuit semblable à celui de la figure 30. On peut ainsi mesurer la tension aux bornes de la résistance pour différentes valeurs de l'intensité du courant qui le traverse (en pratique, on fait souvent l'inverse).

Les données recueillies peuvent ensuite être réunies dans un graphique représentant la tension aux bornes de la résistance en fonction de l'intensité du courant qui traverse cette résistance. On constate alors que ces données se groupent selon une droite passant par l'origine (*voir la figure 31*). Puisque ce type de relation peut être décrit par un modèle mathématique de la forme $\frac{y}{x} =$ constante, on peut en déduire que le rapport U/I est constant pour une résistance donnée.

Figure 27
Un exemple de résistance
Un élément de cuisinière est un exemple de résistance qui transforme l'énergie électrique en chaleur.

Figure 28
Des résistances
Les éléments résistants employés dans les circuits électroniques sont miniaturisés et leur valeur est exprimée par un code composé de trois bandes de couleur.

Figure 29
Une ampoule électrique
Le filament d'une ampoule électrique est une résistance qui devient très chaude et produit de la lumière par incandescence.

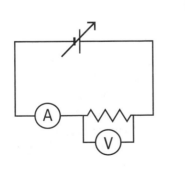

Figure 30
Un circuit permettant la détermination du rapport $\frac{U}{I}$ d'une résistance inconnue

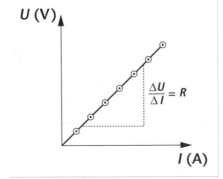

Figure 31
La tension aux bornes d'une résistance en fonction de l'intensité du courant qui y circule

Énoncé pour la première fois en 1827 par le physicien allemand Georg Simon Ohm, ce résultat a mené à la formulation d'une loi mathématique que l'on appelle la loi d'Ohm.

LOI D'OHM

- Le rapport entre la tension aux bornes d'un élément résistant et l'intensité du courant qui le traverse est une constante appelée la **résistance** de l'élément résistant.

- Le symbole de la résistance est **R** et son unité de mesure est le **volt par ampère,** que l'on appelle plus fréquemment **ohm** (abrégée par la lettre grecque oméga [Ω]).

$$1\ \Omega = 1\ \frac{V}{A}$$

- Sur la base de cette nouvelle grandeur physique, la loi d'Ohm devient:

$$\frac{U}{I} = R$$

ou, plus simplement,

$$U = RI$$

La loi d'Ohm permet de déterminer, par calculs, une valeur manquante au moment de l'analyse d'un circuit simple. Supposons que l'on désire savoir quelle est l'intensité du courant électrique qui circule dans chacun des circuits ci-dessous. Pour y arriver, il suffit d'appliquer la loi d'Ohm à chacun de ces éléments résistants.

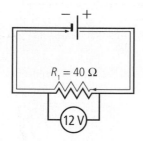

La source fournit une tension de 12 V qui est appliquée aux bornes de la résistance R_1.

$U = 12\ V$
$R = 40\ \Omega$
$I = ?$

$$U = RI \rightarrow I = \frac{U}{R} = \frac{12\ V}{40\ \Omega} = 0{,}30\ A$$

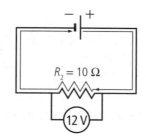

La source fournit une tension de 12 V qui est appliquée aux bornes de la résistance R_2.

$U = 12\ V$
$R = 10\ \Omega$
$I = ?$

$$U = RI \rightarrow I = \frac{U}{R} = \frac{12\ V}{10\ \Omega} = 1{,}2\ A$$

Puisque la source fournit une intensité de courant plus faible (0,30 A) lorsque la valeur de la résistance est élevée (40 Ω), on peut conclure que:

Plus la résistance d'un élément est élevée, plus cet élément est capable de limiter l'intensité du courant fourni par la source.

⬤ info +

Une expérience de suspension électromagnétique réalisée à l'aide d'un supraconducteur

DES MATÉRIAUX ÉTONNANTS

Les supraconducteurs, découverts à la suite d'une erreur expérimentale en 1911, sont des matériaux bizarroïdes: à des températures proches du zéro absolu ($-273{,}15$ °C), ils conduisent le courant électrique sans aucune perte d'énergie! En absence de vibration des atomes, le courant circule comme un fluide, sans aucune résistance. Comparés aux conducteurs classiques tels que le cuivre, connu pour perdre de l'énergie par dissipation thermique, les supraconducteurs présentent donc une caractéristique très particulière. Cependant, il reste un problème majeur à régler pour pouvoir les utiliser couramment: leur température de refroidissement. Trouver des matériaux qui sont supraconducteurs à la température ambiante est un défi de taille pour la recherche. Les applications sont prometteuses: imagerie médicale, trains à suspension électromagnétique, stockage d'énergie, accélérateurs de particules, etc.

2.4 Les lois de Kirchhoff

Dans la section précédente, vous avez vu que pour un circuit simple, composé d'une source et d'une résistance, la différence de potentiel offerte par la source est utilisée en entier par la résistance. Cependant, lorsque plusieurs résistances sont connectées ensemble dans un circuit, l'analyse n'est pas toujours aussi simple. Selon que les résistances sont branchées en série ou en parallèle, la différence de potentiel fournie par la source se répartit différemment. Le physicien allemand Gustav Robert Kirchhoff a énoncé deux lois qui permettent de systématiser l'analyse des circuits électriques.

La loi des tensions (loi des boucles)

Dans une boucle de courant, la tension s'exerçant aux bornes de la source est égale à la somme des tensions s'exerçant aux bornes de chacune des résistances comprises dans cette boucle.

Cette loi peut être justifiée assez facilement. La tension représente la quantité d'énergie gagnée ou perdue par chacune des charges en mouvement dans un circuit. Puisque le rôle de la source est de fournir de l'énergie électrique aux électrons et que celui des résistances est de transformer l'énergie électrique en chaleur, on en déduit que toute l'énergie fournie aux électrons doit être transformée en chaleur par les résistances.

UTILISATION DE LA LOI DES TENSIONS		
Circuit simple	Circuit en série	Circuit en parallèle
$U_{source} = U_1$	$U_{source} = U_1 + U_2 + U_3$	$U_{source} = U_1 = U_2$
La boucle de courant ne contient qu'une seule résistance. La tension offerte par la source (U_{source}) se retrouve en entier aux bornes de cette résistance (U_1).	La tension offerte par la source (U_{source}) est partagée entre les trois résistances (U_1, U_2 et U_3).	Chacune des boucles ne contient qu'une seule résistance. La tension offerte par la source (U_{source}) se retrouve en entier aux bornes de chacune des deux résistances (U_1 et U_2).

La loi des courants (loi des nœuds)

La somme des intensités du courant électrique qui entrent dans un nœud est égale à la somme des intensités qui en sortent.

Dans un circuit électrique, un nœud est un point de jonction entre plusieurs fils à partir duquel le courant électrique peut se séparer ou se rejoindre (*voir la figure 32*). Un circuit simple ou un circuit en série ne comporte aucun nœud. Ainsi, la deuxième des lois de Kirchhoff nous sera utile surtout pour les circuits où des éléments sont branchés en parallèle.

Voici la justification de cette loi. L'intensité du courant électrique est une mesure du débit des charges électriques qui circulent en un point donné d'un circuit. Toutes les charges qui arrivent à un nœud doivent emprunter l'un ou l'autre des chemins existants. Le courant électrique se divise ainsi entre toutes ces voies.

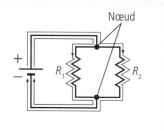

Figure 32
Deux nœuds dans un circuit électrique

UTILISATION DE LA LOI DES COURANTS		
Circuit simple	Circuit en série	Circuit en parallèle
$I_{source} = I_1$	$I_{source} = I_1 = I_2 = I_3$	$I_{source} = I_1 + I_2$
Il n'y a pas de nœud, le courant ne se divise pas. L'intensité du courant qui traverse la source (I_{source}) est la même que celle qui traverse l'élément résistant (I_1).	Il n'y a pas de nœud, le courant ne se divise pas. L'intensité du courant fourni par la source (I_{source}) est la même que celle qui traverse chacune des trois résistances (I_1, I_2 et I_3).	Le courant en provenance de la source se divise en autant de branches qu'il y a de résistances. L'intensité du courant fourni par la source (I_{source}) est partagé entre les deux résistances (I_1 et I_2).

2.5 La résistance équivalente et l'analyse de circuits

Combinées à la loi d'Ohm, les lois de Kirchhoff permettent d'analyser mathématiquement des circuits électriques. Cette analyse se trouve grandement simplifiée par l'utilisation du concept de **résistance équivalente** (R_{equ}) d'un circuit.

Soit le circuit illustré à la figure 33. Supposons que ce circuit soit alimenté par une source ayant une tension de 15 V et fournissant un courant d'une intensité de 3,0 A. Pourrait-on imaginer un circuit simple formé d'un seul élément résistant branché à la même source (15 V) et débitant un courant identique (3,0 A)? Si oui, quelle serait la résistance de cet élément?

La figure 34 montre ce circuit équivalent. L'application de la loi d'Ohm à cet élément résistant permet de déterminer la résistance équivalente du circuit.

Pour l'élément résistant:

$U = U_{source}$ = 15 V (car il n'y a qu'une résistance qui dissipe l'énergie fournie par la source)

$I = I_{source}$ = 3,0 A (car il n'y a qu'une seule boucle de courant)

$R_{équ} = ?$

$$U = R_{équ} \, I \rightarrow R_{équ} = \frac{U}{I} = \frac{15 \text{ V}}{3,0 \text{ A}} = 5,0 \, \Omega$$

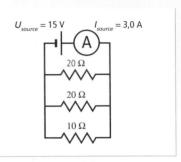

Figure 33
Un circuit composé de trois résistances branchées en parallèle

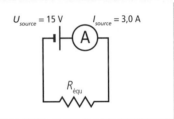

Figure 34
Le circuit simple équivalent au circuit de la figure 33

La résistance équivalente d'un circuit

Déterminer la résistance équivalente d'un circuit complexe, c'est trouver la résistance de l'élément résistant d'un circuit simple qui possède une tension et une intensité équivalentes à celles du circuit complexe.

$$R_{équ} = \frac{U_{source}}{I_{source}} \qquad U_{source} = R_{équ} \cdot I_{source}$$

La résistance équivalente d'un circuit en série

Pour un circuit comprenant n éléments résistants montés en série, les lois de Kirchhoff se résument ainsi:

$$I_{source} = I_1 = I_2 = I_3 = \ldots = I_n \qquad (1)$$

$$U_{source} = U_1 + U_2 + U_3 + \ldots + U_n \qquad (2)$$

Ainsi, dans un circuit en série, puisque l'intensité du courant dans chaque élément résistant est identique à celle débitée par la source (I_{source}) et que la loi d'Ohm est valable pour chacun des n éléments résistants ($U_1 = R_1 I_1$, $U_2 = R_2 I_2$, etc.), on peut récrire la seconde équation comme suit :

$$U_{source} = U_1 + U_2 + U_3 + \dots + U_n$$
$$U_{source} = (R_1 I_{source}) + (R_2 I_{source}) + (R_3 I_{source}) + \dots + (R_n I_{source})$$

Puis, en mettant en évidence le terme I_{source}, on obtient le résultat suivant :

$$U_{source} = (R_1 + R_2 + R_3 + \dots + R_n) I_{source}$$

Selon la définition de la résistance équivalente donnée plus haut, le terme entre parenthèses représente la résistance équivalente du circuit.

La résistance équivalente d'un circuit en série

La résistance équivalente d'un circuit comprenant n éléments résistants montés en série est la somme des résistances des n éléments résistants de ce circuit :

$$R_{équ} = R_1 + R_2 + R_3 + \dots + R_n$$

Avec les lois de Kirchoff, cette relation permet d'analyser mathématiquement les circuits montés en série (*voir la figure 36*).

Le circuit illustré ci-dessous est alimenté par une pile de 9,0 V. On veut déterminer l'intensité du courant circulant dans la résistance R_1.

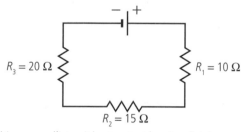

Dans un circuit en série, comme l'intensité est partout la même (loi des nœuds), on cherche donc I_{source}.

$U_{source} = 9{,}0 \text{ V}$

$R_{équ} = ?$ (1re étape)

$I_1 = I_{source} = ?$ (2e étape)

$R_{équ} = R_1 + R_2 + R_3$

$R_{équ} = 10 \ \Omega + 15 \ \Omega + 20 \ \Omega = 45 \ \Omega$

$$R_{équ} = \frac{U_{source}}{I_{source}} \rightarrow I_{source} = \frac{U_{source}}{R_{équ}}$$

$$I_{source} = \frac{9{,}0 \text{ V}}{45 \ \Omega}$$

$$I_1 = I_{source} = 0{,}20 \text{ A}$$

Figure 35
Un branchement en série
Un gradateur de lumière est une résistance variable connectée en série avec une lampe dont on souhaite contrôler l'intensité.

Relations propres aux circuits liés en série

$$U_{source} = U_1 + U_2 + U_3 + \dots + U_n$$

$$R_{équ} = R_1 + R_2 + R_3 + \dots + R_n$$

$$I_{source} = I_1 = I_2 = I_3 = \dots = I_n$$

Figure 36
Aide-mémoire pour la résolution de problèmes impliquant un circuit monté en série

La résistance équivalente d'un circuit en parallèle

Pour un circuit comprenant n éléments résistants montés en parallèle, les lois de Kirchhoff se résument ainsi :

$$I_{source} = I_1 + I_2 + I_3 + ... + I_n \quad (1)$$
$$U_{source} = U_1 = U_2 = U_3 = ... = U_n \quad (2)$$

Ainsi, dans un circuit en parallèle (*voir la figure 37*), puisque chaque élément résistant d'un circuit parallèle possède la même tension que la source de tension et que la loi d'Ohm s'applique à chaque élément résistant ($I_1 = \frac{U_{source}}{R_1}$), il est possible d'écrire la relation (*1*) sous la forme suivante :

$$I_{source} = I_1 + I_2 + I_3 + ... + I_n$$
$$I_{source} = \left(\frac{U_{source}}{R_1}\right) + \left(\frac{U_{source}}{R_2}\right) + \left(\frac{U_{source}}{R_3}\right) + ... + \left(\frac{U_{source}}{R_n}\right)$$

Puis, en mettant en évidence le terme U_{source}, on obtient le résultat suivant :

$$I_{source} = \left(\frac{1}{R_1} + \frac{1}{R_2} + \frac{1}{R_3} + ... + \frac{1}{R_n}\right) U_{source}$$

On peut transformer cette relation pour la rendre semblable à la définition de la résistance équivalente :

$$U_{source} = \left(\frac{1}{\frac{1}{R_1} + \frac{1}{R_2} + \frac{1}{R_3} + ... + \frac{1}{R_n}}\right) I_{source}$$

Selon la définition de la résistance équivalente donnée plus haut, le terme entre parenthèses dans la relation ci-dessus représente la résistance équivalente du circuit.

Figure 37
Un bloc d'alimentation à prises multiples
Ce boîtier permet le branchement de plusieurs appareils électriques en parallèle avec une seule prise de courant murale.

La résistance équivalente d'un circuit en parallèle

La résistance équivalente d'un circuit comprenant n éléments résistants montés en parallèle se calcule à l'aide de l'une ou l'autre des formules suivantes :

$$\frac{1}{R_{équ}} = \frac{1}{R_1} + \frac{1}{R_2} + \frac{1}{R_3} + ... + \frac{1}{R_n}$$

$$R_{équ} = \frac{1}{\left(\frac{1}{R_1} + \frac{1}{R_2} + \frac{1}{R_3} + ... + \frac{1}{R_n}\right)}$$

Avec les lois de Kirchoff, cette relation permet d'analyser mathématiquement les circuits montés en parallèle (*voir la figure 38*).

Relations propres aux circuits liés en parallèle

$$U_{source} = U_1 = U_2 = U_3 = ... = U_n$$
$$\frac{1}{R_{équ}} = \frac{1}{R_1} + \frac{1}{R_2} + \frac{1}{R_3} + ... + \frac{1}{R_n}$$
$$I_{source} = I_1 + I_2 + I_3 + ... + I_n$$

Figure 38
Aide-mémoire pour la résolution de problèmes impliquant un circuit monté en parallèle

On veut déterminer la résistance équivalente du circuit ci-dessous.

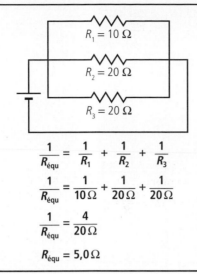

$$\frac{1}{R_{équ}} = \frac{1}{R_1} + \frac{1}{R_2} + \frac{1}{R_3}$$

$$\frac{1}{R_{équ}} = \frac{1}{10\,\Omega} + \frac{1}{20\,\Omega} + \frac{1}{20\,\Omega}$$

$$\frac{1}{R_{équ}} = \frac{4}{20\,\Omega}$$

$$R_{équ} = 5{,}0\,\Omega$$

La résistance équivalente des circuits mixtes

Un circuit mixte contient à la fois des éléments liés en série et des éléments liés en parallèle (*voir la figure 39*). Pour analyser un tel circuit, il faut le ramener à un circuit simple afin d'en déterminer la résistance équivalente.

Pour ce faire, il faut simplifier graduellement le circuit en remplaçant par leur équivalent des portions de circuit liées en série (ou en parallèle). La figure 40 en offre un exemple.

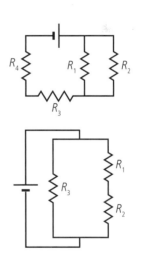

Figure 39
Deux exemples de circuits mixtes

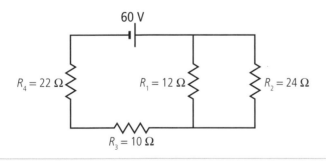

Figure 40
Un circuit mixte à analyser

Soit le circuit illustré ci-dessus. Supposons que l'on désire trouver l'intensité du courant débité par la source. Il faut d'abord déterminer la résistance équivalente de ce circuit.

La première simplification possible concerne les éléments résistants R_1 et R_2, qui sont liés ensemble en parallèle. Calculons la résistance équivalente à R_1 et R_2 puis remplaçons ces deux éléments résistants par un seul (R_{1-2}) qui leur serait équivalent (*voir la figure 41*).

$$\frac{1}{R_{1-2}} = \frac{1}{R_1} + \frac{1}{R_2} = \frac{1}{12\ \Omega} + \frac{1}{24\ \Omega}$$

$$\frac{1}{R_{1-2}} = \frac{3}{24\ \Omega}$$

$$R_{1-2} = 8{,}0\ \Omega$$

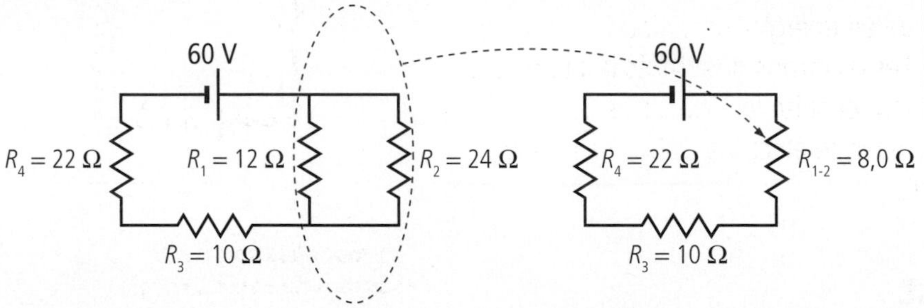

Figure 41
La simplification d'un circuit mixte

La résistance équivalente du circuit en série obtenue est facile à calculer : il suffit d'additionner les résistances de chacun des trois éléments résistants :

$$R_{\text{équ}} = R_{1-2} + R_3 + R_4 = 8{,}0\ \Omega + 10\ \Omega + 22\ \Omega$$

$$R_{\text{équ}} = 40\ \Omega$$

Le circuit initial peut maintenant être comparé à un circuit simple (*voir la figure 42*) qui comprend un seul élément résistant dont la résistance est de 40 Ω. L'intensité du courant que débite la source dans ce circuit se calcule selon la méthode habituelle :

$$R_{\text{équ}} = \frac{U_{\text{source}}}{I_{\text{source}}} \rightarrow I_{\text{source}} = \frac{U_{\text{source}}}{R_{\text{équ}}} = \frac{60\ \text{V}}{40\ \Omega}$$

$$I_{\text{source}} = 1{,}5\ \text{A}$$

Puisque le circuit mixte de la figure 40 a une résistance équivalente à celle du circuit simple de la figure 42, il s'ensuit que l'intensité du courant débité par la source du circuit de la figure 41 est de 1,5 A également. Sauriez-vous maintenant compléter l'analyse du circuit de la figure 40 en calculant la tension et l'intensité du courant pour chacun des éléments de ce circuit ?

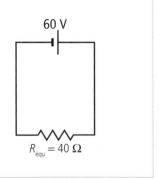

Figure 42
Un circuit simple équivalent aux circuits des figures 41 et 42

L'énergie électrique consommée

Si l'énergie électrique nous est maintenant devenue indispensable, c'est en raison des multiples usages que nous en faisons. Que ce soit pour le chauffage, la cuisine, l'éclairage, les tâches ménagères ou industrielles, l'énergie des électrons est mise à profit. Tantôt elle est transformée en chaleur, tantôt en énergie rayonnante ou en travail mécanique. Comment peut-on quantifier l'énergie électrique consommée par un appareil ? Un modèle simple et intuitif nous permettra de le découvrir.

Le circuit de la figure 43 schématise un moteur électrique alimenté par une source. La source permet aux électrons de gagner de l'énergie électrique. En circulant dans le moteur, les électrons lui transfèrent leur énergie électrique. Ce dernier transforme l'énergie électrique en énergie mécanique (le moteur fait tourner ou bouger quelque chose). Les électrons dépouillés d'une bonne part de leur énergie électrique, poursuivent ensuite leur parcours dans le circuit. La source leur redonne alors l'énergie électrique nécessaire pour entreprendre un nouveau tour de circuit.

Les facteurs qui influent sur l'énergie électrique consommée

Un premier facteur important à considérer est la **durée d'utilisation (Δt)** de l'appareil. Plus on utilise un appareil longtemps, plus il consomme d'énergie !

Un deuxième facteur est l'**intensité du courant (I)** qui circule dans l'appareil. Dans le modèle de la figure 43, l'intensité du courant peut être associée au nombre d'électrons qui circulent dans le moteur en une seconde. Plus il y a d'électrons qui, chaque seconde, amènent de l'énergie électrique au moteur, plus il consommera d'énergie électrique.

Le dernier facteur à considérer est la **tension (U)** aux bornes de l'appareil. Dans le modèle de la figure 43, la tension est associée à la perte d'énergie électrique subie par chaque électron entre le moment où il entre dans le moteur et le moment où il en sort. Notez que puisqu'il s'agit d'un circuit simple, on retrouve la même tension aux bornes de la source (sauf qu'à la source, les électrons gagnent de l'énergie plutôt que d'en perdre). Ainsi, plus est grande la tension de la source, plus l'appareil consommera d'énergie électrique.

→ Sens conventionnel du courant

→ Sens du mouvement des électrons

⬛⬛⬛ Électrons possédant beaucoup d'énergie électrique

▪▪▪ Électrons possédant peu d'énergie électrique

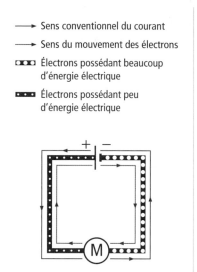

Figure 43
La modélisation de la consommation d'énergie électrique par un moteur

S₂OS

L'électrocution et l'électrisation

Si l'électrisation d'une main au contact d'un fil dénudé n'entraîne qu'un engourdissement local, un courant circulant à l'intérieur de notre corps peut entraîner la mort. On parle alors d'électrocution. Un courant électrique de plus de 20 mA circulant dans la cage thoracique suffit à paralyser les muscles responsables de la respiration. Cette paralysie cesse lorsque le contact est rompu. Un courant de plus de 50 mA circulant dans le cœur peut provoquer une fibrillation cardiaque fatale. Enfin, des décharges électriques violentes peuvent causer des brûlures, lesquelles peuvent être mortelles. Outre les professionnels de l'électricité, les victimes d'électrocution sont souvent les bricoleurs imprudents ou les émondeurs. Les accidents où l'eau est en cause – la peau devenant conductrice lorsqu'elle est mouillée – sont également courants.
En cas d'électrisation, il importe d'éviter de toucher la victime avant d'avoir coupé le courant. Même dans les cas où la victime semble consciente, une aide médicale est indiquée.

Les unités de ces trois grandeurs (seconde, ampère et volt) sont définies d'une façon telle que l'énergie électrique consommée par un appareil est simplement le produit des trois facteurs précités.

ÉNERGIE ÉLECTRIQUE CONSOMMÉE PAR UN APPAREIL

L'**énergie électrique** consommée par un appareil électrique est symbolisée par la lettre **E** et son unité de base dans le Système international est le **joule** (dont le symbole est **J**).

$$E = U I \Delta t$$

Selon cette relation, il s'ensuit que :

$$1 \text{ J} = 1 \text{ V} \times 1 \text{ A} \times 1 \text{ s}$$

 $1 \text{ J} = 1\dfrac{\text{J}}{\text{C}} \times 1\dfrac{\text{C}}{\text{s}} \times 1 \text{ s}$

La puissance d'un appareil électrique

Quelle est la différence entre une ampoule de 60 W et une autre de 100 W ? Celle de 100 W fournit plus de lumière. Elle libère donc chaque seconde plus d'énergie rayonnante et, forcément, elle consomme chaque seconde plus d'énergie électrique.

La puissance électrique d'un appareil représente la quantité d'énergie électrique qu'il consomme chaque seconde. Pour une même durée d'utilisation, plus un appareil électrique est puissant, plus il consommera d'énergie électrique.

PUISSANCE D'UN APPAREIL ÉLECTRIQUE

- La **puissance** d'un appareil est symbolisée par la lettre **P,** et son unité de mesure est le **watt** (dont le symbole est **W**).
- Mathématiquement, la puissance d'un appareil est liée à l'énergie électrique qu'il consomme et à la durée d'utilisation par la relation suivante :

$$P = \frac{E}{\Delta t}$$

- Par ailleurs, puisque **E = U/Δt**, on peut déduire que la puissance d'un appareil peut être liée à la tension à ses bornes et à l'intensité du courant qui y circule par la relation suivante :

$$P = UI$$

Ces deux relations suggèrent des équivalences pour le watt :

$$1 \text{ W} = 1\frac{\text{J}}{\text{s}} \quad \text{et} \quad 1 \text{ W} = 1 \text{ V} \times 1 \text{ A}$$

 $1 \text{ W} = 1\dfrac{\text{J}}{\text{C}} \times 1\dfrac{\text{C}}{\text{s}}$

Sur le terrain

Contrecarrer le gaspillage d'énergie

Puisque l'électricité nous est si précieuse, il importe de l'économiser et de veiller à protéger les ressources qui permettent de la produire. Pour y arriver, il faut déterminer les activités qui consomment beaucoup d'énergie et établir des façons d'en rationaliser l'utilisation.

Le chaud et le froid

Le chauffage électrique représente en moyenne 40 % de la facture d'électricité. C'est de ce côté qu'on doit chercher les principales économies d'énergie possibles. Améliorer l'isolation de la maison et remplacer les portes et les fenêtres dont l'étanchéité est déficiente sont des façons d'empêcher la chaleur de quitter trop rapidement la maison. L'installation de thermostats électroniques programmables permet de régler avec précision la température désirée à l'intérieur et de réduire le chauffage la nuit et pendant les périodes où la maison est inoccupée.

Réduire la température à laquelle est réglé le chauffe-eau permet d'économiser beaucoup d'énergie. Les chauffe-eau sont isolés, mais une partie de la chaleur stockée dans l'eau se dissipe quand même. Ils consomment donc de l'électricité pour garder l'eau à une température constante : plus la température de l'eau sera élevée, plus grande sera la consommation d'énergie électrique.

culture +

LA CRISE DU VERGLAS

La tempête de verglas qui s'est abattue du 5 au 9 janvier 1998 sur l'Est du Canada a été un événement dévastateur majeur pour la population et pour Hydro-Québec. Dans la province de Québec, la Montérégie a été la région la plus touchée. Près de 100 mm d'eau transformée en glace — soit, à certains endroits, une épaisseur côté plus de 7,5 cm — ont provoqué l'écroulement d'un millier de pylônes électriques et la destruction de lignes de transport. En conséquence, 1,4 million de foyers ont été privés d'électricité pour des périodes allant de quelques jours à un mois. Cette catastrophe aura causé des dommages d'une valeur de deux milliards de dollars.

En été, la climatisation d'une maison dépense autant d'énergie que toute l'installation électrique de la maison ! Réduire la climatisation la nuit, l'arrêter lorsqu'on est absent de la maison et se contenter d'une température intérieure de 25 °C permet de limiter la consommation de l'énergie. Pour ce qui est de la piscine, l'installation d'une minuterie qui interrompt la filtration de l'eau 10 heures par jour permet de réduire substantiellement la consommation d'énergie sans altérer la qualité de l'eau. Quant au chauffage de l'eau de la piscine… le Soleil peut s'en charger !

Le confort de la vie moderne

Les appareils électriques représentent en moyenne 20 % de la consommation d'électricité d'une maisonnée. Choisir des appareils certifiés Energy Star constitue un moyen de s'assurer un rendement énergétique satisfaisant. Par ailleurs, puisque l'énergie consommée est directement proportionnelle au temps d'utilisation, réduire la durée pendant laquelle un appareil consomme de l'énergie constitue une façon directe de réduire sa consommation. On devrait donc veiller à ce que téléviseurs, éclairage, ordinateurs et nombre d'autres appareils ne restent pas allumés inutilement.

Enfin, l'utilisation d'ampoules fluocompactes permet de réduire de moitié la quantité d'énergie électrique consommée pour l'éclairage. Quand on sait que l'énergie consommée par une ampoule à incandescence de 60 W qui reste allumée 4 heures par jour coûte environ 6 $ par année, on comprend que le coût supplémentaire de l'ampoule fluocompacte est rapidement compensé par une dépense moindre en électricité et une durée de vie accrue.

Réduire sa consommation est un comportement non seulement socialement responsable, mais aussi rentable.

Diagnostic

Les circuits électriques

1 Dessinez un circuit comprenant une pile liée en série avec un interrupteur, une ampoule et une résistance.

2 Dessinez un circuit parallèle comprenant une source, un moteur et une ampoule.

3 Vous voulez brancher 2 ampoules à une même pile.

a) Dessinez un circuit où les deux ampoules sont commandées par un seul interrupteur.

b) Dessinez un circuit où chaque ampoule est commandée par un interrupteur distinct.

SECTION **2.2** **Les grandeurs de base de l'électricité**

4 Qui suis-je ?

a) Je suis une grandeur physique qui exprime la quantité d'énergie gagnée ou perdue par une charge électrique lorsqu'elle traverse un élément de circuit.

b) Je suis une grandeur physique qui exprime la quantité de charges électriques qui passent en un point dans un temps donné.

5 Redessinez chacun des circuits ci-dessous de façon à insérer un ou des appareils de mesure capables de mesurer l'intensité du courant circulant dans le moteur et la différence de potentiel aux bornes de l'ampoule.

 A 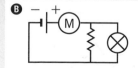 **B**

6 Redessinez le circuit ci-dessous en insérant un ampèremètre et un voltmètre qui permettent de mesurer respectivement l'intensité du courant fourni par la source et la différence de potentiel aux bornes de la source.

7 Dans chacun des circuits ci-dessous, déduisez la différence de potentiel offerte par la pile.

A  **B**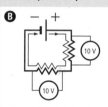

SECTION **2.3** **La résistance et la loi d'Ohm**

8 Une résistance de 30 Ω est parcourue par un courant d'une intensité de 40 mA. Déterminez la tension aux bornes de cette résistance.

9 Dans chacun des circuits ci-dessous, déterminez la valeur manquante.

A 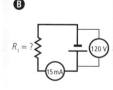 **B** 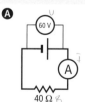 **C**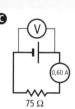

10 Examinez le circuit électrique ci-dessous puis reproduisez et remplissez le tableau suivant.

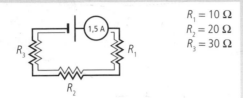

$R_1 = 10\ \Omega$
$R_2 = 20\ \Omega$
$R_3 = 30\ \Omega$

	U	I	R
R_1			
R_2			
R_3			
Source			

11 À partir de vos réponses à l'exercice précédent, quelle conclusion tirez-vous quant aux tensions aux bornes des divers éléments d'un circuit en série ? Et quant aux intensités ?

12 Examinez le circuit ci-dessous puis reproduisez et remplissez un tableau identique à celui de la question 10.

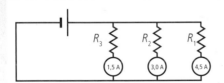

$R_1 = 20\ \Omega$
$R_2 = 30\ \Omega$
$R_3 = 60\ \Omega$

13 À partir de vos réponses à l'exercice précédent, quelle conclusion tirez-vous quant aux intensités de courant dans les divers éléments d'un circuit parallèle ? Et quant aux tensions ?

14 Quelles seraient les mesures indiquées par les voltmètres V_1 et V_2 ?

option

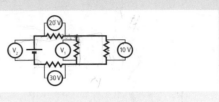

15 Quelles seraient les mesures indiquées par les ampèremètres A_1 et A_2 ?

option

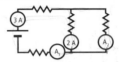

SECTION **2.5**   **La résistance équivalente et l'analyse de circuits**

16 Déterminez la résistance équivalente de chacun des circuits suivants.

option

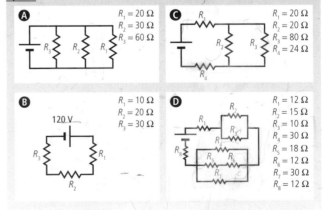

Ⓐ
$R_1 = 20\ \Omega$
$R_2 = 30\ \Omega$
$R_3 = 60\ \Omega$

Ⓒ
$R_1 = 20\ \Omega$
$R_2 = 20\ \Omega$
$R_3 = 80\ \Omega$
$R_4 = 24\ \Omega$

Ⓑ
$R_1 = 10\ \Omega$
$R_2 = 20\ \Omega$
$R_3 = 30\ \Omega$

Ⓓ
$R_1 = 12\ \Omega$
$R_2 = 15\ \Omega$
$R_3 = 10\ \Omega$
$R_4 = 30\ \Omega$
$R_5 = 18\ \Omega$
$R_6 = 12\ \Omega$
$R_7 = 30\ \Omega$
$R_8 = 12\ \Omega$

17 Déterminez les tensions et les intensités de courant pour chacun des circuits de l'exercice précédent. Supposez que chacune des sources fournit une tension de 120 V.

18 Déterminez la tension et l'intensité du courant passant par chacun des éléments contenus dans les circuits suivants.

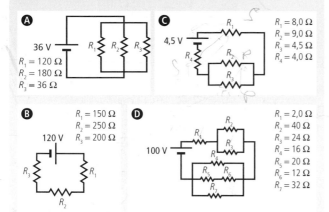

A 36 V, $R_1 = 120\ \Omega$, $R_2 = 180\ \Omega$, $R_3 = 36\ \Omega$

C 4,5 V, $R_1 = 8,0\ \Omega$, $R_2 = 9,0\ \Omega$, $R_3 = 4,5\ \Omega$, $R_4 = 4,0\ \Omega$

B 120 V, $R_1 = 150\ \Omega$, $R_2 = 250\ \Omega$, $R_3 = 200\ \Omega$

D 100 V, $R_1 = 2,0\ \Omega$, $R_2 = 40\ \Omega$, $R_3 = 24\ \Omega$, $R_4 = 16\ \Omega$, $R_5 = 20\ \Omega$, $R_6 = 12\ \Omega$, $R_7 = 32\ \Omega$

19 Les deux circuits ci-dessous ont été montés en utilisant une source de 60 V et les résistances suivantes :

$R_1 = 200\ \Omega$ $R_2 = 600\ \Omega$

$R_3 = 2\ 400\ \Omega$ $R_4 = 450\ \Omega$

Déterminez l'intensité du courant ainsi que la tension aux bornes de chacun des éléments de ces circuits.

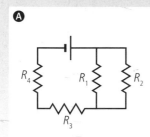

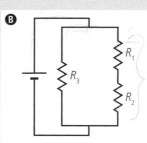

SECTION 2.6 **L'énergie électrique consommée**

20 L'élément chauffant d'une cuisinière électrique possède une puissance de 1,8 kW. S'il fonctionne sous une tension efficace de 240 V, déterminez la résistance de cet élément chauffant.

21 Un moteur laisse circuler un courant de 300 mA lorsqu'il est soumis à une différence de potentiel de 9,0 V. Déterminez la quantité d'énergie électrique que consomme ce moteur lorsqu'il fonctionne pendant 5 minutes.

22 Calculez l'énergie électrique consommée en une heure par une ampoule électrique de 60 W qui fonctionne sous une tension efficace de 120 V.

23 On monte le circuit ci-dessous et on laisse le courant circuler pendant 40 s, le temps d'effectuer des mesures de tension.

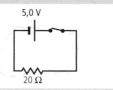

5,0 V   20 Ω

a) Combien d'énergie électrique la résistance a-t-elle consommée ?

b) Combien d'énergie électrique la pile a-t-elle produite ?

c) Qu'est devenue l'énergie électrique consommée ?

24 Sur les factures d'électricité, on exprime l'énergie électrique consommée en kilowattheures (kW·h). Un séchoir à cheveux d'une puissance de 2 000 W est utilisé en moyenne 6 minutes par jour.

a) Calculez, en joules, l'énergie électrique consommée en une année par ce séchoir.

b) Calculez, en kW·h, l'énergie électrique consommée en une année par ce séchoir.

c) À la lumière de vos réponses en a) et en b), expliquez pourquoi on utilise le kilowattheure plutôt que le joule pour exprimer l'énergie consommée.

3> DES TRANSFORMATIONS LIÉES À L'ÉNERGIE ÉLECTRIQUE

En plus de nous chauffer et de nous éclairer, l'énergie électrique contribue à rendre plus faciles de nombreux travaux. On n'a qu'à penser aux nombreux outils électriques permettant de scier, visser, percer, déplacer ou soulever des charges sans trop se fatiguer. Dans les pages suivantes, nous explorerons d'abord la capacité qu'a l'énergie électrique d'accomplir du travail mécanique grâce à l'étude du fonctionnement d'un appareil fort utile, le treuil électrique. Cet appareil nous permettra de définir les deux formes de l'énergie mécanique : l'énergie potentielle et l'énergie cinétique.

Ces notions vous permettront de mieux comprendre comment une centrale hydroélectrique transforme l'énergie mécanique de l'eau en énergie électrique. Sauriez-vous dire pourquoi l'eau contenue dans le réservoir d'un barrage contient une importante quantité d'énergie mécanique, même si elle est pratiquement immobile ?

option

3.1 Le travail mécanique

Pour nous familiariser avec la notion de travail mécanique, nous explorerons un appareil très utile : le **treuil électrique**. Cet appareil est constitué d'un moteur électrique faisant tourner un cylindre autour duquel un câble peut s'enrouler et se dérouler (*voir la figure 44*). En attachant ce câble à une lourde charge, on peut ainsi la tirer ou la soulever. Les grues de construction utilisent de tels appareils pour soulever et positionner les matériaux de construction.

La définition du travail mécanique

Un appareil comme le treuil électrique est capable d'effectuer du travail mécanique : il transfère de l'énergie mécanique à la charge sur laquelle il exerce une force. La quantité d'énergie qu'il transfère dépend de la force exercée par la corde sur la charge ainsi que de la distance sur laquelle cette force s'exerce.

Figure 44
Un treuil électrique

Par exemple, si le treuil sert à soulever une charge (à vitesse constante), l'énergie électrique convertie en travail par le treuil fait gagner à la charge de l'**énergie potentielle**.

Si on se sert d'un treuil pour tirer horizontalement une charge, on lui impose une certaine vitesse. L'énergie électrique convertie en travail par le treuil procure donc de l'**énergie cinétique** à la charge.

TRAVAIL MÉCANIQUE

Le **travail mécanique** est un transfert d'énergie associé à une force (F) qui engendre un déplacement (Δs) parallèle à la force exercée.

Le symbole du travail est W et son unité de mesure est le **joule** (dont le symbole est **J**).

$$W = F \bullet \Delta s$$

Cette relation est valable à condition que les forces soient exprimées en newtons (N) et que les déplacements soient exprimés en mètres (m). Une telle relation suggère que les unités du joule, du newton et du mètre sont liées ensemble par l'égalité suivante.

$$1\ J = 1\ N \times 1\ m$$

◯ info +

DISTANCE ET DÉPLACEMENT

La distance et le déplacement expriment deux choses différentes. Si la distance entre deux points s'exprime uniquement à l'aide d'une valeur numérique, le déplacement d'un objet, d'une position de départ vers une position d'arrivée, comporte une grandeur et une orientation (10 km vers l'Est, par exemple). Puisque les physiciens représentent la position d'un objet à l'aide de la variable s, le symbole du déplacement (Δs) ne fait qu'exprimer que le déplacement est un... changement de position.

La force efficace

Dans les cas où la force et le déplacement ne sont pas parallèles, le travail effectué est inférieur au produit de la force par le déplacement. Il faut alors tenter d'évaluer la **force efficace** en décomposant la force exercée en une composante parallèle au mouvement et en une autre perpendiculaire au mouvement. À cette fin, on trace une représentation à l'échelle de la situation.

Soit l'exemple suivant. Un treuil électrique tire une charge horizontalement sur une distance de 20 m. La force exercée par le câble du treuil est de 300 N. Sachant que la force exercée par le câble fait un angle de 30° par rapport à l'horizontale (*voir la figure 45*), on veut déterminer la force efficace ainsi que le travail accompli par le treuil sur la charge.

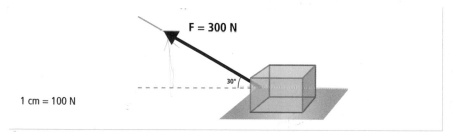

F = 300 N

30°

1 cm = 100 N

Figure 45
Une charge tirée avec le câble d'un treuil La force exercée par le câble n'est pas parallèle au mouvement (horizontal) de la charge.

Il faut d'abord déterminer la **force efficace**, c'est-à-dire la force qui agit dans le sens du mouvement de la charge. Pour ce faire, on décompose la force *F* en une composante horizontale (la force efficace, en bleu) et en une composante verticale (en vert) [*voir la figure 46*].

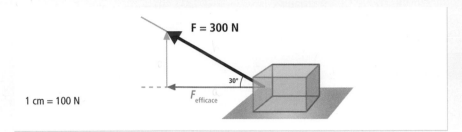

1 cm = 100 N

Figure 46
La force efficace

Puis, on évalue la force efficace. À cette fin, on mesure la longueur des flèches et on détermine la force efficace par proportion :

$$\frac{3{,}00 \text{ cm}}{2{,}60 \text{ cm}} = \frac{300 \text{ N}}{F_{\text{efficace}}}$$

$$F_{\text{efficace}} = 260 \text{ N}$$

$$W = F_{\text{efficace}} \times \Delta s = 260 \text{ N} \times 20 \text{ m} = 5\ 200 \text{ J}$$

$$W \approx 5{,}2 \text{ kJ}$$

option

3.2 L'énergie potentielle et le travail

Le treuil d'une grue accomplit un travail qui permet de fournir de l'énergie potentielle à la charge qu'il soulève. Quelle quantité d'énergie potentielle ? La réponse dépend de deux facteurs : le poids de la charge ainsi que la hauteur à laquelle on la soulève.

Le poids, une mesure de la force de gravité

La Terre exerce sur les corps une force dite de gravité. Vous savez déjà que la **gravitation** est une force d'attraction qui s'exerce entre deux corps en vertu de leurs masses. Pour désigner la force de gravité qu'exerce la Terre sur un objet, on utilise le terme **poids**. Le poids est donc une force, alors que la masse est une mesure de la quantité de matière.

On confond souvent les deux en associant à tort la masse d'un objet à l'effort qu'il faut faire pour le soulever plutôt qu'à la quantité de matière qu'il contient.

POIDS D'UN OBJET

Le **poids** d'un objet c'est la **force de gravité** que la Terre exerce sur cet objet. Le poids est donc une force dirigée vers le bas.

On désignera le poids par le symbole F_g. Son unité de mesure est le **newton** (dont le symbole est **N**).

À la surface de la Terre, le poids d'un objet de masse m se calcule à l'aide de la relation suivante :

$$F_g = mg \text{ avec } g = 9,80 \, \frac{N}{kg}$$

Dans cette relation, g est une constante de proportionnalité appelée *intensité du champ gravitationnel de la Terre*. C'est aussi la valeur de l'accélération (en m/s^2) d'un objet en chute libre.

Le travail accompli pour soulever une charge

Pour qu'une grue réussisse à soulever une charge, il faut que le câble du treuil exerce au minimum une force égale au poids de l'objet (*voir la figure 47*). Pour soulever cette masse d'une hauteur h, le travail mécanique minimal que doit effectuer le treuil peut être exprimé ainsi :

$F = F_g = mg$
$\Delta s = h$

$W = F \cdot \Delta s$
$W = (mg) \times h = mgh$

Puisque ce travail sert à amener la charge à un point plus élevé que son point initial, on doit conclure que ce travail est transféré à la charge sous forme d'énergie potentielle. Si on suppose qu'il ne se produit aucune perte d'énergie, alors on peut exprimer la transformation d'énergie par le bilan suivant :

$E_{\text{électrique consommée par le treuil}} = W_{\text{effectué par le treuil}} = E_{\text{potentielle stockée dans la charge}}$

En réalité, il se produit des pertes d'énergie à chaque transformation. Le moteur dissipe une partie de l'énergie électrique sous forme de chaleur (due à la résistance des fils conducteurs) et les parties mécaniques du treuil subissent un frottement qui dissipe une partie de l'énergie sous forme de chaleur.

Figure 47
Une grue soulevant une poutre

ÉNERGIE POTENTIELLE

L'**énergie potentielle** est la forme d'énergie que possède un corps de masse **m** placé à une hauteur **h.** Le symbole de l'énergie potentielle est E_p, et son unité de mesure est le **joule (J).**

$$E_p = mgh$$

Où : E_p est l'énergie potentielle d'un corps (en **J**).

          m   est la masse du corps (en **kg**).

          g   est l'intensité du champ gravitationnel de la Terre (**9,80 N/kg**).

          h   est la hauteur à laquelle est placée le corps (en **m**).

option

3.3 L'énergie cinétique et la vitesse

Nous allons maintenant nous intéresser à la transformation de l'énergie potentielle en énergie cinétique. Le cas de la chute libre est sans doute le plus simple à analyser. Pensons de nouveau à l'exemple de la grue qui soulève une charge. Supposons que le câble du treuil se rompe. Qu'arrivera-t-il ? La charge chutera au sol, bien sûr. Pendant la chute, l'énergie potentielle de la charge se transforme graduellement en énergie cinétique. En arrivant au sol, la charge ne possédera plus d'énergie potentielle. Cependant elle est maintenant animée d'une certaine vitesse (*voir la figure 48*).

Le choc de cette charge avec le sol risque de causer beaucoup de dégâts. Le bon sens nous indique que la masse de la charge et sa vitesse au moment de l'impact sont les deux facteurs susceptibles d'influer sur l'étendue des dégâts. Or, ce sont ces deux mêmes facteurs qui déterminent la quantité d'énergie cinétique que possède un corps en mouvement.

ÉNERGIE CINÉTIQUE

L'**énergie cinétique** est le type d'énergie que possède un corps en mouvement. Le symbole de l'énergie cinétique est E_k, et son unité de mesure est le **joule (J).**

L'énergie cinétique d'un corps se calcule grâce à la relation suivante :

$$E_k = \frac{1}{2}\,mv^2$$

Où : E_k est l'énergie cinétique d'un corps (en **J**).

          m   est la masse du corps (en **kg**).

          v   est la vitesse avec laquelle bouge le corps (en **m/s**).

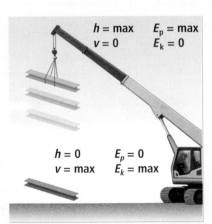

Figure 48
La transformation de l'énergie mécanique pendant la chute d'une poutre

Le fonctionnement d'une centrale hydroélectrique

Le fonctionnement d'une centrale hydroélectrique suppose de nombreuses transformations d'énergie. La figure 49 montre une schématisation d'une telle centrale. L'eau contenue dans le réservoir ❶ possède de l'énergie potentielle par rapport à la position du groupe turbine-alternateur ❸. Lorsque l'eau chute dans la conduite forcée ❷, l'énergie potentielle est graduellement transformée en énergie cinétique. Au bas de la conduite forcée, l'énergie cinétique de l'eau est à son maximum. La masse de l'eau qui arrive, combinée à sa vitesse, effectue un travail sur les pales de la turbine. L'énergie cinétique de l'eau est ainsi transformée en énergie cinétique de rotation de la turbine et de l'alternateur qui y est couplé. Le groupe turbine-alternateur est donc constamment alimenté par l'énergie cinétique de l'eau.

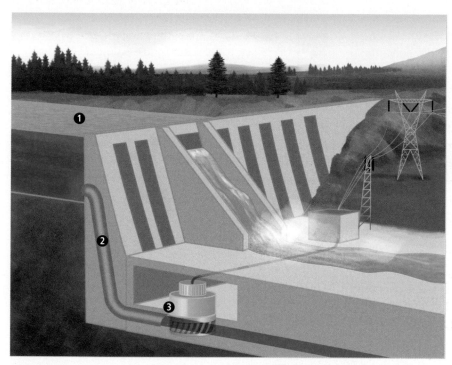

Figure 49
La schématisation d'une centrale hydroélectrique

Le réservoir en amont du barrage constitue une réserve d'énergie potentielle susceptible d'être convertie en énergie électrique. Vous savez maintenant que l'énergie potentielle est proportionnelle à la masse et à la hauteur. Ainsi, plus un réservoir est grand et rempli à capacité, plus il contient d'énergie potentielle mise en réserve. Les précipitations et le ruissellement sur la partie du bassin versant située en amont du barrage assurent la réalimentation du réservoir.

info +

LE GROUPE TURBINE-ALTERNATEUR GÉNÉRATEUR SYNCHRONE

Qu'il s'agisse de centrales hydrauliques, éoliennes ou nucléaires, l'électricité est produite par la rotation d'une turbine couplée à un alternateur. L'alternateur est la machine qui convertit l'énergie mécanique provenant de la rotation de la turbine en énergie électrique. Elle se compose d'une partie mobile contenant des aimants, appelée le rotor, et d'une partie fixe formée d'un enroulement de barres de cuivre, appelée le stator.

Lorsque le rotor tourne dans le stator, les électrons des barres de cuivre se mettent en mouvement, créant ainsi un courant électrique alternatif.

Le courant alternatif, contrairement au courant continu, change de direction selon une fréquence spécifique. En Amérique du Nord, cette fréquence est de 60 cycles par seconde, soit 60 hertz (Hz). Pour obtenir un courant exploitable par les appareils électriques utilisés dans notre vie quotidienne, il est donc impératif que la vitesse de rotation des groupes turbines-alternateurs soit maintenue absolument constante. On parle alors de générateurs synchrones.

Diagnostic

Le travail mécanique

 Expliquez dans vos mots ce qu'est le travail mécanique.
option

 Vous poussez un chariot de 25 kg en exerçant constamment une force horizontale de 120 N. Quelle quantité de travail mécanique devez-vous effectuer pour déplacer le chariot de 5,0 m ?
option

 Déterminez la force efficace ainsi que le travail effectué pour chacun des cas suivants :
option

Ⓐ F = 70 N 50° Δs = 2,0 m

Ⓑ F = 200 N 26° Δs = 5,0 m 10°

 SECTION 3.2 **L'énergie potentielle et le travail**

 Quelle est la force de gravité qui s'exerce sur un objet de 15,0 kg ?
option

 Quelle est la masse d'un objet dont le poids est de 735 N ?
option

 Quelle est l'énergie potentielle d'un poids de 200 N placé à 5,0 m au-dessus du sol ?
option

 Le moteur d'un treuil électrique a une puissance est de 5,0 kW. En utilisant ce treuil, quelle est la hauteur maximale sur laquelle on peut soulever, chaque seconde, une charge de 500 kg ?
option

 On doit hisser des poutres de 1 200 kg sur une hauteur de 60 m. Combien d'énergie potentielle fournira-t-on à chacune de ces poutres ?
option

SECTION 3.3 **L'énergie cinétique et la vitesse**

 Une voiture de 1 200 kg se déplace à la vitesse de 72 km/h. Combien d'énergie cinétique cette voiture possède-t-elle ?
option

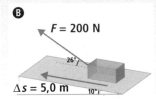 On laisse tomber une masse de 500 g d'une hauteur de 1,50 m. On suppose que la résistance de l'air ne cause aucune perte d'énergie pendant la chute.
option

a) Combien d'énergie potentielle cette masse possède-t-elle initialement ?

b) Juste avant de toucher le sol, combien cette masse possédera-t-elle d'énergie cinétique ?

c) À quelle vitesse touchera-t-elle le sol ?

 Le débit de la conduite forcée d'une centrale hydroélectrique est de 12 000 L/s. Sachant que l'eau qui y est admise est située 60 m au-dessus du groupe turbine-alternateur et qu'en arrivant à la turbine l'eau a une vitesse de 32,5 m/s, répondez aux questions suivantes. (Rappel : ρ_{eau} = 1 g/ml)
option

a) Quelle quantité d'énergie potentielle est utilisée chaque minute ?

b) Quelle quantité d'énergie cinétique permet d'actionner la turbine chaque minute ?

c) Si l'alternateur couplé à la turbine fournit une puissance électrique de 6 MW, combien d'énergie électrique est produite chaque minute ? (1 MW = 1 000 000 W)

d) Déterminez le rendement des transformations d'énergie suivantes :

$$E_{potentielle} \rightarrow E_{cinétique} \quad \text{et} \quad E_{cinétique} \rightarrow E_{électrique}$$

En un clin d'œil

>>> Le magnétisme et l'électromagnétisme

- Les aimants et les conducteurs parcourus par un courant électrique créent un **champ magnétique** dans l'espace qui les entoure.

- Le **sens conventionnel du courant** est défini comme allant de la borne positive de la source à sa borne négative. Il sert notamment à appliquer ce que l'on appelle les **règles de la main droite.**

- Un courant électrique circulant dans un **solénoïde** crée un champ magnétique semblable à celui d'un aimant droit.

>>> L'électrostatique et les champs électriques

- La **loi des charges** permet de prédire l'attraction (entre des charges de signes différents) ou la répulsion (entre des charges de signes identiques) électrostatique d'objets chargés électriquement.

- Le frottement permet l'**électrisation** des objets par suite d'un transfert d'électrons.

- La **loi de Coulomb** permet de calculer la grandeur de la force électrostatique entre deux corps chargés.

$$F = \frac{kq_1q_2}{d^2}$$

Charge positive

- Un objet portant une charge électrique produit un **champ électrique** dans l'espace qui l'entoure. Les courants électriques qui varient produisent, quant à eux, des champs électromagnétiques à l'origine des ondes électromagnétiques.

Charge négative

>>> Les circuits électriques

- Un **circuit électrique** se compose d'une source, de fils de connexion et d'éléments qui transforment l'énergie électrique en d'autres formes d'énergie. Ces éléments peuvent être branchés **en série** ou **en parallèle.**

- La **différence de potentiel** (symbole : U ; unité : volt [**V**]) représente le gain ou la perte d'énergie électrique subi par chaque charge qui traverse un élément de circuit.

- L'**intensité du courant électrique** (symbole : I ; unité : ampère [**A**]) représente la quantité de charges électriques passant chaque seconde en un point donné du circuit.

- La **loi d'Ohm** établit le lien entre la différence de potentiel aux bornes d'un élément résistant et l'intensité du courant qui le traverse : $U = R\,I$

- Les **lois de Kirchhoff** et le calcul des **résistances équivalentes** permettent d'analyser mathématiquement les circuits en série, en parallèle et mixtes.

- L'**énergie électrique** consommée par un élément de circuit se calcule au moyen d'une des deux relations suivantes : $E = UI\Delta t$ ou $E = P\Delta t$ avec $P = UI$

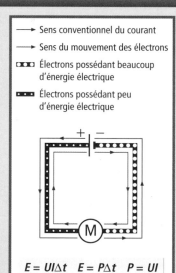

→ Sens conventionnel du courant
→ Sens du mouvement des électrons
Électrons possédant beaucoup d'énergie électrique
Électrons possédant peu d'énergie électrique

$E = UI\Delta t$ $\quad E = P\Delta t$ $\quad P = UI$

>>> Le transfert et la transformation d'une énergie mécanique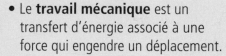

- Le **travail mécanique** est un transfert d'énergie associé à une force qui engendre un déplacement.

$$W = F \bullet \Delta s$$

- L'**énergie potentielle** d'un objet est proportionnelle à sa masse et à sa hauteur.

$$E_p = mgh$$

- L'**énergie cinétique** d'un objet est proportionnelle à sa masse et au carré de sa vitesse.

$$E_k = \frac{1}{2}\,mv^2$$

Univers vivant

1 > L'ÉNERGIE ET LE VIVANT

1.1 L'évolution de la demande énergétique

1.2 Une petite histoire des ressources énergétiques

1.3 L'énergie de la biomasse

2 > LES TRANSFORMATIONS ÉNERGÉTIQUES ET LES ÉCOSYSTÈMES

2.1 Les répercussions de l'exploitation de la biomasse

2.2 Les répercussions de l'exploitation des combustibles fossiles

L'exploitation de l'énergie

Sans énergie, la vie est impossible. Tout vivant transforme sa nourriture pour en extraire l'énergie nécessaire à ses fonctions métaboliques, à ses activités physiques et à sa croissance.

Les êtres humains consomment aussi beaucoup d'énergie dans leurs activités quotidiennes (préparer les repas, se chauffer, se déplacer, produire des biens de consommation, etc.). Nos besoins énergétiques semblent insatiables. Or, nous savons maintenant que nos activités industrielles perturbent ou détruisent des écosystèmes et que les ressources naturelles, étant donné le temps nécessaire à leur constitution, sont limitées. Notre consommation d'énergie laisse une empreinte sur la nature.

Nous optons donc aujourd'hui pour les sources énergétiques les moins dommageables pour les écosystèmes. Il y a une limite à la charge de pollution que les populations animales ou végétales peuvent supporter. Au-delà de cette limite adaptative, un écosystème se dégrade, ses espèces ou ses populations disparaissent. Aurions-nous oublié de tenir compte de la capacité de la planète à nous fournir des ressources ?

1> L'ÉNERGIE ET LE VIVANT

La biomasse est depuis toujours une source d'énergie utilisée par l'être humain. Toutefois, vers la fin du XIXe siècle, l'accroissement des besoins énergétiques a exigé le recours aux combustibles fossiles, qui semblaient alors inépuisables. Or, force est de constater que, depuis longtemps, le rythme de nos «emprunts» aux ressources naturelles a dépassé le rythme de leur renouvellement. L'humanité revient donc, au XXIe siècle, vers les formes d'énergies renouvelables, dont celles fournies par la biomasse. Toutefois, pour ne pas épuiser cette ressource, nous devrons régler le rythme de son exploitation sur celui de son renouvellement.

1.1 L'évolution de la demande énergétique

Le développement et la croissance démographique des sociétés occidentales ont entraîné une augmentation de la consommation d'énergie (*voir la figure 1*). Vers la fin du XIXe siècle, le début de l'industrialisation et l'accès aux énergies fossiles ont engendré l'explosion des applications techniques de la science.

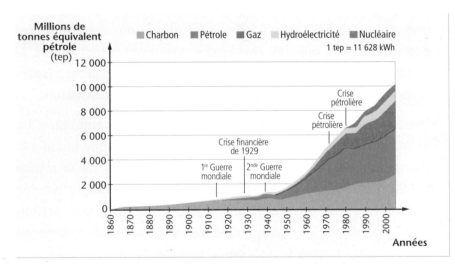

Figure 1
L'évolution de la consommation totale d'énergie commerciale (c'est-à-dire sans le bois), de 1860 à 2005

La période comprise entre les années 1860 à 1990 a connu :

• une explosion démographique ;

• un accroissement important des demandes en énergies ;

• une déforestation massive due aux besoins énergétiques du développement agricole et urbain ;

• une intensification de l'agriculture, exploitant le plus souvent des monocultures ;

- une augmentation de la production de déchets (métaux, cartons, plastiques…);
- une diminution rapide de la biodiversité (le nombre d'espèces vivantes);
- une distribution inégale des ressources entre les pays (*voir la figure 2*);
- une augmentation des perturbations dans les écosystèmes de tous les biomes de la Terre.

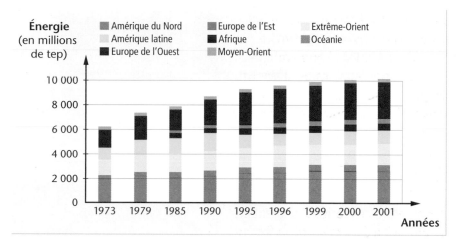

Figure 2
La consommation énergétique mondiale selon l'Organisation de coopération et de développement économiques

1.2 Une petite histoire des ressources énergétiques

L'**énergie solaire** réchauffe le biotope, y favorisant ainsi le développement d'une diversité d'espèces adaptées aux divers écosystèmes et biomes de la planète. L'énergie solaire est donc en partie captée par la biomasse, dont l'être humain sait tirer parti.

La biomasse fournit notamment le bois, qui a été la première forme d'énergie utilisée comme source de chaleur. Autre exemple : les êtres humains ont longtemps employé le bœuf et le cheval comme bêtes de trait, ce qu'ils font encore de nos jours (*voir la figure 3*). Ces animaux puisent l'**énergie chimique** contenue dans leur nourriture, dite énergie de la biomasse, et la convertissent en **énergie mécanique** grâce au **travail** fait par leurs muscles.

Figure 3
Un bœuf au travail dans une rizière en Thaïlande

L'industrie, cet ensemble d'activités produisant des biens pour les sociétés humaines, s'est développée grâce à la maîtrise des différentes énergies disponibles. L'énergie du bois ou du charbon de bois a été utilisée dans la métallurgie pour fondre les métaux; les premiers bateaux à voiles et les moulins à vent ont capté l'**énergie éolienne** aux fins que l'on sait; les moulins à eau ont mis à profit l'**énergie hydraulique** de la poussée de l'eau pour faire tourner les meules; les sources d'eau chaude dues à l'**énergie géothermique** ont permis aux peuples anciens de jouir de bains publics bien avant que l'Europe ne soit développée et civilisée.

ÉVOLUTION DES ÉNERGIES UTILISÉES

Au XVIIIe siècle

L'invention de la machine à vapeur permet de remplacer la force musculaire, humaine ou animale, par la force mécanique de machines de plus en plus puissantes. Son fonctionnement repose sur deux conversions :

- On brûle du bois, dont l'énergie chimique est ainsi transformée en **énergie thermique** permettant de porter de l'eau à ébullition.
- La poussée de la vapeur chaude obtenue engendre un mouvement du piston ; l'énergie thermique est ainsi convertie en **énergie mécanique.**

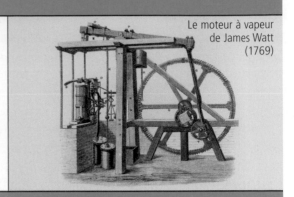

Le moteur à vapeur de James Watt (1769)

Au XIXe siècle

Les **combustibles fossiles,** d'abord le charbon puis le pétrole, sont exploités dans tout l'Occident, ce qui permet d'accroître la capacité de production de biens et change durablement la vie des populations humaines.

La révolution industrielle engendre une révolution sociale : les transports amplifient les échanges de biens et les déplacements des populations, et la production artisanale est remplacée par une production de masse.

Au Québec, la première centrale hydroélectrique s'installe au pied de la chute Montmorency, en 1885.

La radioactivité naturelle est découverte en 1896.

Une machine de battage du blé (1886)

Au XXe siècle

La recherche sur la radioactivité donne accès à une forme d'énergie très puissante, l'**énergie nucléaire.**

L'utilisation du gaz naturel se répand.

La production en série du moteur à explosion et de l'automobile procure aux individus un moyen de déplacement accéléré.

Au Québec, la production hydroélectrique est nationalisée en 1963.

L'**énergie électrique** facilite la vie, procure du confort et prolonge les heures de vie active. Une profusion de nouvelles technologies accompagne son arrivée : la radio, la télévision, les électroménagers…

La Ford T (1908)

Au XXIe siècle

On observe un regain d'intérêt pour les énergies renouvelables et peu ou pas polluantes :

- l'**énergie solaire,**
- l'**énergie éolienne,**
- l'**énergie de la biomasse,**
- l'**énergie géothermique,**
- l'**énergie marémotrice**…

Des panneaux solaires

1.3 L'énergie de la biomasse

Une infime quantité de toute l'énergie qui nous parvient du Soleil est captée par le processus de la photosynthèse, au cours de laquelle les cellules photosynthétiques des producteurs convertissent l'énergie rayonnante en énergie chimique contenue dans la matière organique vivante. C'est ainsi que l'organisme du producteur croît. La quantité de matière organique ainsi obtenue est appelée la **productivité primaire.** Quant à la quantité d'énergie chimique obtenue au moment de cette conversion, elle est nommée **énergie de la biomasse.** Les producteurs ouvrent ainsi la porte à un flux d'énergie qui sera dirigé vers les autres maillons de la chaîne alimentaire (consommateurs et décomposeurs). Les différentes **relations alimentaires**, quant à elles, multiplient les possibilités de **circulation de l'énergie** dans les écosystèmes : une pousse verte peut être consommée par un lièvre, une chenille ou un ruminant, par exemple. À leur tour, chacun d'eux peut constituer la nourriture de plusieurs prédateurs différents.

La biomasse est utilisée comme combustible par l'espèce la plus consommatrice de la planète : l'espèce humaine. La combustion du bois et de la tourbe, encore aujourd'hui, fournit de l'énergie thermique pour la cuisson ou le chauffage. Si toute la population mondiale faisait un pareil usage de la biomasse, les forêts et les tourbières du monde disparaîtraient très rapidement.

Aujourd'hui, les sociétés occidentales utilisent la biomasse comme combustible de différentes façons :

- la biomasse est brûlée pour en extraire de la chaleur, ou énergie calorifique (*voir la rubrique « Sur le terrain », à la page 86*) ;

- la biomasse est transformée en **biogaz** ou en **biocarburants.**

Le biogaz

Les déchets domestiques ou agricoles (fumiers, lisiers…) fermentent naturellement : ils se transforment sous l'action de micro-organismes et dégagent des gaz dont la teneur en méthane (CH_4) est élevée. Le méthane, incolore et inodore, est un **hydrocarbure** qui forme jusqu'à 70 % du biogaz. S'il se disperse dans l'environnement, ce gaz augmente l'effet de serre. Si on le brûle, il dégage de l'énergie thermique :

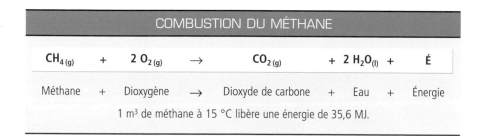

COMBUSTION DU MÉTHANE					
$CH_{4(g)}$ +	$2\,O_{2(g)}$	$\rightarrow$	$CO_{2(g)}$	+ $2\,H_2O_{(l)}$ +	É
Méthane +	Dioxygène	$\rightarrow$	Dioxyde de carbone	+ Eau +	Énergie
1 m³ de méthane à 15 °C libère une énergie de 35,6 MJ.					

Tous les sites d'enfouissement sanitaires contiennent des déchets fermentescibles. Les agglomérations urbaines produisent un important volume de déchets qui pourraient ainsi être revalorisés.

culture +

LA BIOSPHÈRE, UN CONCEPT NÉ DE LA GÉOLOGIE

En 1875, le géologue Eduard Suess donne le nom de biosphère à l'espace où la vie se développe sur la planète. En 1920, Vladimir Ivanovich Vernadsky, lui aussi géologue, développe le concept. Ces deux scientifiques se sont intéressés à la vie sur Terre en observant que les conditions climatiques et l'histoire des continents influent sur la répartition des vivants de la planète.

Les biocarburants

Les biocarburants les plus connus sont le biodiesel et le bioéthanol, qui se présentent sous forme liquide.

Pour fabriquer du **biodiesel,** on utilise habituellement des graisses animales, des huiles de friture usées et surtout l'huile extraite du tournesol, du colza, du soja ou du palmier. L'huile est combinée avec un alcool, du méthanol ou de l'éthanol.

La réaction chimique produite, nommée transestérification, donne deux produits : la glycérine et le biodiesel, ou éther méthylique.

TRANSESTÉRIFICATION
Huile   +   Alcool   →   Biodiesel   +   Glycérine

Ce carburant est biodégradable et produit moins de gaz à effet de serre que le diesel produit à partir de pétrole Ce dernier, traditionnellement acheté à la station-service, est un liquide jaune clair issu du raffinage du pétrole. De plus, la fabrication du biodiesel revalorise des produits qui étaient jusqu'alors mis aux rebuts (graisses animales et huiles de friture).

La fabrication du **bioéthanol,** un **alcool**, s'effectue en deux étapes.

FABRICATION DU BIOÉTHANOL
1ᴿᴱ ÉTAPE : Transformation de la matière végétale en sucre simple

Matières amylacées (blé)

Matières sucrières
(betteraves, cannes à sucre)   →   SUCRE FERMENTESCIBLE

Matières cellulosiques
(pailles végétales, bois)

2ᴱ ÉTAPE : Transformation du sucre en alcool

SUCRE FERMENTESCIBLE → ÉTHANOL ET COPRODUITS

RÉACTION GLOBALE DE LA FERMENTATION ALCOOLIQUE					
$C_6H_{12}O_{6(aq)}$	$\rightarrow$	$2\ C_2H_5OH_{(l)}$ +	$2\ CO_{2(g)}$	+	106,3 kJ
Glucose	$\rightarrow$	Éthanol +	Dioxyde de carbone	+	Énergie calorifique

La fermentation est une réaction anaérobie, c'est-à-dire sans utilisation d'oxygène, qui a lieu dans une cellule de bactérie ou de levure, un champignon unicellulaire (*voir la figure 4*). Il s'agit d'une réaction qui dégage de l'énergie.

Les biocarburants sont ensuite mélangés avec de l'essence traditionnelle :

- Pour les moteurs courants, on mélange de 5 à 10 % de bioéthanol au carburant traditionnel.

- Pour les moteurs adaptés, on mélange 85 % de bioéthanol et 15 % d'essence.

- Le biodiesel ne requiert pas d'adaptation particulière du moteur. On le mélange au petrodiesel dans des concentrations de 2 %, 5 % ou 20 %.

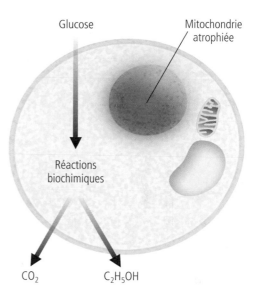

Figure 4
La fermentation alcoolique
La transformation du glucose en éthanol s'opère dans une cellule vivante.

Le bioéthanol est donc un produit dérivé du premier maillon de la chaîne alimentaire. On souligne ce fait pour mettre en opposition une production végétale destinée à la production de carburant et une production qui pourrait servir à l'alimentation (*voir la figure 5*). Cette nouvelle voie prise par l'agriculture est d'ailleurs controversée et on la tient responsable de la crise alimentaire qui a débuté au XXIe siècle. Une solution plus acceptable est la production d'éthanol à partir de la matière cellulosique (l'écorce des arbres, par exemple). On effectue des recherches pour tenter de mettre au point ce procédé.

Figure 5
Un champ de maïs La production de ce champ peut être destinée à la consommation ou à la production de carburant.

Une solution d'avenir

Les biocarburants obtenus à partir de produits ligneux, comme les résidus forestiers ou les pailles des graminées, représentent une solution d'avenir pour le Québec. L'industrie forestière laisse sur les lieux d'abattage des tonnes de biomasse sous forme de branchages ou de troncs de petit diamètre. Également, le bois infesté par les insectes n'a aucune valeur pour l'industrie du bois. Cette matière pourrait être récupérée et revalorisée. Deux possibilités se présentent.

Après le ramassage et l'assèchement des résidus d'abattage et la récolte du bois infesté, la **combustion** de la matière obtenue pourrait chauffer de l'eau (lui fournir son énergie calorifique) pour produire de la vapeur (énergie thermique) qui actionnerait une turbine. L'énergie mécanique ainsi obtenue serait alors convertie en énergie électrique.

Ces résidus ligneux pourraient aussi être soumis à une **fermentation.** Le potentiel de production de biocarburants à partir de copeaux de bois est immense.

Le défi technique à relever est toutefois considérable, car la lignine et la cellulose qui composent le bois sont des molécules organiques très stables. Seuls certains micro-organismes possèdent des enzymes capables de décomposer la cellulose en glucose, c'est-à-dire en sucre fermentescible.

Les chercheurs s'inspirent du fonctionnement de l'estomac de la vache (capable de digérer la cellulose par l'action de micro-organismes) pour concevoir des bioréacteurs où des micro-organismes pourront opérer cette décomposition. Ce bioréacteur fonctionne donc comme un immense estomac. Une fois que la cellulose est transformée en glucose, on fait fermenter celui-ci dans un autre bioréacteur destiné à cette fin. Les produits de cette fermentation sont des alcools, comme l'éthanol et le méthanol, qui constituent d'excellents carburants.

Diagnostic

SECTION 1.1   **L'évolution de la demande énergétique**

1   Résumez en une ou deux phrases ce que vous retenez de la figure 1, à la page 80.

SECTION 1.2   **Une petite histoire des ressources énergétiques**

2   Justifiez cet énoncé : presque toutes les énergies utilisées dans l'histoire avant le XXe siècle sont d'origine solaire.

3   Énumérez, en ordre chronologique, les types d'énergie qui ont été utilisés ou maîtrisés par l'être humain.

4   Quelle part les combustibles fossiles ont-ils prise dans la révolution énergétique et écologique ?

SECTION 1.3   **L'énergie de la biomasse**

5   Comment définit-on la biomasse ?

6   Donnez deux façons dont on peut extraire l'énergie de la biomasse.

7   Avec 2 000 t de marc de raisin, un producteur peut produire suffisamment de méthane pour obtenir 7 MW pendant un an. La **consommation moyenne** d'électricité au Québec est de 1 400 kWh par mois. Quelle portion de sa demande domestique le producteur peut-il combler ?

8   Critiquez l'affirmation suivante :

« Au Québec, il y a entre 10 et 14 millions de mètres cubes de résidus produits par les coupes forestières. Leur combustion complète engendrerait un bilan neutre en ce qui concerne le carbone puisque celui-ci est déjà en circulation. »

9   Les biocarburants et les biogaz sont deux sources d'énergie distinctes.

a)   Donnez deux différences entre un biocarburant et un biogaz.

b)   Énoncez le principal avantage commun de leur utilisation.

10   La culture du maïs est très importante en Amérique du Nord.

a)   Qu'est-ce que le cycle de vie du maïs ?

b)   Sachant que 1 kg de maïs produit 3 650 calories, qu'un plein d'essence à base de biocarburant exige 190 kg de maïs et qu'un être humain a besoin de 2 000 calories par jour pour vivre, à combien de journées de nourriture équivaut un plein d'essence ?

c)   Que veut-on dire quand on affirme que les transports ont de tout temps utilisé une partie de la production céréalière ?

11   Résumez la combustion du méthane par une courte phrase et par une équation.

12   Quelle réaction résume la combustion de l'éthanol ?

2> LES TRANSFORMATIONS ÉNERGÉTIQUES ET LES ÉCOSYSTÈMES

On peut classer un écosystème selon sa taille : un micro-écosystème (un arbre mort, une mare, une ruche) ; un méso-écosystème (une forêt, un lac, un champ de blé, un étang) ; un macro-écosystème (un bassin versant, un océan).

Tout écosystème connaît un équilibre dynamique : il se transforme et se renouvelle grâce à l'énergie qui y circule. Ses vivants peuvent et doivent s'adapter aux fréquentes modifications d'ordre géographique, climatologique et physicochimique du biotope. Celui-ci se modifie par l'action des vivants qui le composent.

Durant le dernier siècle, l'extraction et l'utilisation des ressources énergétiques ont toutefois modifié certains milieux à un point tel que des écosystèmes se sont dégradés ou sont parvenus à un état de déséquilibre irréversible. Plusieurs populations animales ont alors dû migrer ou ont été vouées à la disparition.

2.1 Les répercussions de l'exploitation de la biomasse

Le carbone qui compose les biocarburants est puisé dans l'air (au moment de la photosynthèse) et non dans le sous-sol, comme c'est le cas avec les combustibles fossiles. Leur utilisation ne provoquerait donc pas d'augmentation nette du carbone en circulation, à l'opposé des combustibles fossiles qui, en brûlant, libèrent le carbone qu'ils stockent depuis des millions d'années. C'est pourquoi les biocarburants sont souvent considérés comme ayant un bilan nul en CO_2, donc ayant de plus faibles effets sur l'atmosphère que les combustibles fossiles.

Toutefois, l'établissement d'un bilan réaliste doit tenir compte des conditions nécessaires à la production des biocarburants. La culture du maïs exige notamment une consommation d'essence nécessaire au fonctionnement de la machinerie agricole. Combien d'énergie est consommée à chacune des étapes depuis l'ensemencement du maïs jusqu'à la pompe à essence ? Cette quantité d'énergie est difficile à calculer et fait toujours l'objet d'études et de débats.

> **culture +**
>
> ### SIR ARTHUR TANSLEY
>
> En 1935, Sir Arthur George Tansley, botaniste britannique qui fut l'un des fondateurs de la British Ecological Society, crée les termes *écosystème* et *biotope*. Il propose une équation qui reflète l'atteinte d'un équilibre malgré les transformations continuelles propres à la dynamique de tout écosystème :
>
> Écosystème = Biotope $\rightleftharpoons$ Biocénose

La valorisation et la conversion en énergie de la **biomasse rejetée** par l'industrie forestière ou agricole peuvent engendrer un gain net pour l'environnement et la lithosphère par la réduction de la quantité des déchets organiques enfouis. L'utilisation de la biomasse fraîche pour fabriquer des biocarburants présente certains points négatifs.

- La biomasse produite par l'agriculture industrielle demande beaucoup d'eau. Le captage excessif d'une source d'approvisionnement peut modifier la densité des populations dulcicoles et même terrestres qui en dépendent.

- Les monocultures comme celles du maïs et du colza sont exigeantes en engrais, dont l'utilisation peut perturber grandement les écosystèmes.

- La transformation de la biomasse agricole en biocarburants a d'importants effets sur les populations des pays en développement. La crise alimentaire provoquée par le détournement d'une partie de la production céréalière hors du secteur alimentaire résulte d'un effet de rareté qui fait augmenter les prix. Dans plusieurs pays, il y a pénurie de nourriture ; dans d'autres, bien que les denrées soient disponibles, leur coût est tout simplement trop élevé pour la population.

Sur le terrain

Le Complexe environnemental Saint-Michel

En 1989, le Complexe environnemental Saint-Michel (CESM) a été installé sur un important site d'enfouissement sanitaire, à Montréal. Près de 400 tuyaux perforés ont été installés afin de capter les gaz qui s'échappent de la masse imposante de détritus enfouis. Des compresseurs acheminent ces gaz vers une station de pompage par un réseau de conduites.

À l'origine, on éliminait ces gaz en les brûlant dans des torchères. Depuis 1996, ils sont récupérés. L'énergie chimique qu'ils contiennent est transformée en énergie thermique, puis électrique. Il s'agit là d'un bel exemple de recyclage chimique : des bactéries « digèrent » la matière organique et la font fermenter. Par ce processus, des déchets sont valorisés par leur transformation en ressources combustibles. Les torchères ne sont plus utilisées qu'en période d'entretien, quand la récupération du méthane est temporairement interrompue.

Le bilan de ce recyclage chimique est :

- la diminution d'une source de gaz à effet de serre, car le méthane capté et brûlé dégage du dioxyde de carbone, un gaz qui contribue moins à l'effet de serre,

- la création d'une énergie dite propre, sans rejet dans l'atmosphère,

- la réhabilitation de la surface terrestre autrefois occupée par la végétation,

- l'amélioration de la qualité de l'eau, de l'air et du sol,

- la diminution du volume des déchets,

- la diminution de la dépendance aux combustibles fossiles.

Un puits de captage

Des torchères

Figure 6
Les installations du Complexe environnemental Saint-Michel

Les répercussions de l'exploitation des combustibles fossiles

L'Occident a tout misé sur l'utilisation des combustibles fossiles, performants et en apparence inépuisables, mais très polluants et non renouvelables. La société de consommation est devenue société de surconsommation et l'utilisation accrue des combustibles fossiles a engendré une acidification des écosystèmes et menace la vie.

L'acidification des écosystèmes

La combustion du pétrole, du charbon et du gaz naturel répand dans l'air de nombreux polluants, dont le dioxyde souffre (SO_2) et les oxydes d'azote (NO et NO_2). Les activités industrielles polluantes (les fonderies, les centrales thermiques) et le transport routier se concentrent dans des zones industrielles qui deviennent des sources de pollution pour la planète entière.

En effet, les contaminants émis dans l'atmosphère (*voir les figures 7 et 8*) sont charriés par les vents dominants à des centaines ou à des milliers de kilomètres, par-delà les frontières politiques, puis retombent sous forme de précipitations acides. Voyons comment se produit ce phénomène.

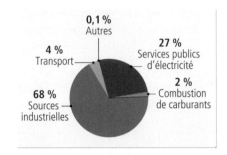

Figure 7
Les principales sources d'émissions de SO_2 au Canada (2000)

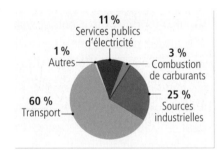

Figure 8
Les principales sources d'émissions de NO_x au Canada (2000)

FORMATION DE L'ACIDE SULFURIQUE

- Les combustibles fossiles contiennent des impuretés, dont le soufre. Quand on brûle le combustible, l'impureté aussi est brûlée.

$$S_{(s)} + O_{2(s)} \rightarrow SO_{2(g)}$$

- Le dioxyde de soufre (SO_2) obtenu est un gaz incolore, à odeur irritante et repoussante. Il s'oxyde dans l'atmosphère pour donner le trioxyde de soufre :

$$2\ SO_{2(g)} + O_{2(g)} \rightarrow 2\ SO_{3(g)}$$

- Ce dernier réagit rapidement avec l'eau contenue dans l'air pour former l'acide sulfurique.

$$SO_{3(g)} + H_2O_{(l)} \rightarrow H_2SO_{4(aq)}$$

- La dissolution de cet acide libère les ions hydrogène dont la concentration permet de mesurer l'acidité d'une solution :

$$H_2SO_{4(aq)} \rightarrow 2\ H^+_{(aq)} + SO_4{}^{2-}_{(aq)}$$

- La pluie ainsi acidifiée est une précipitation acide.

FORMATION DE L'ACIDE NITRIQUE

- Le monoxyde d'azote est un gaz incolore et inodore. En contact avec l'oxygène de l'air, il formera du dioxyde d'azote.

$$NO_{(g)} + O_{2(g)} \rightarrow NO_{3(g)}$$

$$NO_{3(g)} + NO_{(g)} \rightarrow 2\,NO_{2(g)}$$

- Le dioxyde d'azote est brunâtre, a une odeur irritante et est très toxique. Il réagit avec l'eau pour produire de l'acide nitrique.

$$3\,NO_{2(g)} + H_2O_{(l)} \rightarrow 2\,HNO_{3(aq)} + NO_{(g)}$$

- La dissolution de cet acide libère les ions hydrogène :

$$HNO_{3(aq)} \rightarrow H^+_{(aq)} + NO_3^-{}_{(aq)}$$

- La pluie ainsi acidifiée est une précipitation acide.

Ces réactions d'acidification se produisent sur la surface des particules solides présentes dans l'air, que l'on appelle aérosols. Le brouillard dépose ces aérosols au sol. C'est pourquoi il est plus juste de parler de **précipitations** et de **dépôts acides** déversés sur les forêts, les sols et dans les cours d'eau.

Dans certaines régions du Canada, la pluie peut être aussi acide que du vinaigre ou du jus de citron. Voyons-en les conséquences sur le sol, la forêt, les cours d'eau et leurs écosystèmes.

Les précipitations acides

Normalement, le pH de la pluie se situe entre 5,6 et 5,7. En 1974, à Pitlochry, en Écosse, on a mesuré des précipitations ayant un taux d'acidité qui atteignait presque celui du jus de citron, soit 1 000 fois plus élevé que la normale. Depuis la deuxième moitié du siècle dernier, l'utilisation massive de combustibles fossiles provoque l'acidification des précipitations.

◼ culture +

LA POLLUTION ET LA DYNAMIQUE DES ÉCOSYSTÈMES

Le phalène du bouleau, un papillon nocturne, existe sous deux variétés : le phalène de couleur claire et de couleur foncée. À la fin du XIXe siècle, la fumée des usines provoque d'importantes retombées de suie dans les zones fortement industrialisées d'Angleterre. On remarque alors que la population de phalènes de couleur claire diminue au profit de la population de couleur foncée. Sur des surfaces noircies par le dépôt de la suie, les insectes de couleur foncée ont plus de chance d'échapper à leurs prédateurs, les oiseaux. Les porteurs du gène « couleur foncée » sont donc avantagés. Un effet inattendu de la révolution industrielle…

À la fin du XXe siècle, les fumées des usines ne rejettent plus la suie noirâtre attribuable à la combustion du charbon. Des mesures d'assainissement de l'air et des changements technologiques ont fait de ce phénomène une chose du passé, et la population de phalènes de couleur claire a repris sa place.

Un phalène de couleur claire et un phalène de couleur foncée

Le sol acide

La rétention du calcium (Ca), du magnésium (Mg) et du potassium (K) dans le sol est essentielle au métabolisme des végétaux. Le végétal en a besoin pour croître normalement. Or, les précipitations acides remplacent ces minéraux par des ions hydrogène. Ces métaux sont alors lessivés par l'eau d'infiltration. Le végétal est ainsi privé de ses éléments nutritifs. De plus, l'augmentation de l'acidité dissout d'autres métaux, lourds ceux-là (l'aluminium et le manganèse) et les maintient en suspension dans l'eau. Ces métaux toxiques sont alors absorbés par les plantes et sont ainsi introduits dans le réseau alimentaire.

Les écosystèmes aquatiques et forestiers sont intoxiqués par un sol qui s'acidifie. Toutefois, tout n'est pas négatif dans l'acidification des sols, puisqu'un sol pauvre en azote profitera des nitrates provenant de l'acide nitrique. Ceux-ci deviendront des nutriments pour les végétaux.

L'acidification de l'écosystème forestier

Les **sols podzoliques** sur lesquels pousse la forêt boréale sont naturellement acides et pauvres en éléments nutritifs. La forêt boréale est donc vulnérable à une augmentation de l'acidité. Les arbres sont particulièrement sensibles au moment de la reproduction et de la germination. Chez l'arbre mature, la mince cuticule qui protège la feuille ou l'aiguille peut être détruite par l'acidité. La résistance au froid, à la sécheresse et aux micro-organismes s'en trouve fortement diminuée. La solution acide infiltrée détruit alors les cellules internes. La photosynthèse ne s'effectue plus, la feuille jaunit, puis tombe. L'écorce aussi est atteinte et l'arbre devient vulnérable aux insectes ravageurs et aux champignons.

De plus, l'augmentation de la concentration d'aluminium dans le sol retarde l'assimilation des éléments nutritifs, ce qui nuit à la croissance des racines et, par conséquent, à celle de l'organisme entier. L'acidification du milieu altère donc la productivité forestière. Il en résulte une réduction des ressources disponibles pour la faune terrestre et aérienne. Ce stress finit par influer négativement sur leur taux de reproduction.

Les effets de l'acidification varient selon la capacité naturelle du milieu à neutraliser cette acidité (*voir la figure 9*). Ce dernier aspect, très important, sera abordé dans la section 3.1.

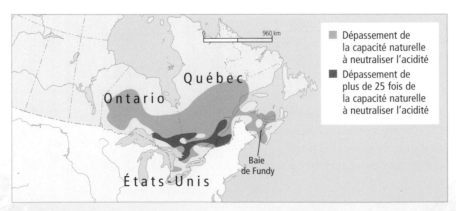

Figure 9
Les zones forestières acidifiées L'Est du pays enregistre les précipitations les plus acides de toute l'Amérique du Nord. Dans la baie de Fundy, on a mesuré à certains endroits des brouillards côtiers dont le pH était inférieur à 3.

L'acidification de l'écosystème aquatique

La faune aquatique subit directement les effets de l'acidification des lacs et des cours d'eau. Un lac se compose de quatre zones.

QUATRE ZONES D'UN LAC	
Le littoral	**La zone limnétique**
Zone peu profonde pénétrée par la lumière. Les plantes aquatiques s'y développent et peuvent abriter quelques poissons.	Zone au large pénétrée par la lumière. Le phytoplancton, en suspension, s'y développe. Le zooplancton s'en nourrit. Les poissons profitent de tout ce plancton.
La zone profonde	**La zone benthique**
Zone obscure qui abrite la majorité des poissons, qui remontent à l'occasion dans la zone limnétique pour se nourrir.	Zone du fond du lac où on trouve les bactéries, les champignons, les protozoaires, les vers, les invertébrés et les petits crustacés qui décomposent les cadavres qui s'y déposent.

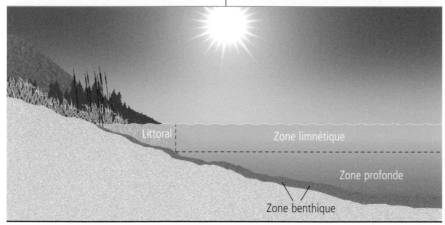

L'eau limpide révèle l'absence de vie dans la masse d'eau. Les populations de phytoplancton diminuent avec l'augmentation de l'acidité.

Un lac sain comprend une biomasse importante.

Figure 10
Un lac acidifié et un lac sain

Un lac sain et mature est un écosystème riche de l'ensemble des interactions entre ses vivants (les espèces fauniques, floristiques et planctoniques) et ses facteurs abiotiques (le substrat du fond, ou sol, le pH, la température, la lumière…). L'interdépendance entre ces éléments est telle qu'un changement, même léger, aura des conséquences multiples dans tout l'écosystème (*voir la figure 10*). Voyons l'évolution d'un lac qui accumule peu à peu des précipitations acides.

Les effets des précipitations acides sont d'abord imperceptibles, car la masse d'eau possède une capacité tampon, c'est-à-dire une capacité naturelle à neutraliser les acides. Une fois cette capacité épuisée, l'acidité augmente (le pH diminue).

EFFETS DE L'ACIDIFICATION SUR UNE MASSE D'EAU

Un pH entre 7,4 et 6,5

Le lac est **non acidifié** et il est doté d'une grande diversité d'espèces et d'une grande biomasse.

À partir d'un pH de 6,5

Les crustacés et les mollusques sont atteints : leur carapace ou leur coquille contient des composés du calcium qui commencent à se dissoudre.

Un pH de 6,0

Le lac est **en transition.** Des espèces commencent à disparaître : certaines variétés de plancton, de larves d'espèces aquatiques, de palourdes et d'écrevisses, de batraciens et d'insectes aquatiques (éphémères, demoiselles, libellules…) et d'invertébrés constituant une source de calcium pour les poissons.

Entre 6,0 et 5,5

Le lac connaît un **début d'acidification.** La capacité de reproduction des poissons diminue. Les mâles produisent moins de sperme, les femelles pondent moins et le taux de survie des œufs est faible. Les populations les moins tolérantes à l'acidité sont en décroissance (l'achigan à petite bouche, le doré, etc.). La survie de l'individu est menacée : l'acidité s'attaque à l'équilibre physiologique des poissons. Le manque de calcium affaiblit le squelette des jeunes en croissance et on observe des cas de malformations. Les métaux lourds s'introduisent dans l'organisme : l'aluminium fixé aux branchies rend la respiration difficile. La résistance à la maladie est amoindrie et la mort peut en résulter.

Toute la chaîne alimentaire est touchée, jusqu'aux oiseaux. Le huard, un organisme des maillons supérieurs, se nourrit de poissons et d'invertébrés. Les métaux lourds réduisent sa capacité de reproduction. De plus, deux parents huard auront du mal à récolter les poissons nécessaires pour nourrir leur petit.

Le nombre d'oiseaux et de mammifères qui se nourrissent des espèces aquatiques diminue. Une population entière peut disparaître. L'écosystème est déséquilibré.

Entre 5,5 et 5,0

Le lac est **en cours d'acidification.** Des espèces acidophiles prolifèrent : les sphaignes, qui contribuent à garder le milieu très acide, les plantes benthiques et les mousses abondent, tout comme les larves de simulies (mouche noire). Le brochet disparaît. La carpe, la barbotte et la perche en profiteront pour se développer, mais à une valeur de pH de 5,3, elles disparaîtront à leur tour.

pH < 5,0

Le lac est considéré comme **acide.** Sa capacité de neutraliser l'acidité est maintenant nulle.

Les chaînes trophiques sont appauvries : il ne reste qu'une chaîne alimentaire simple et dominée par de gros insectes prédateurs.

pH < 4,5

Le lac est **mort.** Au fond du lac, les matières en décomposition se sont accumulées : dans les parties les moins profondes du lac, les décomposeurs ont été remplacés par les mousses et les champignons. Au fil du temps, la sphaigne envahit le milieu et le lac devient petit à petit une tourbière. Les animaux terrestres et les oiseaux aquatiques qui dépendent des organismes aquatiques pour se nourrir doivent trouver un autre habitat.

Une fuite mortelle

Les 5 et 6 juin 1982, une fuite dans un réservoir d'acide sulfurique de Mines Gaspé déverse 3 600 t de H_2SO_4 dans un ruisseau en amont de la rivière York, un important cours d'eau pour le saumon. Le 14 juin, la valeur du pH du ruisseau se situe entre 2 et 2,5. Les saumons adultes engagés dans la rivière détectent le produit mortel et rebroussent chemin vers la mer. Un chaulage intensif d'urgence est réalisé du 12 juin au 7 juillet pour contrôler la situation.

Depuis plusieurs décennies, le problème de l'acidification est connu et documenté (*voir la figure 11*). Les années 1980 voient le début de grandes réflexions et d'actions par rapport au sujet. En 1985, le Canada s'engageait à réduire de 40 % ses émissions de SO_2 par rapport à 1980 : l'objectif fut atteint moins de 10 ans plus tard. Les gouvernements fédéral, provinciaux et territoriaux du Canada se sont mobilisés. Aujourd'hui, les émissions de SO_2 ont diminué par rapport à 1980, mais des précipitations acides continuent encore à tomber sur le territoire.

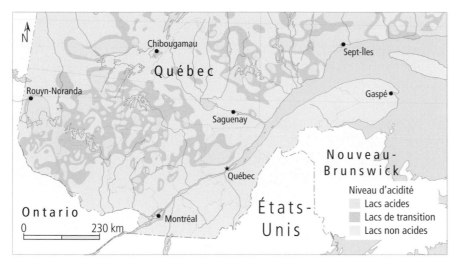

Figure 11
Le niveau d'acidité des lacs du Québec Les lacs acides (pH ≤ 5,5) et les lacs de transition (dont le pH compris entre 5,5 et 6) sont surtout localisés dans le sud-ouest du Québec et sur la Côte-Nord.

Les autres risques liés à l'exploitation et au transport des combustibles fossiles

Aux effets néfastes de l'utilisation des combustibles fossiles s'ajoutent les risques environnementaux provoqués par leur exploitation et leur transport.

- Compaction du sol sur les zones d'exploitation pétrolière.

- Accumulation des boues de forage.

- Utilisation d'herbicides qui tuent les producteurs dans les zones d'exploitation.

- Déversements accidentels ou non (fuite des puits de forage, bris d'oléoduc, avaries de camions-citernes, de pétroliers ou de trains, déversement dans les égouts ou en mer).

Le coup de grisou

Le grisou est un gaz principalement constitué de méthane. Dans une mine, sa combustion soudaine (le coup de grisou) survient à une certaine concentration et quand la température ambiante est suffisamment élevée. De simples étincelles déclenchent l'explosion. Le dégagement de chaleur crée alors une dilatation de l'air qui produit une onde de pression. Les tunnels peuvent s'effondrer et provoquer de nombreuses morts.

Les marées noires

Il arrive qu'un accident maritime entraîne un déversement massif de pétrole dans l'océan, ce qui provoque sur les côtes une marée noire. Ce type de déversement accidentel ne représente toutefois que 10 % des déversements liés au transport maritime. Les vidanges clandestines (le nettoyage des réservoirs), les fuites provenant des plateformes pétrolières ou même de la destruction des installations pétrolières par un ouragan sont responsables de 90 % des déversements de pétrole dans les milieux marins.

Le milieu marin

Un déversement de pétrole altère grandement le milieu marin (*voir la figure 12*). Une mince pellicule de pétrole déposée sur l'eau empêche les échanges gazeux entre l'eau et l'air et diminue la pénétration de la lumière sous la surface. Il s'ensuit un appauvrissement de la productivité primaire, fruit de la photosynthèse effectuée par le phytoplancton. Le début de la chaîne alimentaire est donc perturbé.

La faune marine (bigorneaux, coques, couteaux, patelles, crabes, etc.) est rapidement intoxiquée par le pétrole. Elle risque également l'asphyxie. Les poissons, dont les branchies absorbent des gouttelettes de pétrole, peuvent mourir par manque d'oxygène.

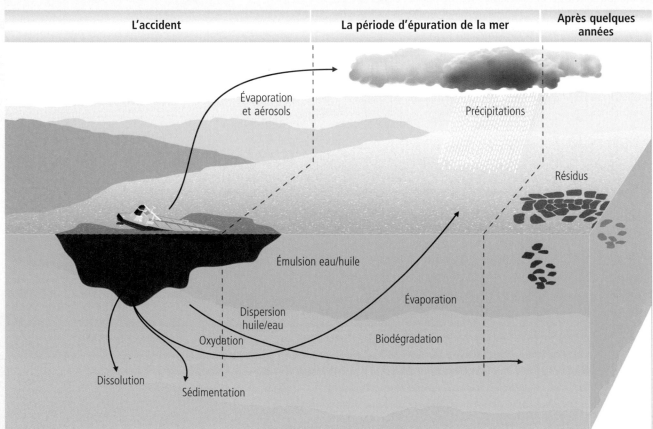

Figure 12
Les conséquences d'une marée noire

Les oiseaux plongeurs mis en contact avec de l'eau de mer souillée par le pétrole perdent la couche protectrice de graisse qui enduit leur plumage et, par conséquent, leur capacité de se protéger des variations de température (*voir la figure 13*). L'air normalement emprisonné entre leurs plumes est remplacé par du pétrole : la flottabilité des oiseaux diminue, leur masse augmente et ils se noient, épuisés par l'effort fourni pour se maintenir à la surface. Certains s'intoxiquent en ingérant du pétrole. Des œufs contaminés produiront des embryons malformés. Une population peut être ainsi décimée par une marée noire.

Les vagues agitent et mélangent le pétrole à l'eau salée. Il en résulte une émulsion qui est transportée par les courants ou des particules qui se sédimentent au fond de l'océan, sur le benthos.

Figure 13
Un oiseau marin victime d'une marée noire

Les zones côtières, les estuaires et les milieux terrestres

Les embruns chargés de particules de pétrole sont soufflés par le vent vers les milieux littoraux. Les écosystèmes touchés verront leurs chaînes alimentaires atteintes. Dans les estuaires, les algues enduites de pétrole s'alourdissent et peuvent se déchirer sous la force des vagues. Quant aux côtes, elles seront souillées par le pétrole qui s'y dépose. Le nettoyage et le stockage des résidus (un mélange de pétrole, de sable et de végétaux) peuvent exiger le passage d'une machinerie lourde et l'installation de sites de stockage. La flore et la faune terrestre locale subiront les effets de la compaction du sol et la détérioration des milieux.

Les mesures à prendre

Après une catastrophe, l'efficacité de l'intervention dépend de sa rapidité. Il faut faire vite sinon les vents et les marées aggraveront le problème, et la zone touchée s'étendra. Des experts doivent évaluer rapidement l'étendue de la nappe de pétrole et son trajet possible. Le nettoyage s'opère avec des outils divers : on utilise des pelles et des brosses, mais, lorsqu'elles ne suffisent pas à la tâche, on recourt à des toiles hydrophobes très absorbantes qui se gorgent d'hydrocarbures. On peut également pomper la nappe de pétrole à partir de navires. Le sable et le gravier enduits de pétrole doivent être ramassés, entreposés, puis traités. On pourra recourir à des bactéries capables de dégrader des hydrocarbures ou encore on pulvérisera des solvants à hydrocarbures.

Les répercussions de l'exploitation de l'énergie nucléaire

L'exploitation de l'énergie nucléaire est une solution qui a été adoptée par plusieurs pays à la recherche de sources d'énergie capables de répondre aux besoins grandissants des sociétés modernes. Toutefois, certaines de ses caractéristiques présentent des inconvénients pour les écosystèmes.

Les centrales nucléaires et les sites d'enfouissement des déchets radioactifs sont très sécuritaires. Toutefois, même si la probabilité est très faible, une fuite pourrait se produire. Les vents pourraient alors transporter les poussières radioactives sur de très grandes distances. De fortes doses de radioactivité provoquent des troubles sanguins, des brûlures, des malformations à la naissance, le cancer, et la mort. Un inconvénient plus fréquent est la pollution thermique causée par les effluents des centrales nucléaires.

La pollution thermique

De façon générale, la pollution thermique est associée à une variation de température (un réchauffement ou un refroidissement) qui perturbe l'équilibre d'un écosystème. Elle est causée par des rejets provenant des industries qui utilisent l'eau afin de refroidir les équipements utilisés au cours d'une ou de plusieurs étapes de leur production (*voir la figure 14*).

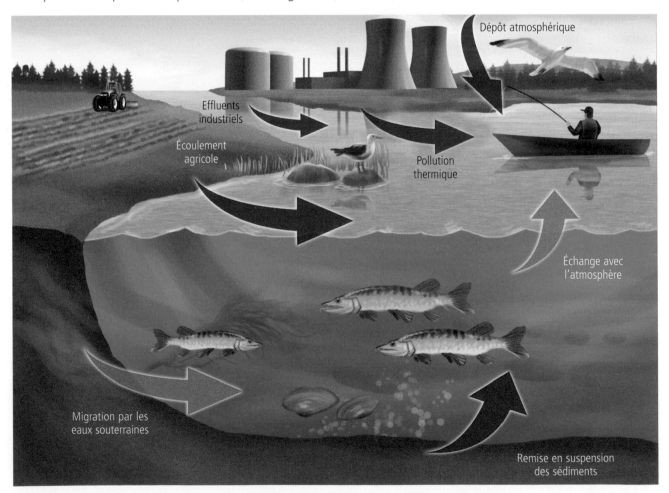

Figure 14

L'écosystème aquatique La pollution thermique est une des nombreuses pollutions que subit l'écosystème aquatique.

Les eaux utilisées pour refroidir les équipements et ensuite rejetées par les centrales nucléaires sont plus chaudes que les eaux du milieu dans lequel elles se déversent. Une pollution dite thermique influera alors sur la productivité biologique de l'écosystème car toute variation de température modifie le métabolisme d'un organisme.

Dans un premier temps, l'écosystème aquatique subit un réchauffement et voit sa productivité biologique augmenter. Le métabolisme augmente en conséquence, ainsi que la demande en oxygène. Les algues et les bactéries prolifèrent, et davantage de matière organique se dépose au fond du lac pour y être décomposée. Le benthos (l'ensemble des organismes vivant au fond de l'eau) risque alors d'être éliminé peu à peu au profit des décomposeurs.

> Augmentation de la $T°$ $\rightarrow$ **Augmentation de la consommation d'oxygène par le vivant**

Puisque la solubilité de l'oxygène diminue avec la température (*voir l'info +*), la concentration d'oxygène dissous est réduite. Les populations des espèces de poissons les plus exigeantes en oxygène sont désavantagées au profit d'espèces moins exigeantes.

> Augmentation de la $T°$ $\rightarrow$ **Diminution du O_2 dissous dans l'eau**
> $\rightarrow$ **Les espèces moins exigeantes en oxygène sont avantagées.**

Le poisson est un animal à sang froid, c'est-à-dire que la température de son corps et son métabolisme varient avec la température de son environnement. On distingue trois groupes de poissons selon la température optimale de leur milieu de vie, c'est-à-dire celle qui est la plus favorable à leur développement :

- les espèces d'eau froide ;
- les espèces d'eau tempérée ;
- les espèces d'eau chaude.

Une espèce s'ajustera tant que les écarts seront acceptables. Quand ils deviendront trop grands, d'autres espèces viendront la remplacer. C'est pourquoi l'élévation de la température d'un cours d'eau qui reçoit les effluents d'une centrale nucléaire ne doit pas dépasser quelques degrés Celsius. Un contrôle strict de l'élévation de température est de mise. Au Québec, nous possédons une seule centrale nucléaire, la centrale Gentilly-2 située à Bécancour. Ailleurs, en France, par exemple, le nucléaire occupe une place presque aussi importante comme source de production d'électricité que l'hydroélectricité au Québec.

Dans un deuxième temps, lorsque la température du milieu continue d'augmenter au point de dépasser les limites de tolérance d'un organisme ou d'une espèce, il se produit plutôt un ralentissement du métabolisme, ainsi qu'une baisse de la reproduction et de la résistance. Ces conditions peuvent entraîner la mort de l'individu ou la disparition de l'espèce.

LA TEMPÉRATURE DE L'EAU

La solubilité de la plupart des gaz augmente lorsque la température baisse. Ainsi, il y a davantage de CO_2 dans une bouteille de boisson gazeuse froide que dans la même bouteille à la température ambiante.

De même, un lac dont l'eau est froide contient davantage d'oxygène que celui dont l'eau est chaude.

Les répercussions de l'exploitation de l'énergie hydroélectrique

La construction des infrastructures nécessaires au développement de l'énergie hydroélectrique crée des pressions sur les écosystèmes. Ces pressions sont particulièrement fortes au moment de :

- la création d'un barrage et d'un réservoir ;
- l'érection des lignes de transmission entre ces réservoirs situés principalement au nord de la province et les utilisateurs majoritairement localisés au sud de la province.

La création d'un barrage et d'un réservoir

La création d'un réservoir inonde de vastes territoires et peut détourner des cours d'eau et modifier leur régime naturel. En conséquence :

- les habitats fauniques, aquatiques et terrestres sont altérés ou détruits ;
- les modifications rapides du régime des cours d'eau créent un stress sur les vivants.

Au moment de la construction du Complexe hydroélectrique La Grande, par exemple, on a dérivé trois rivières vers le bassin versant de la Grande Rivière et provoqué l'inondation d'environ 11 000 km² de forêt boréale. À la suite de la mise en eau des réservoirs, des populations de rats musqués, de loutres, de castors et de visons ont eu à se déplacer. Comme le montre cet exemple :

- les populations fauniques et floristiques sont condamnées à migrer ou à disparaître ;
- la dynamique des écosystèmes aquatiques et terrestres est perturbée.

La superficie du territoire du caribou, par exemple, se trouve réduite par la création des réservoirs. Toutefois, les nouvelles îles du réservoir permettront la constitution d'une réserve de lichen, une source alimentaire majeure pour le caribou. Comme beaucoup d'incendies de forêt se produisent dans ces régions et que le lichen en est très touché, ces îlots à l'abri du feu pourront nourrir le caribou lorsque la surface du réservoir sera gelée, leur donnant ainsi accès à ce lichen insulaire.

Toute la matière végétale qui se retrouve sous le niveau de l'eau se décompose. Les décomposeurs à l'œuvre consomment de l'oxygène. Le milieu offre alors moins d'oxygène aux autres formes de vie et le niveau de CO_2 augmente. En contrepartie, le lessivage des sols inondés libère du phosphore, ce qui favorise la croissance des végétaux aquatiques. Ces exemples montrent que :

- certaines espèces végétales ou animales peuvent profiter des changements.

Le mercure, un métal présent naturellement dans les parties molles des végétaux (feuilles) et dans l'humus, est libéré au moment de la décomposition de la matière végétale. Ce mercure peut ensuite être transformé en méthylmercure, une substance très toxique pour les vivants.

La libération d'une quantité anormalement élevée de mercure peut s'étendre jusqu'à 10 ans après la création du réservoir. Par la suite, cette quantité diminuera peu à peu durant près de 30 ans pour revenir à la teneur normale pour un lac. Ainsi :

- il y a risque de contamination ;
- le milieu peut éliminer la contamination sur une longue période de temps.

En amont d'un barrage, la sédimentation s'accroît et la température de l'eau augmente. Le climat local est adouci par la masse d'eau, qui accumule de la chaleur en été et la retourne dans l'atmosphère durant l'hiver. Des populations animales et végétales seront favorisées ou défavorisées par ce changement climatique (*voir la figure 15*).

Là où il y avait une rivière et des espèces de poissons d'eau vive telle que la truite mouchetée, il y a maintenant un lac et des espèces lacustres (le doré, le meunier, le corégone, le brochet). Les nouvelles populations se densifient peu à peu et la productivité biologique se rétablit. En aval du barrage, la zone de turbulence créée par l'évacuation de l'eau la réoxygène et la refroidit. Ainsi, on observe :

- un changement des facteurs abiotiques, dont le climat local ;
- un nouvel équilibre, après quelques décennies : des espèces disparaissent, d'autres s'imposent.

De plus, un barrage pose un obstacle à la migration de certaines espèces comme le saumon et l'anguille (*voir l'info +*).

info +

LE LONG VOYAGE DES ANGUILLES

Les anguilles se reproduisent dans la mer des Sargasses. Les larves, incapables de nager, dérivent avec les courants océaniques, pendant près de un an et demi, jusque dans le golfe du Saint-Laurent. En eau douce, la larve devient une civelle et entreprend une nage active dans les tributaires du Saint-Laurent, jusqu'au lac Ontario. À maturité, l'anguille adulte nage jusqu'en mer des Sargasses pour se reproduire avant de mourir.

À certains endroits, sa route migratoire peut être entravée par des ouvrages d'origine humaine. La passe migratoire est alors une façon de lui permettre de contourner ces obstacles.

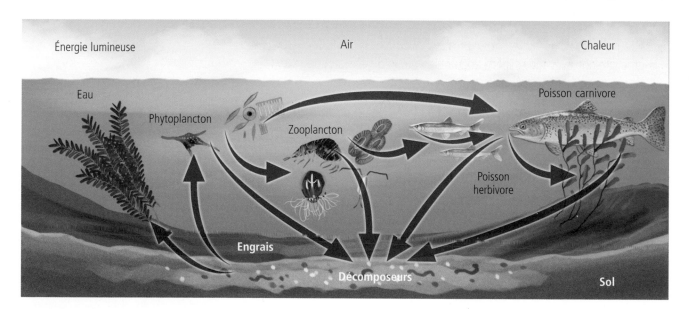

Figure 15
Un écosystème aquatique défini par son réseau trophique dépend de facteurs abiotiques

Le saumon se reproduit en eau douce et passe la majeure partie de son existence en mer, où il accumulera jusqu'à 95 % de sa biomasse. À maturité, le poisson revient en eau douce et remonte sa rivière natale pour se reproduire. Une échelle de montaison (*voir la figure 16*) peut lui redonner accès à son lieu de ponte.

L'anguille, qui ne remonte pas le courant de la même façon que le saumon qui bondit hors de l'eau, peut se déplacer par reptation hors de l'eau car elle respire par la peau, en autant que celle-ci reste humide. Une voie risquée ! La passe à anguilles est plus susceptible d'assurer sa survie.

Aux impacts environnementaux de la construction de barrages s'ajoutent des impacts sociaux : le mode de vie des Amérindiens est perturbé par les contacts plus fréquents avec les populations du Sud. L'échange culturel influe davantage sur le mode de vie des populations du Nord que sur celui des populations du Sud. Le risque de disparition des traditions amérindiennes est réel.

Figure 16
Une échelle de montaison

La construction des lignes de transmission

Le déboisement effectué sur des centaines de kilomètres pour l'installation des lignes de transmission et pour leur entretien périodique détruit nombre d'habitats terrestres. Le sol est compacté par la machinerie lourde, ce qui diminue l'infiltration de l'eau, accentue le ruissellement sur le sol et favorise l'érosion. Les zones déboisées créent un obstacle à la circulation de plusieurs espèces de petits mammifères qui deviennent vulnérables lorsqu'ils sont à découvert. En hiver, la neige s'y accumule et nuit au déplacement des cerfs. La dynamique des écosystèmes terrestres est perturbée.

Des études environnementales précèdent les travaux liés de construction des barrages et des lignes de transmission, et des suivis évaluent le succès des aménagements destinés à compenser les dérangements ou les pertes subies par la flore et la faune. Ces aménagements peuvent être :

- la création de passes migratoires et de frayères ;
- le reboisement avec une espèce adaptée au sol et au climat ;
- la création d'aménagements fauniques pour la sauvagine ;
- la pose d'avertisseurs visuels (des spirales de balisage) pour dissuader les oiseaux – pygargues à tête blanche, grands hérons et canards – de s'installer sur les lignes électriques de transmission.

L'automobile, l'effet de serre, les précipitations acides et le smog

Le smog urbain, une brume sèche et jaunâtre, diminue la visibilité et la qualité de l'air urbain. Le terme smog est un mot valise formé de deux mots anglais : *smoke* (fumée) et *fog* (brouillard). Le smog est constitué principalement d'ozone troposphérique (O_3) et de fines matières particulaires : sulfates, nitrates, sable, poussière, substances chimiques organiques et métaux. Les sulfates et les nitrates sont libérés par l'utilisation des combustibles fossiles. En raison de son abondance, le pétrole est devenu la source d'énergie la plus importante du monde. La technologie de l'automobile s'est développée autour de cette ressource et est aujourd'hui la principale cause du smog (*voir la figure 18*).

Le couloir allant de la ville de Windsor jusqu'à la ville de Québec est touché par ce phénomène. Les particules en suspension dans l'air sont transportées par les vents sur de longues distances, depuis le sud de l'Ontario et le centre des États-Unis jusqu'à nous.

Au Québec, la principale source locale d'émission de résidus sulfurés ou d'oxydes d'azote (cause du smog et des précipitations acides) et de dioxyde de carbone (gaz à effet de serre) est le moteur à essence. Le secteur des transports est responsable de 38 % des émissions de GES. En 2001, le Québec a rejeté 90 millions de tonnes de GES, ce qui correspond à 12 t par Québécois.

Pour diminuer sa consommation d'essence, le consommateur doit :

- choisir le type de véhicule qui correspond vraiment à ses besoins ;
- s'interroger sur la nécessité d'utiliser le transport individuel plutôt que le transport en commun.

Pour réduire la consommation d'essence, les constructeurs d'automobiles doivent :

- utiliser des matériaux plus légers (aluminium, magnésium, plastique) ;
- diminuer les frottements divers ;
- améliorer l'aérodynamisme de la carrosserie.

Figure 18
Le smog sur la ville de Montréal
Le taux de mortalité chez les personnes les plus vulnérables, âgées ou asthmatiques, augmente durant une période de smog intense.

Diagnostic

SECTION **2.1** **Les répercussions de l'exploitation de la biomasse**

1 Expliquez pourquoi on peut donner le nom d'écosystème à la fois à un tronc d'arbre en décomposition et à une forêt entière.

2 Nommez un avantage et un inconvénient liés à l'utilisation de la biomasse comme source d'énergie pour un écosystème local.

SECTION **2.2** **Les répercussions de l'exploitation des combustibles fossiles**

3 Répondez aux questions suivantes:

a) Écrivez l'équation chimique qui traduit la phrase suivante:

> Le soufre, une impureté, brûle.

b) Nommez le produit de la réaction chimique décrite à la question précédente.

c) Écrivez les deux réactions chimiques qui représentent la formation d'acides sur les aérosols, à la suite de la combustion du soufre.

d) Quel est le rôle des particules solides présentes dans l'air en ce qui concerne la formation des précipitations acides?

4 Quelle est la valeur du pH d'une pluie dite acide?

5 Expliquez pourquoi la vallée du Saint-Laurent reçoit beaucoup de précipitations acides.

6 Résumez la formation des pluies acides en quatre étapes.

7 Expliquez comment les précipitations acides peuvent rendre un arbre vulnérable.

8 Décrivez le rôle de la cuticule de la feuille.

9 En vous inspirant du schéma ci-dessous et de vos connaissances, rédigez un court texte qui met en lumière les liens entre notre demande accrue d'énergie et ses conséquences sur la forêt.

Utilisez, entre autres, les expressions suivantes:
- demande accrue d'énergie;
- l'arbre un organisme vivant;
- précipitations acides;
- désertification;
- bilan du carbone.

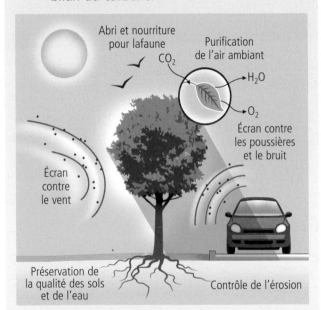

10 Répondez aux questions suivantes.

a) Tracez le schéma du profil d'un lac et indiquez-y les quatre zones qui le constituent.

b) Quels organismes forment le benthos?

c) Décrivez le rôle du benthos dans la chaîne alimentaire.

d) Quel est l'effet de l'acidité sur le benthos?

11 Expliquez pourquoi l'eau d'un lac acide est particulièrement limpide.

12 Expliquez comment:

a) un poisson est touché par l'acidification d'un lac;

b) un oiseau comme le huard est affecté par l'acidification du milieu.

13 Décrivez comment la santé des humains est altérée par l'acidification d'un lac.

14 Comment la marée noire perturbe-t-elle l'écosystème du fond marin?

15 Pourquoi faut-il agir rapidement après un déversement de pétrole?

16 Quelle est la principale cause du déversement de produits pétroliers?

SECTION **2.3** **Les répercussions de l'exploitation de l'énergie nucléaire**

17 Quel est l'effet le plus immédiat du fonctionnement d'une centrale nucléaire sur les écosystèmes environnants?

18 Quel est l'effet d'un réchauffement sur la productivité biologique d'un lac?

19 Du point de vue écologique, quelle est la principale raison justifiant l'utilisation du nucléaire?

20 Comment le réchauffement de l'eau peut-il entraîner une eutrophisation?

SECTION **2.4** **Les répercussions de l'exploitation de l'énergie hydroélectrique**

21 Au moment de la mise en eau d'un réservoir:

a) Quelles sont les répercussions négatives subies par l'écosystème aquatique?

b) Quelles sont les répercussions négatives subies par l'écosystème terrestre?

22 Nommez deux inconvénients résultant de la construction d'un barrage pour les espèces aquatiques.

23 Expliquez comment une inondation provoque la libération de quantités anormales de mercure dans l'environnement.

24 Nommez quelques inconvénients de l'installation de lignes de transmission pour les espèces terrestres.

25 Pour diminuer la consommation d'essence, les fabricants d'automobiles passent de l'acier, dont la masse volumique est 7,8 g/cm^3, à l'aluminium, dont la masse volumique est de 2,7 g/cm^3.

a) Quel est le lien entre la consommation d'essence et la masse du véhicule?

b) Calculez le pourcentage de la réduction de la masse pour un ensemble de 80 kg de pièces métalliques fabriquées en aluminium plutôt qu'en acier.

c) Calculez la masse d'aluminium qui remplacera les 80 kg de pièces en acier.

option

3> LES LIMITES ADAPTATIVES DE L'ENVIRONNEMENT

Il n'existe aucune source énergétique qui soit parfaitement inoffensive pour l'environnement. Quand les besoins en énergie s'accroissent, les ressources énergétiques sont de plus en plus convoitées et exploitées et leur utilisation laisse une « empreinte » sur l'environnement. Celui-ci possède une capacité naturelle d'adaptation – appelée *capacité tampon* du milieu – , mais cette capacité est limitée. Lorsque cette limite est dépassée, il s'ensuit une dégradation et même une destruction de l'écosystème.

option

3.1 La capacité tampon

Les précipitations acides libèrent des ions H+ en abondance. La valeur du pH d'un milieu soumis à ces précipitations pourrait décroître. La capacité tampon du milieu est la capacité de maintenir un pH de valeur constante malgré cet apport acide, et ce, grâce à l'absorption des ions H+.

Dans le sol

Un sol composé principalement de roche calcaire (*voir la figure 19*) possède naturellement une bonne capacité de neutralisation des précipitations acides : le calcaire est formé de carbonate de calcium ($CaCO_3$), un sel qui se comporte comme un alcalin en ce qu'il peut neutraliser l'acidité.

Figure 19
Du calcaire

Les précipitations acides

- Les précipitations acides (un acide en présence d'eau) libèrent des ions H+ en abondance.

- La valeur du pH d'un milieu soumis à ces précipitations pourrait ainsi décroître.

$$H_2SO_{4(aq)} \longrightarrow 2\ H^+_{(aq)} + SO_4^{2-}_{(aq)}$$

- En présence du sel alcalin, les ions H+ sont neutralisés.

$$2\ H^+_{(aq)} + SO_4^{2-}_{(aq)} + CaCO_{3(s)} \longrightarrow SO_4^{2-}_{(aq)} + Ca^{2+}_{(aq)} + H_2O_{(l)} + CO_{2(g)}$$

Certains sols ont une faible capacité tampon. Les sols du Bouclier canadien (le centre de l'Ontario, l'est du Québec et les provinces de l'Atlantique) sont minces et composés principalement de granit, de quartzite, de gneiss et d'autres roches métamorphiques (*voir la figure 20*). Ces sols sont plus sensibles à l'acidification car leur réserve de carbonate est faible.

Dans l'eau

De la même manière que le sol, un cours d'eau ou un lac peut naturellement neutraliser un apport acide et maintenir un pH stable grâce :

- à la présence de carbonates (CO_3^{2-}) et d'hydrogénocarbonates (HCO_3^-), des ions polyatomiques ayant la capacité de tamponner les ions H^+ provenant des pluies acides ;

- au remplacement d'un atome de métal, composant une particule solide, par un ion hydrogène. Les ions H^+, responsables de l'acidité, sont ainsi neutralisés. Par contre, un métal, souvent toxique, est libéré.

La charge critique

Au-delà d'une certaine quantité d'apport acide, appelée **charge critique,** la réserve de carbonate disponible dans l'eau ou le sol est épuisée et la capacité tampon est dépassée. L'écosystème commence à s'acidifier, le pH décroît lentement et des changements importants apparaissent. Cette charge critique varie d'une région à l'autre, selon la nature du sol ou la composition de l'eau (*voir la figure 21*).

Les problèmes causés par les précipitations acides sont connus depuis les années 1960. Ce n'est toutefois que vers 1980 que des recherches ont été entreprises par le Service canadien de la faune (SCF) pour tenter de dégager scientifiquement les incidences des précipitations acides. Il en est résulté des ententes gouvernementales qui ont prescrit la réduction des émissions responsables des précipitations acides et le respect des charges critiques.

Les charges critiques

Dans les écosystèmes terrestres et aquatiques :

– 20 kg de sulfates par hectare et par année dans les régions les plus tolérantes ;
– 8 kg par hectare et par année dans les régions les plus sensibles.

L'acidification est réversible sur le plan physicochimique par une diminution des apports acides et une neutralisation. Mais, sur le plan biologique, une forte acidification entraîne l'élimination de certaines espèces d'un milieu : la structure et la composition des communautés en sont perturbées. Au mieux, lorsque le milieu sera à nouveau viable, un nouvel écosystème avec de nouvelles espèces mettra des décennies à se développer. Au pire, une espèce rare aura définitivement disparu de la surface de la Terre.

Granit

Quartzite

Gneiss

Figure 20
Les roches qui constituent principalement le Bouclier canadien

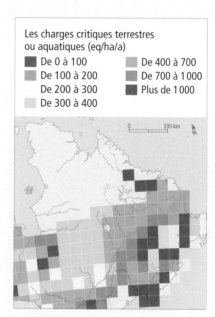

Les charges critiques terrestres ou aquatiques (eq/ha/a)

- De 0 à 100
- De 100 à 200
- De 200 à 300
- De 300 à 400
- De 400 à 700
- De 700 à 1 000
- Plus de 1 000

0   335 km

Figure 21
Les charges critiques
Cette carte illustre la charge d'acidité – en équivalent par hectare et par an (éq/ha/an) – que l'écosystème d'une région peut recevoir sans subir de dégradations.

3.2 L'empreinte écologique

L'**empreinte écologique** est une notion mise au point à l'Université de Colombie-Britannique à la fin du XXe siècle. En 1996, William E. Rees et Mathis Wackernagel, spécialistes canadiens en planification urbaine, ont eu l'idée de mesurer la charge imposée à la nature par une population humaine donnée. À l'aide de calculs complexes, ils ont évalué la surface de territoire (en hectares de forêt, de terre agricole, de site d'enfouissement) nécessaire pour répondre aux besoins d'une population urbaine : alimentation, logement, production de biens de consommation, transport, énergie et traitement des déchets. Ils ont déterminé que les besoins de la population du Lower Mainland, un secteur peuplé de la Colombie-Britannique, exigeaient à cette époque l'exploitation d'une étendue 19 fois plus grande que celle réellement occupée par la communauté.

L'empreinte écologique
Calculer l'empreinte écologique consiste à estimer la surface planétaire nécessaire à la production exigée pour satisfaire les besoins d'un mode de vie donné.

Ce calcul d'une valeur moyenne correspond à une **surface bioproductive équivalente** (en hectares), c'est-à-dire à une portion de la surface disponible de la planète constituée de forêts, de terres cultivées, de pâturages, de zones côtières océaniques, d'eau douce, de ressources océaniques. Par exemple, la production du jus d'orange utilise des ressources tirées de différents écosystèmes de la planète. Le calcul de la surface bioproductive équivalente comprend des portions d'écosystèmes utilisés pour :

- la culture des oranges ;

- l'extraction de l'eau pour l'arrosage des cultures, du pétrole pour le fonctionnement des moteurs à essence, des métaux pour la construction du camion, la récolte d'arbres pour la fabrication du carton de l'emballage, etc. ;

- l'emplacement des entrepôts et des magasins nécessaires pour la fabrication, la distribution et la vente du jus d'orange, ainsi que l'espace occupé par les routes permettant le transport du produit ;

- la création de sites destinés au recyclage ou à l'élimination des déchets résultant de la production de ce jus d'orange.

Le calcul évalue aussi la portion équivalente de la surface planétaire atteinte par la libération des engrais dans les écosystèmes, l'émission du CO_2 par les moyens de transport, etc.

Les besoins associés à un mode de vie sont regroupés en grandes catégories : alimentation, eau, énergie, transport, logement, production de biens de consommation et traitement des déchets.

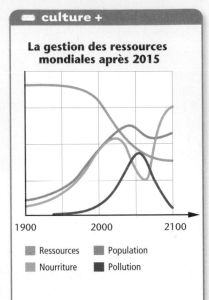

La gestion des ressources mondiales après 2015

1900   2000   2100

◼ Ressources ◼ Population
◼ Nourriture ◼ Pollution

LE PRONOSTIC DU CLUB DE ROME

Le Club de Rome est un organisme non gouvernemental (ONG) qui rassemble des scientifiques, économistes, gens d'affaires, politiciens provenant de cinq continents pour discuter des problèmes planétaires et de l'avenir de l'humanité. Il doit son nom au lieu de sa première réunion. Cette association ne fait pas l'unanimité parmi la communauté des penseurs internationaux : accusée parfois de pessimisme exagéré, l'association a déposé plusieurs rapports depuis sa fondation en 1968. L'un d'eux prévoit l'effondrement des ressources.

L'empreinte écologique permet de comparer un mode de vie avec un autre (*voir la figure 22*).

D'après la surface productive (terrestre ou océanique) de la planète et selon la population mondiale évaluée en 2007, la Terre offre une surface productive disponible de 1,8 hectare par être humain (1 ha = 10 000 m² = 100 m × 100 m). Si la population continue de s'accroître selon le rythme actuel, 10 milliards d'individus auront chacun à leur disposition, en 2030, une surface bioproductive de 1,1 ha, et ce, à condition que les terres cultivables ne se soient pas dégradées au point de ne plus être productives.

Pour satisfaire nos besoins, nous exploitons des ressources dont les réserves sont limitées (combustibles, eau…). La couche d'humus, source de la fertilité des sols, a mis des milliers d'années à se constituer. Les biomes forestiers qui recyclent les surplus de gaz carbonique ont mis des centaines d'années à atteindre leur maturité. L'équilibre et la biodiversité des océans sont aussi le résultat d'un long processus.

Présentement, nos habitudes de consommation provoquent la contamination ou la destruction d'écosystèmes fertiles. Nous nous dirigeons vers la faillite à moins de revoir notre façon d'utiliser et de partager nos ressources planétaires : quelles sources d'énergie devrions-nous privilégier ? Comment limiter notre consommation énergétique pour assurer la pérennité de notre monde ? Comment réduire notre empreinte écologique ?

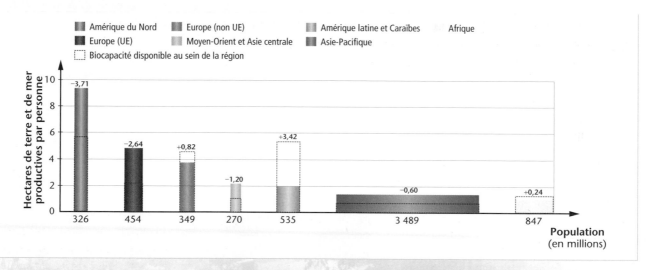

Figure 22
L'empreinte écologique et la biocapacité par région Ces données proviennent d'une étude effectuée en 2003 par le Fonds mondial pour la nature (World Wildlife Fund-WWF).

Des concepts liés avec l'empreinte écologique

La **capacité de support du milieu** est le seuil au-delà duquel l'équilibre d'un milieu est altéré de façon permanente. L'aménagement d'un élevage dans un espace naturel, par exemple, doit tenir compte de la surface disponible et du nombre maximal d'animaux qu'elle peut supporter. Un trop grand nombre de bêtes épuisera le territoire, dont la productivité primaire (la végétation qui sert de pâturage) ne pourra répondre à la demande en matière et en énergie. C'est ainsi que le surpâturage est voué à l'échec.

Dans un milieu naturel où l'être humain n'intervient pas, les animaux occupent un territoire qui leur offre l'espace vital nécessaire et qui suffit à leurs besoins en nourriture et en eau. Le caribou, par exemple, parcourt de 2 à 10 km par jour pour trouver le lichen dont il se nourrit, l'eau dont il se désaltère et un refuge contre les prédateurs, les insectes et les rigueurs du climat. Il défend un **espace vital,** la surface nécessaire à sa **survie,** un espace dont il peut même exclure les individus de son espèce lors de la mise bas. Au-delà de cet espace vital, le caribou étend son **territoire** à un lieu d'estivage, à des voies de migration, à un lieu d'hivernage.

Sur le terrain

Le choc acide du printemps

Un **choc acide** se produit au printemps lorsqu'une augmentation subite d'acidité dépasse la capacité tampon et donc la limite adaptative d'un milieu. En effet, la fonte printanière des précipitations gelées accumulées pendant les mois froids provoque un choc acide que subissent les mares, les étangs et les lacs. Cette période, qui peut durer de quelques jours à quelques semaines, peut multiplier par 10^4 l'acidité d'un lac.

Les amphibiens (les grenouilles, les crapauds, les salamandres) ont un cycle de vie qui les fait passer du milieu aquatique (stade larvaire) au milieu terrestre (stade adulte) (*voir la figure 23*).

Depuis les années 1980, 120 espèces connues d'amphibiens ont disparu de la planète. Évidemment, plusieurs causes sont possibles. Des facteurs naturels tels qu'une épidémie peuvent expliquer une baisse de population. Ainsi, un champignon nommé chytride provoque un dysfonctionnement des pores des grenouilles et leur mort par déshydratation. D'autres causes sont d'origine anthropique : l'assèchement des milieux humides, la fragmentation des habitats par les routes, la pollution par les pesticides et l'acidification du milieu de reproduction, ou choc acide.

Figure 23

La *Rana sylvatica,* ou grenouille des bois du Québec
Reconnaissable à son masque noir, cette espèce est la plus nordique de nos grenouilles. Elle pond ses œufs en avril, en quelques jours. Les adultes se dispersent ensuite dans la forêt, laissant les œufs attachés aux plantes submergées des étangs.

Certains batraciens sont particulièrement vulnérables au choc acide, car c'est au printemps qu'ils déposent leurs œufs dans les mares. Normalement, 90 % des œufs arrivent à éclore. Dans un milieu dont le pH est faible (inférieur à 5,0), 80 % des œufs n'écloront pas. La peau fine des têtards naissants n'offre pas de barrière protectrice et l'acidité d'un étang peut provoquer dans sa population des malformations et un taux élevé de mortalité.

La disparition ou la décroissance d'une espèce a des répercussions dans tout le réseau alimentaire d'un milieu. Les amphibiens sont des proies : leurs œufs et leurs larves nourrissent les oiseaux. Ils sont aussi des prédateurs d'insectes. Une diminution de la population de salamandres signifie moins de proies pour les mouffettes et les pies-grièches. Une diminution de la population de rainettes entraîne une diminution de la pression de ces prédateurs sur la population de sauterelles.

La grenouille se nourrit d'escargots, de vers et d'insectes. Elle est la proie de la couleuvre, du rapace, du brochet et même, sous forme de têtard, des insectes aquatiques. Sa disparition aura des répercussions sur les autres populations (*voir la figure 24*).

Les poissons subissent aussi le choc acide. Les alevins de la ouananiche ne survivent pas au choc acide, par exemple. Des problèmes de reproduction sont observés chez l'omble de fontaine qui subit un choc acide. La survie du doré jaune est précaire dans les eaux légèrement acides.

Autrefois, les mineurs apportaient un canari au fond des mines avec eux. Cet oiseau servait de « système d'alarme ». L'arrêt de son chant ou son état de conscience indiquait un manque d'oxygène ou la surabondance d'un gaz dangereux, le grisou. Les mineurs remontaient alors aussitôt. Aujourd'hui, les amphibiens nous avertissent que la qualité de l'eau peut mettre la vie en péril : le printemps devient de plus en plus silencieux.

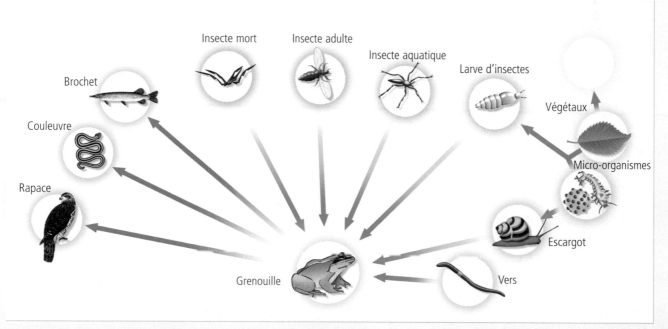

Figure 24
Le réseau alimentaire de la grenouille

Diagnostic

La capacité tampon

1 Quelle caractéristique naturelle permet à un lac de résister à l'acidification ?

2 Comment l'acidité altère-t-elle la productivité de nos forêts ?

3 Donnez les deux réactions chimiques qui expliquent l'apport d'acidité par les précipitations, puis la neutralisation de cette activité.

SECTION 3.2 **L'empreinte écologique**

4 Pour chacun des sujets suivants, indiquez quels changements apportés à notre mode de vie actuel permettraient de réduire notre empreinte écologique.

a) Alimentation   e) Énergie domestique

b) Eau   f) Biens de consommation

c) Logement   g) Traitement des déchets

d) Transport

5 Que se passe-t-il quand une population animale augmente trop sur un territoire donné ?

6 Que se passera-t-il si notre empreinte écologique garde la valeur actuelle ?

7 Répondez aux questions suivantes concernant la vie d'un étang.

a) À l'aide d'un dictionnaire, définissez ces quatre vivants : le triton, la lentille d'eau, le dytique et le têtard.

b) Tracez le schéma d'une chaîne alimentaire formée de ces vivants.

c) Comment le choc acide printanier peut-il perturber la lentille d'eau et le dytique ?

d) Pourquoi observe-t-on une mortalité élevée dans les étangs et les lacs, certains printemps ?

e) Comment un choc acide rend-il les amphibiens vulnérables ?

f) En vous référant à la figure 21, à la page 107, dans quelle région du Québec les étangs pourraient-ils être menacés ?

8 Parmi les concepts suivants, déterminez lequel correspond le mieux à chacun des énoncés ci-après.

Ⓐ Rendement énergétique

Ⓑ Succession écologique

Ⓒ Charge critique

Ⓓ Productivité primaire

Ⓔ Empreinte écologique

Ⓕ Recyclage chimique

a) Il faut 1 L de pétrole et 15 000 L d'eau pour produire 1 kg de viande de bœuf.

b) Les précipitations acides nuisent à la reproduction des arbres et à leur capacité d'opérer la photosynthèse.

c) Les micro-organismes et les décomposeurs du benthos transforment la matière organique morte en nutriments réutilisables.

d) À la suite d'une perturbation, une série de changements s'opèrent dans l'écosystème pour rétablir l'équilibre.

En un clin d'œil

>>> L'utilisation des énergies par les vivants

- L'augmentation de la demande en énergies, qui a suivi la croissance démographique, a intensifié les perturbations dans les écosystèmes de tous les biomes de la Terre.

- L'énergie de la biomasse correspond à l'énergie chimique accumulée dans la matière végétale par les organismes autotrophes au cours de la photosynthèse.

- La productivité primaire d'un écosystème correspond à la biomasse produite et dépend de son taux de renouvellement après que des vivants meurent ou soient récoltés.

>>> Les grandes perturbations écologiques

- Les précipitations acides :
  - La combustion de l'essence, les usines au charbon et les fonderies de métaux dégagent du SO_2 et des NO_x.
  - L'atmosphère est le lieu de réactions chimiques entre ces résidus et l'eau, réactions qui produisent des acides.
  - La pollution atmosphérique acide se déplace au gré des vents dominants et les précipitations introduisent les acides dans les écosystèmes. Les effets sur les forêts ou les lacs varient de légers à très graves, selon le degré d'acidité des pluies et selon la capacité tampon du milieu, terrestre ou aquatique.

- Le smog :
  - Les particules poussiéreuses diminuent la qualité de l'air respiré dans les grandes agglomérations.

- L'effet de serre :
  - La combustion du charbon, du pétrole et du gaz naturel produit des gaz qui gardent la chaleur dans notre atmosphère. La température a augmenté de 0,7 °C en un siècle. Des perturbations climatiques menacent les populations humaines, animales et végétales.

- L'inondation des terres et le déboisement :
  - La création de réservoirs détruit les écosystèmes aquatiques et terrestres.
  - La construction de barrages perturbe le régime des rivières et bloque le passage des espèces migratoires.
  - Le déboisement modifie la dynamique des écosystèmes.

>>> Nos choix et notre empreinte écologique

- Les biocarburants sont produits à partir des plantes issues de la photosynthèse. On peut les considérer comme un produit dérivé de la photosynthèse et donc de l'énergie solaire. Toutefois, leur production utilise des terres agricoles.

 • L'empreinte écologique d'une population humaine est mesurée par la surface bioproductive (en hectares ou en mètres carrés) nécessaire pour fournir l'énergie et les matières premières consommées et pour éliminer tous les déchets résultant du mode de vie de la population.

 • La surface bioproductive est une surface terrestre dont la productivité est égale à la moyenne mondiale des forêts, des terres cultivées, des pâturages, des zones côtières et des océans.

 • L'empreinte écologique est une évaluation et non une valeur précise. Il s'agit d'un outil de réflexion : nous utilisons aujourd'hui plus que ce que la Terre peut réellement offrir.

Univers technologique

Problématique de l'énergie

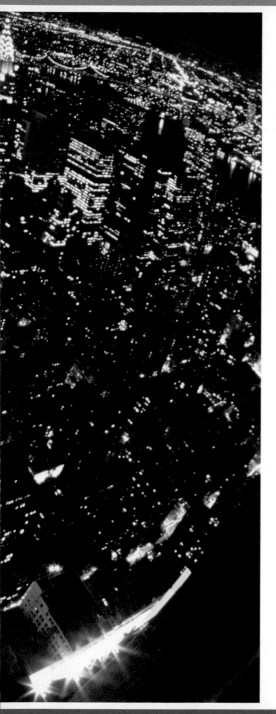

L'électricité : une source d'énergie essentielle

Sans électricité, comment pourrions-nous accomplir nos activités quotidiennes ? Il faudrait certes se priver de téléviseur, d'ordinateur, de séchoir à cheveux, de lecteur de musique, de téléphone... Et il faudrait s'éclairer avec des chandelles et entretenir un feu pour cuire les repas et chauffer l'eau. Une vie sans électricité serait bien différente de celle que nous vivons présentement !

Nous utilisons chaque jour, et souvent sans même y penser, une multitude d'appareils nécessitant de l'électricité. Comment produit-on cette énergie qui nous est devenue indispensable ? Quelles sont les fonctions de base sans lesquelles les appareils électriques ne pourraient remplir leur tâche ? Comment certains de ces appareils fonctionnent-ils ?

1> LA PRODUCTION DU COURANT ÉLECTRIQUE

En allumant une lampe de poche ou un téléviseur, on pense rarement au fait que l'électricité consommée par ces appareils doit d'abord être produite. Or, à cause du principe de conservation de l'énergie, on ne peut créer de l'énergie, qu'elle soit électrique ou autre, à partir de rien. La production d'énergie électrique implique souvent une série de transformations d'une forme d'énergie en une autre forme.

Le courant électrique produit peut être continu ou alternatif. Dans le cas d'une pile, c'est de l'énergie chimique qui est transformée en énergie électrique : du courant continu est produit. Pour ce qui est du courant alternatif distribué par les prises de courant, il est produit par la transformation d'énergie mécanique en énergie électrique par un groupe turbine-alternateur.

1.1 La production de courant continu par une pile

L'électricité fournie par une pile est produite par des réactions chimiques. Selon le type de piles, les matériaux et les réactions chimiques sont différents, mais le processus est le même. Une pile se compose de deux métaux différents, les **électrodes**, qui baignent dans un **électrolyte**. Les deux électrodes réagissent chimiquement avec l'électrolyte *(voir la figure 1)*.

- Sur une des électrodes, la réaction chimique libère des électrons. Cette électrode donneuse d'électrons s'appelle **anode,** ou borne « – ».

- Sur l'autre électrode, la réaction chimique accepte des électrons. Cette électrode, qui reçoit les électrons libérés par l'anode, s'appelle **cathode,** ou borne « + ».

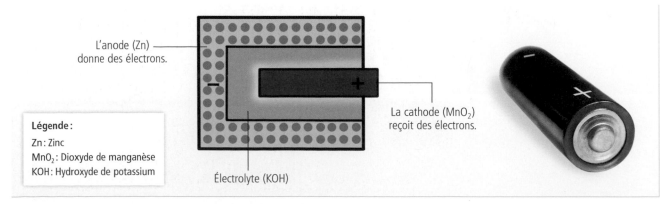

L'anode (Zn) donne des électrons.

La cathode (MnO_2) reçoit des électrons.

Légende :
Zn : Zinc
MnO_2 : Dioxyde de manganèse
KOH : Hydroxyde de potassium

Électrolyte (KOH)

Figure 1
Un exemple de pile alcaline de format AA, AAA, C ou D

Le déséquilibre des charges entre l'anode et la cathode crée une différence de potentiel. Le courant fourni par une pile est **continu** (qui peut être abrégé par CC en français, et par DC – *Direct Current* –, en anglais) et circule toujours dans la même direction. Il est maintenu par une différence de potentiel (*U*) qui ne varie pas dans le temps. Si on relie les bornes de la pile aux bornes d'une ampoule par des fils, comme dans une lampe de poche (*voir la figure 2*), des électrons se mettent en mouvement dans le circuit. Selon le sens conventionnel du courant, il quitte la borne positive (+) de la pile, traverse l'ampoule et rejoint la borne négative (–) de la pile. Au fur et à mesure que le courant circule à l'extérieur de la pile, les réactions chimiques continuent de se produire sur l'anode et la cathode dans la pile, si bien que le mouvement continuera jusqu'à ce que la pile soit à plat.

Figure 2
Le circuit électrique d'une lampe de poche

1.2 La production de courant alternatif

Les modes de production d'électricité

Vous savez que la tension qui alimente les appareils branchés dans les prises de courant à la maison n'est pas continue, mais plutôt alternative, c'est-à-dire qu'elle varie périodiquement dans le temps. Pourquoi ? Cette forme de tension découle simplement du mode de production de l'électricité. Si les piles produisent de l'électricité à partir de réactions chimiques, Hydro-Québec et tous les grands producteurs d'électricité procèdent autrement. La plupart des modes de production d'électricité, qu'ils soient appliqués par de grandes entreprises comme Hydro-Québec ou par des particuliers, transforment l'énergie mécanique en énergie électrique grâce à un groupe turbine-alternateur.

QUELQUES MODES DE PRODUCTION D'ÉLECTRICITÉ	
Mode de production d'électricité	Origine de l'énergie mécanique faisant tourner le groupe turbine-alternateur
Centrale hydroélectrique	L'eau circule à grande vitesse dans un tuyau d'arrivée d'eau et fait tourner les aubes de la turbine.
Éolienne	Le vent fait tourner les pales de la turbine.
Centrale au charbon	On brûle du charbon : la chaleur dégagée fait bouillir de l'eau, laquelle est transformée en vapeur qui fait tourner les pales de la turbine.
Centrale nucléaire	Lorsqu'on les bombarde de neutrons, les noyaux de certains atomes se fractionnent et dégagent de l'énergie sous forme de chaleur. La chaleur ainsi dégagée fait bouillir de l'eau, laquelle se transforme en vapeur et fait tourner les pales de la turbine, exactement comme dans la centrale au charbon.
Génératrice à essence (usage domestique)	Un moteur à essence fait tourner l'arbre de l'alternateur.
Dynamo de bicyclette (pour allumer un phare)	La rotation de la roue de la bicyclette fait tourner l'arbre de l'alternateur.

L'induction électromagnétique

Vous savez déjà que lorsqu'un courant électrique circule dans un fil, il se crée autour de lui un champ magnétique : le fil devient un aimant. Peut-être vous êtes-vous demandé si l'inverse était possible : peut-on produire un courant électrique à partir d'un champ magnétique ? La réponse est affirmative, et c'est exactement ce que fait un alternateur grâce au principe appelé induction électromagnétique.

Pour créer un courant électrique à partir du principe d'**induction électromagnétique,** il faut un aimant et un enroulement conducteur comme un cadre ou une boucle de fil. Lorsque que l'aimant se déplace près de la boucle de fil conducteur (*voir la figure 3a et b*), les électrons sont mis en mouvement dans le fil, ce qui produit un courant électrique. Il faut noter que la direction du courant généré lorsque l'aimant s'approche de la boucle (*voir la figure 3a*) est opposée à celle du courant généré lorsque l'aimant s'en éloigne (*voir la figure 3b*). On peut également déplacer la boucle de fil conducteur dans le champ magnétique de l'aimant (*voir les figures 3c et 3d*) pour créer un courant dans le fil. Encore une fois, la direction du courant généré lorsque la boucle s'approche de l'aimant (*voir la figure 3c*) est opposée à celle du courant généré lorsque la boucle s'en éloigne (*voir la figure 3d*). Dans tous les cas, si le mouvement de l'aimant ou de la boucle de fil est interrompu, le courant cessera. Pour perpétuer le courant dans la boucle de fil, on peut effectuer un mouvement répétitif de va-et-vient comme illustré ou encore un mouvement de rotation. Dans les deux cas, on produit un courant électrique dans le conducteur dont la direction alterne avec celle du déplacement. C'est pourquoi on dit que le courant est **alternatif** (qui peut être abrégé par CA, en français, et par AC, – de *Alternate Current* –, en anglais).

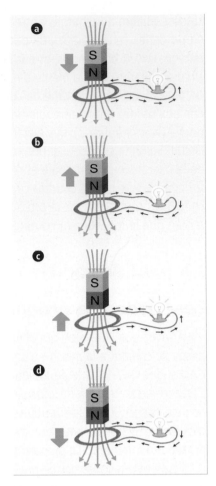

Figure 3
L'induction électromagnétique

Le groupe turbine-alternateur

Dans une centrale électrique, c'est le **groupe turbine-alternateur** qui accomplit la fonction de transformer l'énergie mécanique en électricité grâce à l'induction électromagnétique. Un **alternateur** est un système qui produit de l'électricité (énergie électrique) lorsqu'il est mis en mouvement de rotation (énergie mécanique) par une **turbine.** Le principe est pratiquement le même pour tous les modes de production d'électricité.

Dans le cas de l'hydroélectricité (*voir la figure 4*), l'eau entre dans la turbine par un gros tuyau d'arrivée d'eau en forme de colimaçon. En poussant contre les aubes de la turbine, l'eau fait tourner cette dernière. Un arbre fixé au centre de la turbine tourne alors avec elle.

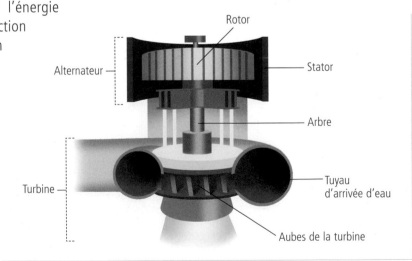

Figure 4
Un groupe turbine-alternateur d'une centrale hydroélectrique

L'arbre est fixé à la partie centrale de l'alternateur. Cette partie s'appelle le **rotor** parce qu'elle tourne avec la turbine. De gros aimants sont placés à l'intérieur du rotor et tournent avec lui. Comme on doit être capable de régler précisément le champ magnétique émanant de ces énormes aimants pour contrôler le courant produit par l'alternateur, on peut difficilement utiliser des aimants naturels. La solution? Employer des électroaimants : ce sont de longs fils enroulés dans lesquels circule un courant électrique. Sous l'effet de ce courant, ils deviennent des aimants dont on peut contrôler le champ magnétique simplement en ajustant le courant qui y circule.

Pour produire l'électricité, il ne manque qu'un cadre conducteur dans lequel tourneront les électroaimants. C'est dans le **stator** qu'on le trouve. Le stator est la partie externe de l'alternateur, qui demeure fixe, statique. Plusieurs barres de cuivre, donc conductrices, sont liées entre elles pour former les cadres dans lesquels le courant sera produit. Lorsque le rotor (aimant) tourne dans le stator (cadre conducteur), du courant alternatif est produit dans le stator. C'est en ajustant la vitesse de rotation du rotor qu'on s'assure que le courant alternatif possède la bonne fréquence, soit 60 Hz (60 cycles par seconde). La direction du courant alterne 60 fois par seconde, ce qui se traduit par un mouvement de va-et-vient des électrons dans les lignes de transport et de distribution d'Hydro-Québec. Une fois livrée dans les habitations, l'énergie électrique transportée est disponible sous forme de source de tension dans les prises de courant. Dans les prises de courant ordinaires, cette tension alterne entre 170 V et –170 V, puis de –170 V à 170 V, 60 fois par seconde (*voir la figure 5*). Comme la tension n'est pas constante, la tension efficace n'est que de 120 V.

Danger, haute tension

On voit parfois autour de certaines installations des affiches annonçant: «Danger! Haute tension!» On sait qu'il faut se tenir loin de ces endroits, mais pourquoi est-ce dangereux?

Cette mise en garde signale la présence d'une source d'alimentation possédant une grande tension (parfois plusieurs milliers de volts). Un organisme entrant en contact avec cette source pourrait être traversé par un courant de grande intensité. L'énergie électrique dissipée dans le corps pourrait provoquer de graves brûlures, paralyser les muscles de la respiration ou dérégler le cœur: c'est l'électrocution. Le risque d'électrocution augmentera si :

- la peau est mouillée ou si les pieds de la victime sont dans l'eau, car l'eau non pure est un bon conducteur;
- la surface de contact avec la source est grande, car le passage du courant sera facilité;
- la pression du contact avec la source est élevée, ce qui facilite aussi le passage du courant.

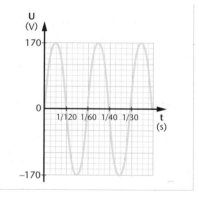

Figure 5
La tension offerte par Hydro-Québec

info +

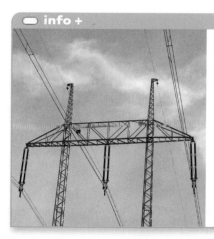

UNE MUSIQUE ÉLECTRIQUE...

Pour que l'électricité produite par une centrale arrive chez l'utilisateur, il faut la transporter, parfois même sur de très longues distances. Ce transport est assuré par les lignes à haute tension. Quand on se trouve près de l'une d'elles, on entend un drôle de grésillement. Il s'agit de l'*effet couronne*. En effet, les énormes fils des lignes à haute tension véhiculent des électrons (l'électricité) qui ont la bougeotte. Certains vont et viennent entre le fil et l'air, à quelques centimètres autour du fil. Du coup, ça grésille, ça crépite, bref, ça chante, et c'est même encore plus fort dès qu'il tombe de la pluie ou de la neige. Une vraie petite symphonie électrique...

Le transport de l'électricité, du barrage à la maison

L'électricité alimentant les prises de courant de la maison possède une tension efficace de 120 V pour les appareils courants. Cette tension ne correspond absolument pas à la tension produite par les barrages électriques : avant d'arriver à nos maisons, l'électricité subit plusieurs étapes de transformation.

Comme les barrages sont situés loin des agglomérations, l'électricité doit voyager sur de grandes distances avant d'arriver à destination. Durant une bonne partie de son trajet, elle est transportée par des lignes à haute tension.

À sa sortie de l'alternateur, la tension est augmentée jusqu'à 735 000 V par un transformateur de tension. Pourquoi une tension aussi élevée ? Premièrement, parce qu'on peut alors transporter une plus grande quantité d'électricité sur une même ligne, ce qui réduit le nombre de lignes de transport nécessaires et diminue donc les coûts de construction. Deuxièmement, une tension élevée permet de diminuer les pertes d'énergie dans les fils durant le transport. Les fils peuvent en effet être comparés à une résistance R. Bien qu'ils soient fabriqués d'un matériau bon conducteur, leur longueur considérable leur confère une résistance appréciable. Cette résistance R est traversée par le courant I qu'elle transporte, de telle sorte qu'une certaine quantité de l'énergie électrique qui y circule est dissipée sous forme de chaleur dans les fils. L'énergie dissipée dans une résistance est égale à $E = UIt$. Puisque $U = RI$, on peut aussi écrire $E = (RI)It = RI^2t$. Afin de minimiser l'énergie E dégagée sous forme de chaleur dans les fils, il faut donc minimiser le courant I, puisque la résistance R et le temps t sont des paramètres plutôt incontrôlables. Dans une ligne de transport d'électricité qui doit transporter une grande puissance ($P = UI$), mais un faible courant I, la tension U doit en conséquence être élevée.

L'électricité est ainsi transportée dans des fils soutenus par d'immenses pylônes jusqu'aux postes de répartition régionaux où des transformateurs abaissent la tension jusqu'à environ 120 000 V avant de répartir le signal entre des lignes acheminant l'électricité vers les villes et les villages. La tension est diminuée une nouvelle fois, à 25 000 V, dans les agglomérations. Juste avant de pénétrer dans les maisons, la tension est abaissée une dernière fois à 240 ou 120 V par des transformateurs (*voir la figure 6*). Ceux-ci sont les gros cylindres gris que l'on trouve suspendus à certains poteaux de bois. L'électricité est alors prête à être utilisée !

Figure 6
Des transformateurs

Diagnostic

SECTION 1.1 **La production de courant continu par une pile**

1 Dans la transformation de l'énergie chimique en énergie électrique par une pile :

a) Quel est le rôle de la cathode ?

b) Quel est le rôle de l'anode ?

c) Qu'est-ce que l'électrolyte ?

d) Si on relie les deux bornes de la pile par une résistance, dans quel sens le courant circulera-t-il à travers la résistance ?

2 Qu'entend-on par « courant continu » ?

3 Décrivez le mouvement des électrons dans un circuit lorsque du courant continu y circule.

SECTION 1.2 **La production de courant alternatif**

4 Quelle est l'origine de l'énergie mécanique qui fait tourner l'alternateur des systèmes suivants ?

a) Un groupe turbine-alternateur d'un barrage hydroélectrique.

b) Une génératrice à essence domestique.

c) Une dynamo de vélo.

5 Quel est le matériel nécessaire pour créer un courant électrique à l'aide d'un champ magnétique ?

6 Votre ami soutient que pour générer un courant électrique à partir du magnétisme, il suffit de déposer un aimant près d'un cadre conducteur. A-t-il raison ? Si non, corrigez son affirmation.

7 Quel type d'énergie est transformé en énergie électrique par un groupe turbine-alternateur ?

8 Qui suis-je ?

a) Je suis la partie centrale d'un alternateur.

b) Dans les groupes turbine-alternateur d'Hydro-Québec, je possède un grand cadre de cuivre dans lequel le courant est généré.

c) Je suis la partie de l'alternateur qui tourne avec la turbine.

d) Dans les groupes turbine-alternateur d'Hydro-Québec, on me trouve à l'intérieur du rotor.

e) Si je cesse de tourner, le rotor cesse de tourner aussi.

f) Dans les groupes turbine-alternateur d'Hydro-Québec, on me trouve à l'intérieur du stator.

9 Qu'entend-on par « courant alternatif » ?

10 Décrivez le mouvement des électrons dans un circuit lorsque du courant alternatif y circule.

11 Dans une centrale électrique, la tension produite par le groupe turbine-alternateur est grandement augmentée avant de transporter l'électricité. Expliquez pourquoi.

2> LES FONCTIONS ÉLECTRIQUES ET L'ÉNERGIE

Une grande part de l'énergie consommée quotidiennement est de nature électrique. Les appareils électriques utilisés tous les jours sont fabriqués avec des composants qui accomplissent les fonctions électriques de base : l'alimentation, la conduction, l'opposition, l'isolation, la commande.

Ces fonctions électriques permettent à des appareils de transformer l'électricité en énergie thermique, lumineuse, mécanique ou autre, selon l'appareil utilisé. Les pages qui suivent vous feront découvrir comment.

2.1 Les fonctions de base en électricité

Les différents composants d'un circuit électrique sont conçus de manière à accomplir diverses fonctions. Les matériaux dont ils sont fabriqués sont choisis principalement selon leur comportement électrique.

La plupart des composants d'un appareil ou d'un dispositif électrique remplissent l'une ou l'autre des fonctions suivantes : l'alimentation, la conduction, l'opposition, l'isolation ou la commande.

FONCTION D'ALIMENTATION

Composant : Pile, prise de courant ou, plus généralement, une source.

Rôle : La source fournit l'énergie électrique nécessaire au fonctionnement de l'appareil.

Fonctionnement : La pile transforme de l'énergie chimique en énergie électrique. Dans le cas d'une prise de courant alimentée par Hydro-Québec, l'énergie électrique provient de la transformation de l'énergie mécanique. Généralement, un groupe turbine-alternateur accomplit cette tâche dans un barrage hydroélectrique.

Matériau : Les matériaux employés pour fabriquer une pile ou un groupe turbine-alternateur dépendent de la tension désirée et du courant requis.

Caractéristique : Une source est caractérisée par la tension à ses bornes – généralement exprimée en volts (V) – et par l'intensité du courant qu'elle peut fournir – généralement exprimée en ampères (A). Dans le cas d'une pile, la tension et le courant sont continus, c'est-à-dire qu'ils sont constants dans le temps. Une prise de courant ordinaire procure, quant à elle, une tension et un courant alternatifs, c'est-à-dire qui alternent dans le temps.

Composant : Fil électrique.

Rôle : Les électrons doivent pouvoir y circuler sans trop de collisions, pour minimiser les pertes d'énergie durant leur transport.

Fonctionnement : Dans les bons conducteurs, les électrons capables de se déplacer pour produire un courant électrique sont nombreux. Il est donc facile d'y faire circuler le courant électrique. Plus le diamètre du fil est gros, plus le courant peut y être grand, car les électrons ont alors beaucoup d'espace pour circuler. De même, plus le fil est court, plus le transport du courant y est facile, car les électrons ont alors une faible distance à parcourir.

Matériau : Des métaux, par exemple le cuivre (Cu) ou l'aluminium (Al).

FONCTION DE PROTECTION OU D'OPPOSITION

Composant : Résistance ou filament (d'une ampoule incandescente, d'un grille-pain, etc.).

Rôle : Les électrons doivent être capables d'y circuler, mais en se heurtant à beaucoup d'obstacles. Ces collisions permettent de réguler le courant pour accomplir une fonction précise (dissiper une certaine quantité d'énergie sous forme de chaleur dans un grille-pain, par exemple) ou protéger des composants fragiles.

Fonctionnement : Dans les matériaux moyennement conducteurs, les électrons peuvent circuler, mais les collisions sont nombreuses. La dépense d'énergie électrique y est importante. Cette dépense d'énergie, toutefois, permet de protéger d'autres composants plus fragiles (dans le cas de la résistance) ou de faire briller une ampoule, par exemple. La résistance dépend du matériau utilisé, de sa forme et aussi de sa température. Souvent, les résistances ont une forme cylindrique. Plus le diamètre du cylindre est petit, plus la résistance est grande, car les électrons ont alors peu d'espace pour y circuler, ce qui y multiplie les collisions. De la même façon, plus le cylindre est long, plus la résistance est grande, car les électrons ont alors une grande distance à parcourir et y subissent forcément plus de collisions. Selon le matériau, une augmentation de température peut accroître ou diminuer la résistance. Souvent, la grande agitation thermique associée à une élévation de température rend la circulation des électrons plus difficile : la résistance augmente.

Matériau : Pour les résistances, on utilise souvent des **céramiques** (nitrure de tantale [TaN] ou dioxyde de ruthénium [RuO_2], notamment). Pour les filaments, on utilise généralement des métaux ou des **alliages métalliques**. Ainsi, le tungstène (W) est employé pour le filament des ampoules incandescentes, et le nichrome (alliage de nickel [Ni], de chrome [Cr] et de fer [Fe]) pour celui des grille-pain.

Caractéristique : La résistance ou le filament d'une ampoule sont caractérisés par leur résistance électrique, exprimée en ohms (Ω). Quand la résistance est très grande, on peut utiliser le kilo-ohm (kΩ). Un kilo-ohm équivaut à 1 000 ohms (1 kΩ = 1 000 Ω), exactement de la même manière qu'un kilogramme équivaut à 1 000 grammes (1 kg = 1 000 g).

◼ **culture +**

LES PÈRES DE L'ÉLECTRICITÉ

Volt, ohm, ampère : trois unités utilisées en électricité. Mais là n'est pas leur seul point commun. Chacune d'elles porte un nom qui rend hommage à un scientifique ayant effectué des recherches sur l'électricité. Ainsi, le nom volt consacre la mémoire de l'Italien Alessandro Volta (1745-1827), qui a inventé la pile ; le ohm rappelle le souvenir de l'Allemand Georg Simon Ohm (1787-1854), qui a établi les relations entre tension, courant et résistance ; et l'ampère, enfin, immortalise le nom du Français André-Marie Ampère, qui a découvert qu'un fil parcouru par un courant électrique agit comme un aimant.

Allessandro Volta

Georg Simon Ohm

André-Marie Ampère

Composant : Gaine (enveloppe) des fils électriques, isolateur sur les pylônes.

Rôle : Les électrons ne doivent pas pouvoir circuler dans ce composant : son rôle est d'empêcher le courant électrique de se répandre autour du fil et d'offrir une protection contre l'électrocution et les courts-circuits.

Fonctionnement : Les isolants possèdent très peu d'électrons capables de se déplacer pour y conduire un courant. Plus l'isolant est épais, plus il est efficace.

Matériau : Pour les gaines, on utilise des **polymères** de la famille des **thermoplastiques** parce qu'ils sont efficaces, souples et économiques. Pour les isolateurs, ces blocs solides servant à isoler les fils des pylônes, on emploie le verre, certaines céramiques (la stéatite, notamment) ou, plus récemment, des matériaux **composites** (la fibre de verre, par exemple).

Composant : Interrupteur.

Rôle : Selon sa position, l'interrupteur doit pouvoir conduire facilement le courant ou l'empêcher entièrement de circuler.

Fonctionnement : Dans sa forme la plus simple, l'interrupteur se compose de deux bornes liées par une petite plaquette conductrice. En position « fermée », où il ferme le circuit pour permettre au courant de circuler, la plaquette conductrice touche aux deux bornes. En position « ouverte », où il ouvre le circuit pour empêcher le courant de circuler, la plaquette conductrice ne touche pas aux deux bornes, brisant ainsi la continuité du circuit.

Matériau : Pour la plaquette conductrice, on utilise un métal (du cuivre [Cu], par exemple). En position ouverte, l'isolant empêchant l'interrupteur de conduire le courant est tout simplement de l'air.

2.2 La transformation de l'énergie électrique

La transformation de l'énergie par une résistance

Lorsque les électrons traversent un fil qui est un bon conducteur, ils subissent peu de collisions et perdent donc peu d'énergie (*voir la figure 7a*). Lorsqu'ils traversent une résistance (*voir la figure 8*), ces électrons entrent souvent en collision avec des atomes (*voir la figure 7b*). Ces nombreuses collisions entraînent un échauffement du matériau. Une partie de l'énergie électrique que possédaient les électrons à leur entrée dans la résistance est alors transformée en chaleur, à cause des collisions subies.

ⓐ Un bon conducteur : peu de collisions   **ⓑ** Une résistance : de nombreuses collisions

Figure 7
Le parcours des électrons dans un bon conducteur et dans une résistance

Figure 8
Des résistances

La transformation de l'énergie par une ampoule incandescente

Le filament d'une ampoule incandescente est avant tout une résistance électrique. En effet, ce sont les collisions entre les électrons et les atomes qui rendent ce filament apte à remplir sa fonction. Mais pourquoi une ampoule dégage-t-elle de la lumière alors qu'une simple résistance ne fait que dégager de la chaleur ?

En fait, lumière et chaleur sont deux phénomènes intimement liés. Pour vous en convaincre, imaginez-vous tenant une lampe de poche dans vos mains, près d'un feu de camp. Que sentez-vous ? La chaleur dégagée par le feu, bien sûr, mais aussi celle de l'ampoule de la lampe de poche, qui devient chaude. Que voyez-vous ? La lumière rouge, jaune et orangée dégagée par le feu. Vous voyez aussi la lumière blanche dégagée par la lampe de poche. Vous savez que cette lumière blanche est un mélange de toutes les couleurs de la lumière visible. En fait, la chaleur que vous sentez et la lumière que vous voyez sont un seul et même phénomène : ce sont des radiations.

Tous les objets émettent des radiations, mais pas forcément de la lumière visible pour l'œil. Le corps humain, à une température de 37 °C, émet des radiations infrarouges : il dégage de la chaleur. Un objet beaucoup plus chaud, par exemple un élément chauffant sur une cuisinière électrique, émet des radiations infrarouges (on peut sentir sa chaleur), mais aussi des radiations visibles : on voit de la lumière rouge. Si l'objet est encore plus chaud, par exemple la flamme d'un feu de camp, elle émet encore une fois des infrarouges et de la lumière rouge, mais aussi de la lumière jaune ou orange. Le filament d'une ampoule, à une température d'environ 1 000 °C, émet des infrarouges et aussi toutes les couleurs visibles, produisant ainsi de la lumière blanche.

En résumé, ce qui différencie la résistance, qui n'émet que de la chaleur, de l'ampoule, qui émet non seulement de la chaleur mais aussi de la lumière, c'est la température atteinte par le matériau. Dans les deux cas, des radiations sont émises : si la température est suffisamment élevée, il y aura de la lumière visible.

info +

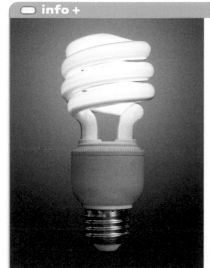

LES LAMPES FLUORESCENTES : VIVE LES ÉCONOMIES !

On connaît bien le principe de l'ampoule incandescente : un filament de tungstène chauffé par le passage des électrons produit une vive lumière. Celui de la lampe fluorescente compacte (LFC) spiralée est moins connu. Plus performante, d'une durée de vie plus longue, la LFC est un tube enroulé qui contient du mercure, de l'argon et, sur ses parois, de la poudre de phosphore. Elle comporte deux électrodes.

Quand on l'allume, un courant passe entre ces électrodes : les électrons migrent dans le gaz où ils percutent les atomes de mercure. Le résultat de ces percussions ? Des radiations. Mais il s'agit de radiations ultraviolettes, invisible pour nos yeux. C'est le phosphore couvrant les parois de la lampe qui les transforme en lumière blanche, bien visible cette fois... C'est pratique, et très économique !

Super, les supraconducteurs !

Dans les circuits électriques, les composants sont liés entre eux par des fils qui remplissent la fonction de conduction : ils sont chargés de transporter le courant électrique à travers le circuit. Même dans les fils de très bonne qualité, une partie de l'énergie électrique se dissipe sous forme de chaleur. Il existe toutefois des matériaux qui sont des conducteurs parfaits : les supraconducteurs (*voir la figure 9*).

Les matériaux supraconducteurs

Le mercure (Hg), matériau avec lequel le phénomène de la supraconductivité a été étudié pour la première fois, en 1911, est un exemple de conducteur parfait. Pourquoi ne l'utilise-t-on pas pour le transport de l'électricité ? Parce que ce comportement particulier ne se manifeste que lorsque sa température avoisine les −270 °C, ce qui n'est pas très pratique ! Le mercure n'est pas le seul matériau supraconducteur. Certaines céramiques, une famille de matériaux habituellement reconnus pour leurs aptitudes isolantes à température ambiante, en sont d'autres exemples. Une céramique formée d'oxyde d'yttrium (Y), de baryum (Ba) et de cuivre (Cu), le $YBa_2Cu_3O_7$, devient supraconductrice lorsque sa température est inférieure à −181 °C. Il en va de même avec tous les autres matériaux où ce phénomène a été observé : ils doivent être portés à des températures extrêmement basses pour que leur comportement supraconducteur se manifeste. À des températures plus élevées, ils sont isolants ou, tout au plus, moyennement conducteurs. Aucun d'entre eux ne peut donc, pour le moment du moins, servir aux usages courants.

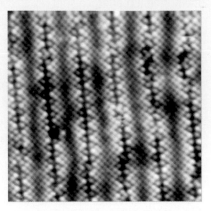

Figure 9
La surface d'un supraconducteur

Les applications des supraconducteurs

À quoi pourraient bien servir les supraconducteurs ? Les appareils d'imagerie médicale par résonance magnétique (IRM), qui donnent une image tridimensionnelle des organes du corps, ou les trains à lévitation magnétique, dont les wagons « flottent » littéralement sur les rails, sont des exemples d'applications qui tireraient grandement profit de la supraconductivité. Ces appareils nécessitent en effet des électroaimants très puissants. Un électroaimant est une bobine de fil qui, lorsqu'il est traversé par un courant, devient un aimant. Pour créer un électroaimant puissant, le courant doit être très intense. Quand on utilise un conducteur habituel, comme le cuivre, un courant aussi intense fait tellement chauffer le fil qu'un système de refroidissement très efficace devient nécessaire. L'utilisation d'un matériau supraconducteur permettrait de faire circuler des courants de grande intensité sans grande perte d'énergie sous forme de chaleur, ce qui rendrait inutiles les systèmes de refroidissement, en plus d'économiser l'énergie électrique.

D'autres applications, plus lointaines pour le moment, sont aussi envisageables, comme les circuits supraconducteurs, qui pourraient remplacer les circuits imprimés modernes dans les appareils électroniques. Sans compter qu'ils permettraient d'éliminer la dissipation de l'énergie sous forme de chaleur, de tels circuits auraient un comportement si révolutionnaire qu'ils multiplieraient les capacités de traitement des informations de manière phénoménale, procurant ainsi aux ordinateurs et aux autres appareils une efficacité fabuleuse. Les recherches continuent…

Diagnostic

SECTION 2.1 Les fonctions de base
en électricité

1 Décrivez dans vos mots les fonctions
électriques suivantes.

a) La fonction d'alimentation.

b) La fonction de commande.

c) La fonction de protection.

d) La fonction de conduction.

e) La fonction d'isolation.

2 Nommez un composant électrique qui
remplit le rôle de chacune des fonctions
électriques énumérées à l'exercice précédent.

3 Pour chaque composant énuméré plus bas:

- indiquez le comportement électrique
du matériau idéal utilisé dans sa
fabrication: bon conducteur, mauvais
conducteur, isolant, ou une combinaison
de ces comportements;

- donnez un exemple de matériau qui
satisfait à ce critère.

a) Résistance.

b) Gaine isolante d'un fil.

c) Fil électrique.

d) Interrupteur.

e) Filament d'une ampoule.

4 Quelle est la
fonction électrique
de chaque
composant du
circuit électrique
suivant?

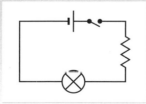

5 Pourquoi les fils électriques sont-ils
généralement recouverts d'une gaine?

6 Qui suis-je?

a) Je suis un composant caractérisé par
la tension à mes bornes et le courant que
je peux produire.

b) Je suis un composant fabriqué d'un matériau
qui conduit plutôt mal le courant électrique.

c) Je suis une fonction électrique qui sert à
ouvrir ou à fermer un circuit électrique.

d) Je suis une fonction électrique et j'ai pour
but d'empêcher le courant de fuir des fils
électriques.

e) Je suis un composant qui remplit la fonction
de commande.

f) Je suis la fonction remplie par les fils
électriques.

SECTION 2.2 La transformation
de l'énergie électrique

7 Expliquez dans vos mots comment l'énergie
électrique est dissipée lorsque le courant
traverse une résistance.

8 Pourquoi un élément de cuisinière allumé
à basse intensité demeure-t-il noir alors
qu'un élément allumé à haute intensité
devient rouge?

9 Complétez les phrases suivantes.

a) Une pile transforme l'énergie
❶ _____ en
❷ _____ .

b) La résistance transforme l'énergie
❶ _____ en
❷ _____ .

c) L'ampoule transforme l'énergie
❶ _____ en
❷ _____ et en
❸ _____ .

3 > QUELQUES APPAREILS ÉLECTRIQUES

De nombreux appareils électriques nous entourent. Leur diversité est grande. Le téléphone cellulaire, la télécommande, le four à micro-ondes réagissent instantanément, dès qu'on appuie sur un bouton, pour accomplir la fonction pour laquelle ils ont été conçus. Construits à partir de circuits électriques souvent complexes, ces appareils semblent nous obéir au doigt et à l'œil.

Même lorsque ces appareils sont relativement simples, comme un système de chauffage ou un grille-pain, toute leur conception doit être pensée et bien réfléchie : sélection des composants et de leur agencement, calculs permettant de déterminer les caractéristiques requises, choix des matériaux.

3.1 L'appareil de chauffage électrique

La transformation de l'énergie

Les plinthes chauffantes électriques sont un mode de chauffage largement répandu dans les maisons québécoises. De forme allongée et placées au bas des murs dans les pièces de la maison, elles sont alimentées en électricité directement à partir de prises de courant spéciales. Contrairement aux prises de courant habituelles, qui fournissent une tension de 120 V, celles-ci ont une tension de 240 V. Un long filament (une résistance) traverse chaque plinthe. L'énergie fournie par la prise de courant se dissipe sous forme de chaleur dans le filament. Cette chaleur permet de chauffer l'air de la pièce. Le filament ne devient pas aussi chaud qu'une ampoule : il dégage de la chaleur, mais pas de la lumière visible. Un thermostat sert d'interrupteur pour chacune des plinthes et permet de régler le chauffage individuellement dans chaque pièce.

L'analyse des circuits électriques

La figure 10 illustre différents circuits électriques. Dans chaque cas, la source est une prise de courant dont la tension est de 240 V. Cette tension plus élevée permet d'obtenir la grande puissance électrique nécessaire au chauffage de la maison. Les trois filaments des plinthes chauffantes électriques qui servent à chauffer les trois pièces d'un petit appartement peuvent posséder des résistances de 80, 60 et 40 Ω. Lequel ou lesquels des circuits proposés permettent de régler individuellement le chauffage de chaque pièce ? Pour le savoir, il faut analyser chacun des circuits proposés (*voir la figure 10*).

info +

Une ampoule à filament de tungstène

La lumière électrique n'est pas apparue comme par magie. Thomas Edison a dû se creuser les méninges pour fabriquer la première ampoule à incandescence. Pour le filament, l'inventeur américain a testé 6 000 substances végétales avant d'en adopter une, le bambou ! Celui-ci a vite cédé sa place au carbone qui, parce qu'il rendait opaque le verre de l'ampoule, a finalement été remplacé par le tungstène.

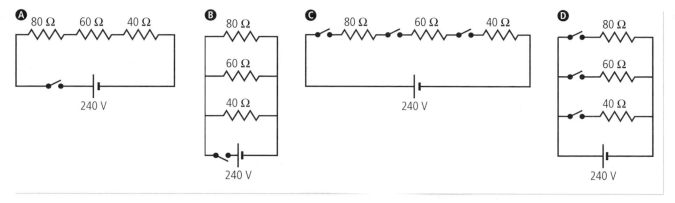

Figure 10
Les schémas de quatre circuits électriques

ANALYSE DES CIRCUITS ÉLECTRIQUES

Le circuit **A**

Tous les filaments sont en **série** avec la source et avec un interrupteur.
Si l'interrupteur est **ouvert**, le chauffage ne fonctionne dans aucune pièce, alors
que si l'interrupteur est **fermé**, le chauffage fonctionne dans les trois pièces
à la fois. Ce circuit ne permet pas de commander chaque plinthe séparément.

Le circuit **B**

Les trois filaments sont cette fois-ci en **parallèle** avec la source et avec un
interrupteur. Comme ils dépendent encore une fois d'un seul interrupteur, il est
impossible de régler le chauffage individuellement dans chaque pièce.

Le circuit **C**

Les résistances sont en série et un interrupteur précède chaque résistance. Un tel
arrangement permet-il pour autant de régler le chauffage pièce par pièce ? Si un seul
interrupteur est fermé, le circuit demeure ouvert : aucune boucle fermée ne permet
au courant de circuler. Pour qu'un courant puisse circuler, il faudrait fermer en même
temps les trois interrupteurs. Dans ce cas seulement, le circuit serait fermé et le
courant circulerait dans les trois filaments. Encore une fois, malgré la présence de trois
interrupteurs, on ne peut régler individuellement le chauffage dans chaque pièce.

Le circuit **D**

Chacun des trois filaments est placé en série avec un interrupteur et en parallèle avec
la source. Si on ferme l'interrupteur de la branche du filament de 80 Ω, on obtient
une boucle fermée et le courant circule dans ce filament, mais pas dans les autres.
Pour faire fonctionner le chauffage dans un filament, ou dans plusieurs à la fois, il
suffit de fermer le ou les interrupteurs correspondants. Le circuit **D** est donc le seul,
parmi les schémas présentés, à pouvoir procurer un réglage individuel du chauffage
dans chaque pièce.

La transformation de l'énergie

Dans un grille-pain, un filament dissipe l'énergie sous forme de chaleur et fait griller le pain (*voir la figure 11*). Le principe de fonctionnement est similaire à celui d'une ampoule ou d'une plinthe de chauffage électrique. Vous avez sûrement déjà remarqué que le filament d'un grille-pain devient rouge lorsqu'il chauffe. Il est suffisamment chaud pour émettre de la lumière visible (principalement du rouge), mais pas assez pour émettre les autres couleurs visibles : pour cette raison, le filament apparaît rouge plutôt que blanc comme celui d'une ampoule.

Afin que le pain soit grillé uniformément, il faut répartir le long filament de part et d'autre des parois intérieures du grille-pain. On peut voir cet enroulement en regardant par les fentes. Ce filament, qui est en fait une résistance, est branché en série avec un interrupteur actionné par le levier du grille-pain et une source : la prise de courant.

Figure 11
Un grille-pain vu aux rayons X
On peut voir le parcours du long filament à l'intérieur du grille-pain.

La plaque signalétique

Une plaque signalétique, placée habituellement sous l'appareil, donne des informations concernant l'alimentation électrique requise (*voir la figure 12*). L'indication 120 V indique que l'appareil doit être branché à une source de courant alternatif ayant une tension efficace de 120 V, telle une prise de courant ordinaire. L'indication 60 Hz spécifie la fréquence de la tension alternative (nombre de cycles par seconde). En Amérique du Nord, la fréquence est de 60 Hz. Enfin, l'indication 900 W donne la puissance de l'appareil, exprimée en watts. Déterminons le courant qui circule dans le filament de ce grille-pain lorsqu'il est mis sous tension.

Figure 12
La plaque signalétique d'un grille-pain

$$U = 120\ V \qquad P = U \times I$$
$$P = 900\ W \qquad I = \frac{P}{U} = \frac{900\ W}{120\ V} = 7{,}5\ A$$
$$I = ?$$

Quelle doit être la résistance du filament pour qu'un tel courant circule dans le grille-pain ?

$$U = 120\ V \qquad U = R \times I$$
$$I = 7{,}50\ A \qquad R = \frac{U}{I} = \frac{120\ V}{7{,}50\ A} = 16{,}0\ \Omega$$
$$R = ?$$

Le matériau du filament

Plusieurs éléments sont à considérer quand vient le moment de choisir avec quel matériau sera fabriqué le filament du grille-pain. Avant tout, ce dernier doit posséder la résistance requise pour que la puissance indiquée sur la plaque signalétique soit exacte. La résistance du filament dépend, bien sûr, du matériau choisi, mais aussi de ses dimensions (longueur et diamètre) et de la température de fonctionnement du filament.

- Le filament, disposé à l'intérieur du grille-pain, de part et d'autre des fentes où on insère les tranches, doit avoir une longueur suffisante pour griller le pain uniformément sur toute la surface. La longueur ne doit toutefois pas être excessive, afin de faciliter la disposition du filament et d'en réduire le coût.

- Le filament ne doit pas être trop mince, ce qui le rendrait fragile, ni trop épais, ce qui le rendrait trop rigide et difficile à manipuler.

- La température atteinte par le filament lorsque le grille-pain est actionné doit être suffisante pour griller le pain, mais ne pas être excessive, afin d'éviter que des zones du pain brûlent avant que la tranche soit uniformément grillée.

Outre ces caractéristiques, commandées par le comportement électrique recherché, le filament doit être facile à usiner (pour diminuer les coûts), être souple (pour qu'il puisse être manipulé) et économique.

Parmi tous les matériaux disponibles, on choisit souvent le nichrome. Il s'agit d'un alliage métallique à base de nickel (Ni), de chrome (Cr) et de fer (Fe) qui répond aux critères recherchés. À dimensions et à températures égales, le nichrome est environ 50 fois moins conducteur que le cuivre (Cu) utilisé pour fabriquer les fils électriques, mais 6 fois plus conducteur que les céramiques qui entrent couramment dans la fabrication des résistances comme le nitrure de tantale (TaN) ou le dioxyde de ruthénium (RuO_2).

Le circuit pour maintenir le levier abaissé

Une fois le levier du grille-pain abaissé, il doit rester en position jusqu'à ce que les rôties soient prêtes. Le système qui retient le levier se compose d'une pièce de fer vissée sous le levier et d'un solénoïde fixé au bas de la face avant du grille-pain, juste sous la plaque de fer (*voir la figure 13*). Le solénoïde est simplement un fil de cuivre enroulé en spirale. Lorsque l'interrupteur du grille-pain est fermé, le courant circule non seulement dans le filament, mais aussi à travers le solénoïde, qui devient alors un aimant et attire vers lui la plaque de fer fixée au levier. Ce système permet de maintenir le levier abaissé aussi longtemps que du courant circule dans le solénoïde. Une minuterie démarre dès que le levier est abaissé et coupe le courant lorsqu'elle arrive à terme. Le courant est coupé en même temps dans le filament et dans le solénoïde, qui cesse alors d'être un aimant, ce qui fait remonter le levier et les rôties.

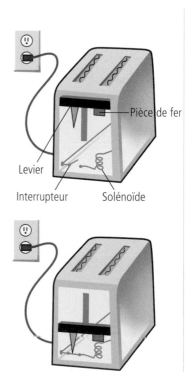

Figure 13

Le fonctionnement du levier d'un grille-pain

Fusibles et disjoncteurs : des gardiens toujours aux aguets

Dans les maisons et les édifices, un système de fusibles ou de disjoncteurs assure la sécurité du système électrique. Sans lui, le mauvais fonctionnement d'un appareil électrique ou l'utilisation simultanée d'un trop grand nombre d'appareils pourrait faire surchauffer les fils dans les murs au point de provoquer un court-circuit, un incendie ou des électrocutions. Ces systèmes détectent les courants anormalement élevés, ceux qui dépassent 10 ou 15 ampères, et coupent aussitôt le courant.

Le plus simple des systèmes de protection est le fusible. Il s'agit d'un petit globe de verre muni d'un mince filament traversé par le courant alimentant plusieurs appareils ou prises électriques de la maison. En temps normal, le courant y circule sans peine. Toutefois, si le courant devient subitement trop élevé, habituellement supérieur à 10 ou 15 ampères, le filament du fusible chauffe au point de fondre. La rupture du filament a pour effet d'ouvrir le circuit : le courant ne peut plus circuler ni alimenter les appareils électriques – il n'y a plus d'électricité. L'inconvénient du fusible est qu'il n'est pas réutilisable : une fois qu'il s'est rompu, il faut le remplacer. C'est pourquoi les circuits protégés par les fusibles sont aujourd'hui remplacés par des dispositifs réutilisables : les disjoncteurs.

Il existe plus d'un principe de fonctionnement des disjoncteurs. Bon nombre de ces dispositifs fonctionnent grâce à un enroulement de fil (solénoïde) dans lequel circule tout le courant alimentant plusieurs appareils ou prises électriques. Le solénoïde se magnétise (il devient un aimant) lorsque le courant le traverse. Plus le courant est grand, plus il est magnétisé. Si le courant est trop grand, l'aimant devient tellement fort qu'il parvient à faire basculer un interrupteur qui ouvre le circuit, empêchant tout courant d'y circuler. L'interrupteur est maintenu dans cette position par un ressort. Il suffit ensuite de régler le problème ayant causé le déclenchement du disjoncteur, après quoi on peut le remettre en position de marche en faisant rebasculer manuellement l'interrupteur dans sa position initiale pour ainsi refermer le circuit.

3.3 Les appareils électroniques

Dans les appareils électroniques comme les jeux vidéo, les téléphones cellulaires ou les ordinateurs, les composants de base étudiés depuis le début de ce chapitre ne suffisent pas. Dans le monde de l'électronique, la miniaturisation s'impose de façon à obtenir le maximum de performance dans le minimum d'espace. Ainsi, les résistances et les fils qui les relient prennent une apparence très particulière dans les appareils électroniques. Les interrupteurs de ces appareils ont à remplir des tâches plus complexes que la simple commutation du courant. Aussi, les composants qui vous sont maintenant familiers ne suffisent plus : aux résistances, fils et interrupteurs, il faut maintenant ajouter des diodes, des condensateurs ou des transformateurs (*voir la figure 14*).

Figure 14
Un circuit électronique

La désignation des résistances

Parce que les résistances utilisées en électronique sont très petites, il serait difficile d'y inscrire leur valeur. Pour cette raison, un code de bandes de couleur a été conçu et la plupart des fabricants s'efforcent de le respecter. Les petites résistances sont munies de quatre bandes de couleur (*voir la figure 15*).

Chaque couleur correspond à un chiffre. Les deux premières bandes représentent la valeur de la résistance (chiffres significatifs), la troisième exprime l'ordre de grandeur et la quatrième, légèrement espacée des autres, indique la précision (ou tolérance) en pourcentage. La valeur de la résistance est exprimée en ohms (Ω).

Figure 15
Des résistances
On emploie un code de couleur pour inscrire la valeur des petites résistances.

Couleur	1re bande	2e bande	3e bande	4e bande
Noir	0	0	$\times 10^0$ ($\times 1$)	
Brun	1	1	$\times 10^1$ ($\times 10$)	$\pm 1\%$
Rouge	2	2	$\times 10^2$ ($\times 100$)	$\pm 2\%$
Orange	3	3	$\times 10^3$ ($\times 1\,000$)	
Jaune	4	4	$\times 10^4$ ($\times 10\,000$)	
Vert	5	5	$\times 10^5$ ($\times 100\,000$)	
Bleu	6	6	$\times 10^6$ ($\times 1\,000\,000$)	
Violet	7	7	$\times 10^7$ ($\times 10\,000\,000$)	
Gris	8	8	$\times 10^8$ ($\times 100\,000\,000$)	
Blanc	9	9	$\times 10^9$ ($\times 1\,000\,000\,000$)	
Or				$\pm 5\%$
Argent				$\pm 10\%$

Voici une astuce utile pour retenir le chiffre correspondant à chaque couleur. Il suffit de mémoriser la phrase suivante :

Notre	**b**rave	**Ro**méo	**o**bservait	**J**uliette,	**ve**rdâtre,	**bl**ême,	**v**oire	**gr**avement	**b**lessée.
Noir	**b**run	**ro**uge	**o**range	**J**aune	**ve**rt	**bl**eu	**v**iolet	**gr**is	**b**lanc
0	1	2	3	4	5	6	7	8	9

La ou les premières lettres de chaque mot correspondent au début du nom de chaque couleur, dans l'ordre de 0 à 9.

La figure 16 montre une résistance. Quelle est sa valeur ?

Figure 16
Une résistance

1re bande (chiffre significatif) : rouge = 2
2e bande (chiffre significatif) : noir = 0
3e bande (ordre de grandeur) : brun = $\times\ 10^1$
4e bande (tolérance) : or = $\pm\ 5\ \%$
La valeur est donc : $20 \times 10 \pm 5\ \% = 200\ \Omega \pm 5\ \%$.

Mais que signifie la tolérance ($\pm 5\ \%$) sur une valeur ? Simplement que la résistance réelle du composant n'est pas forcément exactement celle affichée, mais qu'elle peut avoir n'importe quelle valeur contenue dans une plage donnée. La tolérance est principalement attribuable à l'imprécision des machines qui fabriquent les résistances (les dimensions ont une tolérance, et la résistance dépend de ces dimensions) ainsi qu'à de légères variations dans la composition du matériau, ce qui influe aussi sur la résistance.

Dans l'exemple, la valeur de la résistance, avec tolérance, est de $200\ \Omega \pm 5\ \%$.

La tolérance est exprimée en pourcentage : la tolérance sur cette valeur est de 5 % de 200 Ω (5 % de la valeur de la résistance).

Pour déterminer la plage des valeurs possibles pour la résistance, il faut exprimer la tolérance en ohms. Pour ce faire, il suffit de multiplier la tolérance (en %) par la valeur de la résistance (en Ω).

Valeur de la résistance : 200 Ω
Tolérance (en %) : $\pm 5\ \%$

Tolérance (en %) $\times$ Valeur de la résistance (en Ω) = Tolérance (en Ω)
$$\pm 5\ \% \times 200\ \Omega = \frac{\pm 5}{100} \times 200\ \Omega = \pm 10\ \Omega$$

Valeur − incertitude	**Valeur** **200 Ω**	Valeur + incertitude
(200 − 10 Ω)		(200 + 10) Ω
190 Ω		210 Ω

La résistance réelle de ce composant peut donc avoir n'importe laquelle des valeurs comprises entre 190 et 210 Ω.

Quand les fils sont imprimés

Étant donné qu'un appareil électronique requiert souvent de nombreux branchements dans un espace restreint, l'utilisation de fils, même petits, deviendrait rapidement un véritable fouillis. Il serait difficile de faire une production à grande échelle sans erreur, et risqué qu'un minuscule fil se débranche, empêchant le bon fonctionnement de l'appareil tout en étant très difficile à localiser. Afin de faciliter les choses, les fils des appareils électroniques fabriqués en grande quantité sont plutôt imprimés sur une surface. C'est ce qu'on appelle, à juste titre, un circuit imprimé (*voir la figure 17*). Dans un circuit imprimé, les fils sont en fait de très minces bandes de cuivre collées sur une plaque rigide non conductrice. Ils forment un parcours propre à l'appareil électronique et relient entre eux les résistances et autres composants, soudés aux bons endroits sur la plaque non conductrice. On en trouve dans les calculatrices, les imprimantes, les télécommandes, bref, un peu partout.

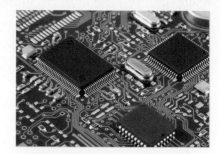

Figure 17
Un circuit imprimé

Des interrupteurs plus complexes

Dans un circuit, les interrupteurs remplissent une fonction de commande : ce sont eux qui permettent d'allumer ou d'éteindre les appareils. Comment le mécanisme d'un interrupteur fonctionne-t-il ? C'est en déplaçant une plaquette conductrice qu'on établit ou empêche la circulation du courant entre les bornes (elles aussi conductrices) de l'interrupteur. Souvent, un ressort maintient la plaquette en place dans la position choisie. On détermine la position de la plaquette conductrice au moyen notamment d'un poussoir, d'un levier ou d'une bascule.

Voici comment fonctionnent ces différents mécanismes.

MÉCANISME DE QUELQUES TYPES D'INTERRUPTEURS		
Mécanisme	**Schéma du mécanisme**	
	Position ouverte	**Position fermée**
Poussoir	Bouton-poussoir, Plaquette conductrice, Bornes	
Levier	Levier, Plaquette conductrice, Bornes	
Bascule	Bascule, Plaquette conductrice, Bornes	

Jusqu'à maintenant, tous les interrupteurs que nous avons étudiés ne remplissaient qu'une seule tâche, soit celle de commander l'ouverture ou la fermeture du circuit. Bien qu'il s'agisse là de la fonction la plus courante des interrupteurs, il existe d'autres types d'interrupteurs capables de commander diverses opérations. Les interrupteurs se classent selon la tâche qu'ils peuvent accomplir et selon leur structure.

Selon la tâche qu'il est apte à remplir, un interrupteur sera classé comme unidirectionnel ou bidirectionnel. Un interrupteur **unidirectionnel** peut accomplir une seule tâche, celle d'ouvrir ou de fermer un circuit. L'interrupteur du grille-pain est un exemple d'interrupteur unidirectionnel. L'interrupteur **bidirectionnel,** lui, a la faculté de diriger le courant. Selon la position de sa plaquette conductrice, il oriente le courant vers un premier circuit ou vers un deuxième. C'est parce qu'il permet de faire circuler le courant dans deux directions (deux circuits) qu'on l'appelle bidirectionnel (le préfixe *bi* signifie deux). Un interrupteur bidirectionnel peut être comparé à un aiguillage ferroviaire : le train prend le chemin que lui impose la position du levier.

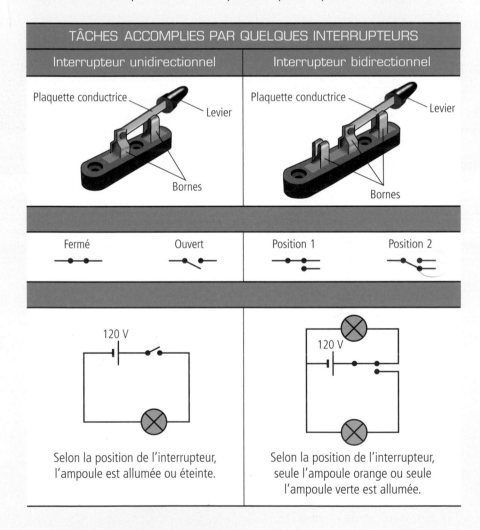

TÂCHES ACCOMPLIES PAR QUELQUES INTERRUPTEURS	
Interrupteur unidirectionnel	Interrupteur bidirectionnel

Plaquette conductrice — Levier
Bornes

Plaquette conductrice — Levier
Bornes

| Fermé | Ouvert | Position 1 | Position 2 |

Selon la position de l'interrupteur, l'ampoule est allumée ou éteinte.

Selon la position de l'interrupteur, seule l'ampoule orange ou seule l'ampoule verte est allumée.

Tous les interrupteurs examinés jusqu'à maintenant peuvent, à cause de leur structure, commander le courant dans un seul circuit à la fois. On dit de tels interrupteurs qu'ils sont **unipolaires.** En électricité, le nombre de circuits commandés en même temps par un interrupteur est appelé, en effet, le nombre de **pôles.** C'est pourquoi on dit qu'un interrupteur ne commandant qu'un seul circuit à la fois est unipolaire (le préfixe *uni* signifie *un* et *polaire* vient de *pôle*). Lorsqu'il est nécessaire de commander le courant dans deux circuits à la fois au moyen d'un seul bouton, on doit employer un interrupteur **bipolaire.** Avec ce type d'interrupteur, le fait d'appuyer sur le bouton (ou de manœuvrer le levier ou la bascule) déplace deux plaquettes conductrices simultanément. Les bornes de chacune des plaquettes conductrices peuvent être raccordées à un circuit distinct, si bien qu'il suffit d'une seule action pour commander le courant de deux circuits.

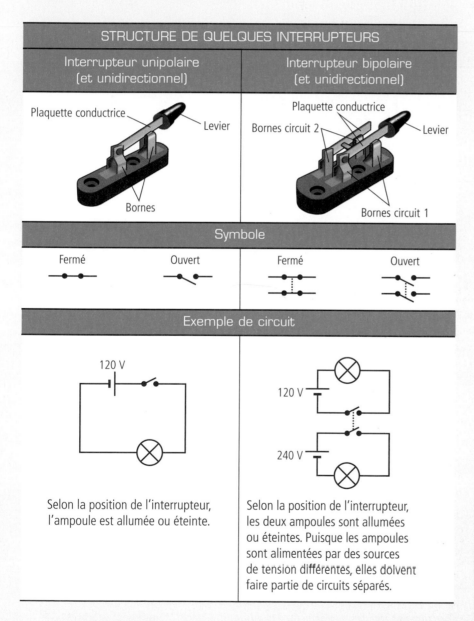

STRUCTURE DE QUELQUES INTERRUPTEURS

Interrupteur unipolaire (et unidirectionnel)	Interrupteur bipolaire (et unidirectionnel)
Plaquette conductrice — Levier — Bornes	Plaquette conductrice — Bornes circuit 2 — Levier — Bornes circuit 1

Symbole

| Fermé — Ouvert | Fermé — Ouvert |

Exemple de circuit

| 120 V | 120 V — 240 V |

Selon la position de l'interrupteur, l'ampoule est allumée ou éteinte.

Selon la position de l'interrupteur, les deux ampoules sont allumées ou éteintes. Puisque les ampoules sont alimentées par des sources de tension différentes, elles doivent faire partie de circuits séparés.

Des diodes à sens unique

Une diode est un composant électrique très différent de ceux qui ont été étudiés jusqu'à maintenant. Contrairement aux résistances, aux fils et aux interrupteurs, la diode a un comportement différent selon le sens dans lequel le courant tente d'y circuler.

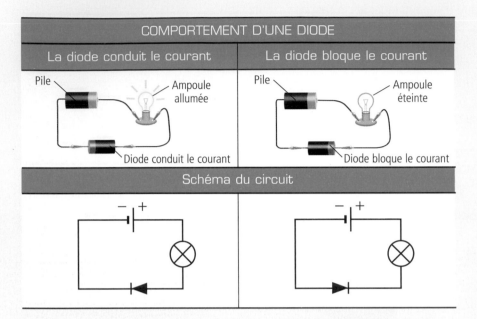

COMPORTEMENT D'UNE DIODE	
La diode conduit le courant	La diode bloque le courant
Pile — Ampoule allumée — Diode conduit le courant	Pile — Ampoule éteinte — Diode bloque le courant
Schéma du circuit	

Pour indiquer dans quel sens la diode conduit le courant, un trait (le plus souvent gris) est peint sur l'une des extrémités du composant, trait que l'on retrouve aussi dans le symbole de la diode (*voir la figure 18*). Si on tente de faire pénétrer le courant dans la diode par son extrémité où un trait est peint, il sera bloqué et ne pourra pas circuler. Sur la figure 18, le courant peut circuler uniquement de droite à gauche, c'est-à-dire de l'extrémité sans trait vers l'extrémité peinte d'un trait du composant, et dans le sens indiqué par la flèche sur le symbole de la diode.

Comme le comportement d'une diode est différent de celui d'une résistance, on ne peut jamais appliquer la loi d'Ohm aux bornes d'une diode. On dit qu'une diode a un comportement non ohmique.

Figure 18
Une diode et son symbole
Le trait peint sur la diode et qui apparaît dans le symbole permet d'indiquer dans quel sens la diode conduit le courant.

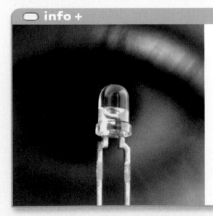

○ info +

LES DEL... UN CHOIX LUMINEUX !

On entend couramment parler des diodes électroluminescentes, ou DEL. Ce sont des diodes qui émettent de la lumière (qui sont « luminescentes ») lorsqu'un courant électrique (« électro ») y circule. Comparativement aux ampoules incandescentes, les DEL sont peu énergivores, car elles gaspillent beaucoup moins d'énergie sous forme de chaleur. Comme elles émettent peu de lumière et sont de petite taille, elles sont parfaites pour des applications telles que des lampes de poche ou des guirlandes décoratives pour les arbres de Noël.

Les condensateurs : des réservoirs de charges

Un condensateur est un composant électrique qui a la capacité d'emmagasiner des charges électriques (*voir la figure 19*). Dans sa structure la plus courante, il se compose de deux grandes plaques conductrices séparées par une mince couche isolante (*voir la figure 20*).

Figure 19
Des condensateurs de divers types

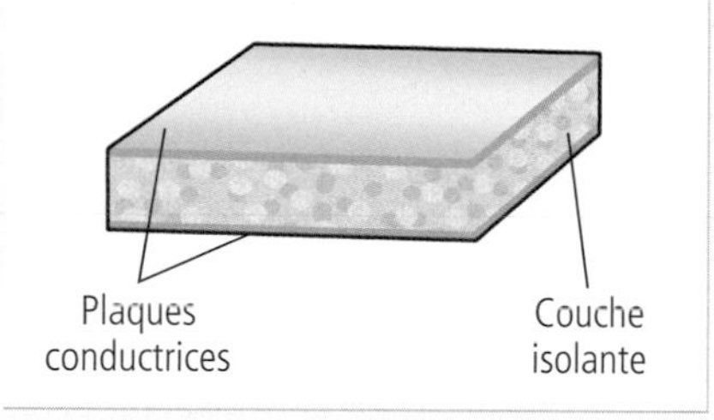

Figure 20
La structure d'un condensateur

Plaques conductrices

Couche isolante

Sur un schéma de circuit, le condensateur est représenté par le symbole suivant : ⊣⊢. Il faut veiller à ne pas confondre ce symbole avec celui de la pile, dont les deux traits ne sont pas de la même longueur (⊣⊢).

Dans certaines conditions, le condensateur est capable de relâcher les charges électriques emmagasinées très rapidement en produisant ainsi un courant très intense. C'est cette aptitude qui est mise à profit dans la fabrication d'appareils nécessitant une grande énergie, mais pour une très courte durée, comme les flashs d'appareils photo.

Dans un appareil photo, on utilise en effet un condensateur pour allumer l'ampoule du flash. Une manière simplifiée de représenter cette utilisation est la suivante. Quand on met le flash en fonction, le condensateur accumule d'abord des électrons grâce à la pile (*voir la figure 21*). Les électrons s'accumulent sur la plaque du bas (qui devient chargée négativement), tandis que la plaque du haut a un déficit d'électrons (elle devient chargée positivement). La résistance ralentit le processus d'accumulation pour éviter que la pile surchauffe. Une fois le condensateur complètement rempli, on peut retirer la pile et le condensateur conservera sa charge.

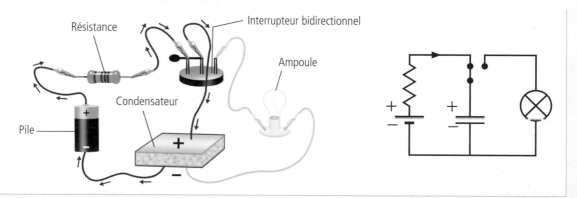

Résistance

Interrupteur bidirectionnel

Ampoule

Condensateur

Pile

Figure 21
La représentation et le schéma du circuit au moment de l'accumulation d'électrons par le condensateur

Le condensateur plein est prêt à être utilisé. Au moment où on prend la photo, on appuie sur un bouton qui fait basculer l'interrupteur bidirectionnel (*voir la figure 22*). Les charges accumulées sur le condensateur sont libérées à travers l'ampoule. En suivant la trajectoire du courant conventionnel, le courant quitte la plaque du haut (+), passe à travers l'ampoule, l'allumant au passage, et rejoint la plaque du bas (−). Une fois que le condensateur s'est complètement vidé, l'ampoule s'éteint. Dans un flash d'appareil photo, la libération des électrons dure une fraction de seconde à peine.

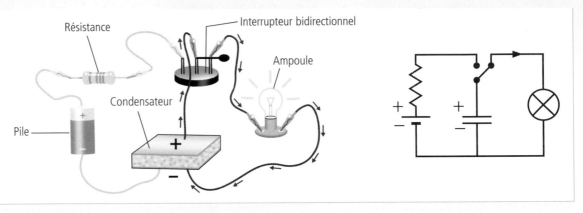

Figure 22
La représentation et le schéma du circuit au moment de la libération des électrons par le condensateur

Pour être en mesure d'accumuler beaucoup d'électricité, les plaques du condensateur doivent être de grande dimension. Or, de grandes plaques s'avéreraient fort encombrantes dans un appareil électronique. La solution ? Utiliser des plaques rectangulaires séparées par un mince isolant pris en « sandwich » et enrouler l'ensemble sur lui-même pour former un cylindre. On enrobe ensuite ce cylindre d'une couche de plastique, un isolant qui empêche les électrons de s'échapper. Chacun des deux fils qui dépassent du composant est lié à l'une des plaques (*voir la figure 23*). Le courant entre et sort du condensateur par ces fils. La plupart des condensateurs de grande capacité adoptent cette configuration.

Figure 23
Un condensateur

Les condensateurs sont caractérisés par leur **capacité électrique.** Plus la capacité d'un condensateur est grande, plus grand est le nombre de charges accumulées sous une tension donnée. Cette quantité est exprimée en farad (F), du nom du chimiste et physicien Michael Faraday. Un farad est égal à un coulomb par volt : $1\,F = 1\frac{C}{V}$. Cette relation signifie qu'un condensateur qui possède une capacité de 1 farad accumule une charge de 1 coulomb (charge électrique d'environ 6×10^{18} protons ou électrons) sur chaque plaque si on le branche à une pile de 1 volt. Notons qu'une capacité de 1 F est très élevée : dans les appareils de la vie courante, la capacité s'exprime le plus souvent en microfarads ($1\,\mu F = 10^{-6}\,F$).

3.4 Le bloc d'alimentation

Plusieurs appareils, du lecteur de musique numérique au téléphone cellulaire, sont alimentés grâce à des piles ou, du moins, nécessitent un courant continu pour fonctionner. Pourtant, on peut faire fonctionner bon nombre de ces appareils en les branchant dans une prise de courant ordinaire au moyen d'un adaptateur spécial, qu'on appelle **bloc d'alimentation** (*voir la figure 24*).

Comment ces petites « boîtes noires » font-elles pour produire une tension continue de quelques volts seulement à partir de la tension alternative fournie par la prise de courant ? Trois étapes sont nécessaires.

À l'entrée du bloc d'alimentation, la tension alternative est celle fournie par Hydro-Québec aux prises de courant. La fréquence de cette tension est de 60 Hz (60 cycles par seconde) : la durée d'un cycle est donc de $\frac{1}{60}$ de seconde (*voir la figure 26, tension initiale*). La tension varie de +170 à −170 V environ.

Figure 24
Un bloc d'alimentation

ÉTAPE 1 ■ Abaisser la tension

En général, les appareils électroniques fonctionnent sous une tension se situant entre 3 et 12 volts. La première étape de transformation de la tension par le bloc d'alimentation consiste donc à abaisser la tension. Pour ce faire, on utilise un **transformateur.** Ce composant comprend simplement deux solénoïdes placés côte à côte (*voir la figure 25*). Le premier solénoïde est branché à la prise de courant (*voir la figure 26, étape 1*). Lorsque le courant circule dans le premier solénoïde, un champ magnétique se crée (il devient un aimant). Ce champ magnétique, qui fluctue au même rythme que le courant alternatif, pénètre dans le deuxième solénoïde, générant dans celui-ci un courant électrique un peu de la même manière que l'aimant effectuant un mouvement de va-et-vient près d'une boucle de fil produit un courant (induction électromagnétique). Les deux solénoïdes n'ont pas le même nombre d'enroulements de fil. Plus le rapport du nombre d'enroulements est grand, plus la tension est abaissée. Par exemple, si le premier solénoïde possède un nombre d'enroulements 57 fois plus grand que le deuxième solénoïde, le transformateur divise la tension par 57. Puisque la tension à l'entrée (prise de courant) est de 170 V, la tension maximale à la sortie d'un tel transformateur est de 170 V ÷ 57 = 3 V.

Figure 25
Un transformateur

ÉTAPE 2 ■ Redresser le courant

Le courant produit par une tension alternative voyage dans un sens durant la moitié d'un cycle et en sens inverse durant l'autre moitié. À l'intérieur du bloc d'alimentation, on redresse le courant, c'est-à-dire qu'on empêche le courant de circuler tour à tour dans les deux sens. Quel composant permet au courant de circuler dans un seul sens ? La diode, bien sûr ! On branche donc une diode aux bornes du deuxième solénoïde (*voir la figure 26, étape 2*).

Durant la moitié du cycle, le courant circule dans le sens où la diode permet au courant de circuler. Durant l'autre moitié du cycle, le courant aimerait bien circuler en sens inverse, mais la diode l'en empêche. Par conséquent, aucun courant ne circule durant cette moitié du cycle.

ÉTAPE 3 ▪ **Rendre le courant continu**

Pour maintenir une tension continue, il faut retenir les charges électriques, les accumuler. Or, le condensateur n'a-t-il pas justement pour fonction d'accumuler des charges ? C'est en effet grâce à un condensateur placé en parallèle avec la diode et l'appareil à alimenter (symbolisé par une résistance) que le bloc d'alimentation achève sa mission (*voir la figure 26, étape 3*). Lorsque la tension est élevée (au sommet des pics), le condensateur se remplit rapidement. Lorsque la tension diminue jusqu'à devenir nulle, le condensateur libère des charges lentement dans l'appareil à alimenter, jusqu'à ce que la tension augmente de nouveau au pic suivant et que le cycle se répète. Comme le condensateur a l'occasion de se remplir à chaque cycle (60 fois par seconde), il se vide très peu, si bien que la tension à ses bornes et aux bornes de l'appareil demeure presque constante. Par conséquent, le courant est à peu près continu.

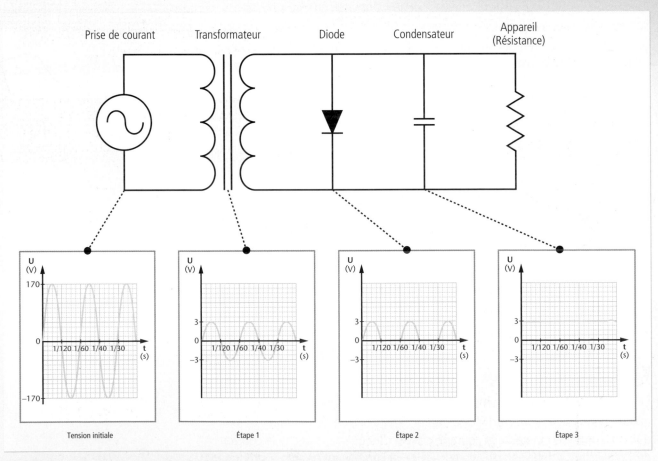

Figure 26
Les étapes de transformation du courant alternatif en courant continu par un bloc d'alimentation

Diagnostic

1 L'élément chauffant d'une cuisinière allumé à feu doux est parcouru par un courant de 1,6 A.

a) Si sa résistance est de 150 Ω, quelle est la tension appliquée à ses bornes ?

b) Quelle est la puissance dissipée dans l'élément ?

2 Dressez la liste du matériel nécessaire pour construire les circuits suivants en énumérant leurs composants.

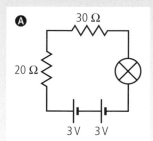

3 Dessinez un circuit qui conviendrait pour alimenter les quatre éléments chauffants d'une cuisinière. Voici les critères à respecter :

• La résistance électrique de chaque élément est de 50 Ω.

• Au moyen d'interrupteurs, on doit pouvoir allumer ou éteindre n'importe lequel des quatre éléments chauffants.

• Tous les éléments sont alimentés par la même prise de courant, dont la tension est de 240 V.

4 Dessinez un circuit qui conviendrait pour alimenter un système d'alarme lumineux et qui répondrait aux critères suivants :

• L'alarme lumineuse est une ampoule.

• L'ampoule est alimentée par une tension de 120 V.

• L'ampoule doit s'allumer si l'un ou l'autre de deux interrupteurs est actionné.

5 Avant de construire une nouvelle lampe de bureau, vous dessinez le circuit suivant. Votre frère affirme que la lampe demeurera allumée peu importe la position de l'interrupteur, parce que l'ampoule est placée **avant** l'interrupteur. A-t-il raison ? Justifiez votre réponse.

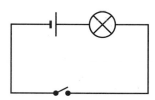

SECTION **3.2**   Le grille-pain

6 Expliquez dans vos mots le fonctionnement d'un fusible et d'un disjoncteur.

7 Pourquoi serait-il dangereux d'habiter dans une maison qui ne serait pas protégée par des fusibles ou des disjoncteurs ?

SECTION **3.3**   Les appareils électroniques

8 Quelle est la résistance (en ohms) des résistances suivantes ?

option

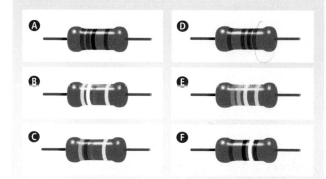

9 Expliquez en vos mots le fonctionnement du mécanisme :

a) d'un interrupteur à poussoir ;

b) d'un interrupteur à levier ;

c) d'un interrupteur à bascule.

10 Quelle est la différence entre un interrupteur unidirectionnel et un interrupteur bidirectionnel ? Par quel symbole chacun est-il représenté sur le schéma d'un circuit ?

11 Quelle est la différence entre un interrupteur unipolaire et un interrupteur bipolaire ? Par quel symbole chacun est-il représenté sur le schéma d'un circuit ?

12 Dessinez le schéma d'un circuit muni d'un seul interrupteur permettant d'allumer ou d'éteindre simultanément une ampoule branchée à une pile de 6 V et une deuxième ampoule branchée à une pile de 9 V. Quel type d'interrupteur avez-vous choisi ?

13 Dessinez le schéma d'un circuit muni d'un seul interrupteur et permettant d'allumer l'une ou l'autre de deux ampoules. Les ampoules doivent être branchées à une pile de 12 V pour fonctionner. Quel type d'interrupteur avez-vous choisi ?

14 Qui suis-je ?

a) Un ensemble de bandes de cuivre collées sur une surface non conductrice et raccordant entre eux les composants électriques.

b) Un composant qui permet au courant de circuler dans un sens, mais pas dans l'autre.

c) Un composant dont le symbole a la forme de deux traits parallèles de même longueur.

d) Un type d'interrupteur qui permet de commander deux circuits en même temps au moyen d'une seule action.

e) Un composant dont le symbole est un triangle dont la pointe est marquée d'un trait.

f) Un composant capable d'accumuler des charges électriques.

g) L'unité servant à mesurer la capacité des condensateurs.

SECTION 3.4   Le bloc d'alimentation

15 Quelle est le rôle d'un bloc d'alimentation ?

16 Quels composants constituent un bloc d'alimentation ?

17 Dans un bloc d'alimentation, quelle est la fonction :

a) du transformateur ?

b) de la diode ?

c) du condensateur ?

>>> La fonction d'alimentation

La fonction d'alimentation fournit de l'énergie électrique au circuit.

- La pile fournit une tension continue.
- La prise de courant fournit une tension alternative.

>>> Les fonctions d'isolation, d'opposition, de conduction et de commande

La fonction d'un composant dépend de son comportement électrique.

Très bon isolant		Très bon conducteur
Ex. : Plastique	Ex. : Nitrure de tantale (TaN) ou tungstène (W)	Ex. : Cuivre (Cu)
Fonction d'isolation	Fonction de protection ou d'opposition	Fonction de conduction
Empêche le passage du courant — Gaine de fil électrique	Ni bon isolant, ni bon conducteur — Résistance	Permet le passage du courant — Fil électrique

Fonction de commande

Position ouverte

Très bon conducteur ou très bon isolant, selon sa position

Interrupteur

Position fermée

>>> La fonction de transformation de l'énergie

Certains composants électriques transforment l'énergie électrique en une autre forme d'énergie, ou vice-versa.

- La résistance : Électricité → Chaleur
- L'ampoule : Électricité → Lumière et chaleur
- La pile : Énergie chimique → Électricité
- Le groupe turbine-alternateur : Énergie mécanique → Électricité

>>> Les autres composants électriques [option]

Les circuits électriques de nombreux appareils électroniques comportent des composants particuliers.

- Des résistances miniatures, dont la valeur est exprimée à l'aide d'un code de couleurs.
- Des circuits imprimés, qui sont des bandes conductrices collées sur une plaque. Ils remplacent les fils.
- Des diodes, qui ne conduisent le courant que dans un sens.
- Des condensateurs, qui accumulent des charges électriques

- Des interrupteurs, qui peuvent être classés en fonction de :
  – leur mécanisme :   – leur tâche :   – leur structure :

Poussoir

Unidirectionnel

Unipolaire

Levier

Bidirectionnel

Bipolaire

Bascule

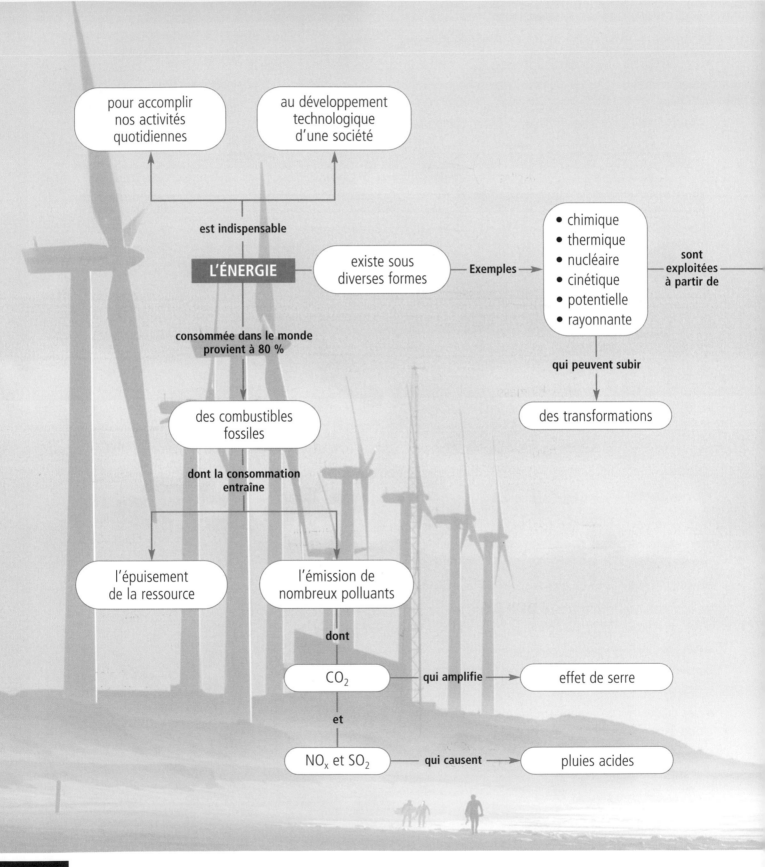

pour accomplir nos activités quotidiennes

au développement technologique d'une société

est indispensable

L'ÉNERGIE

existe sous diverses formes

Exemples

- chimique
- thermique
- nucléaire
- cinétique
- potentielle
- rayonnante

sont exploitées à partir de

qui peuvent subir

des transformations

consommée dans le monde provient à 80 %

des combustibles fossiles

dont la consommation entraîne

l'épuisement de la ressource

l'émission de nombreux polluants

dont

CO_2

qui amplifie

effet de serre

et

NO_x et SO_2

qui causent

pluies acides

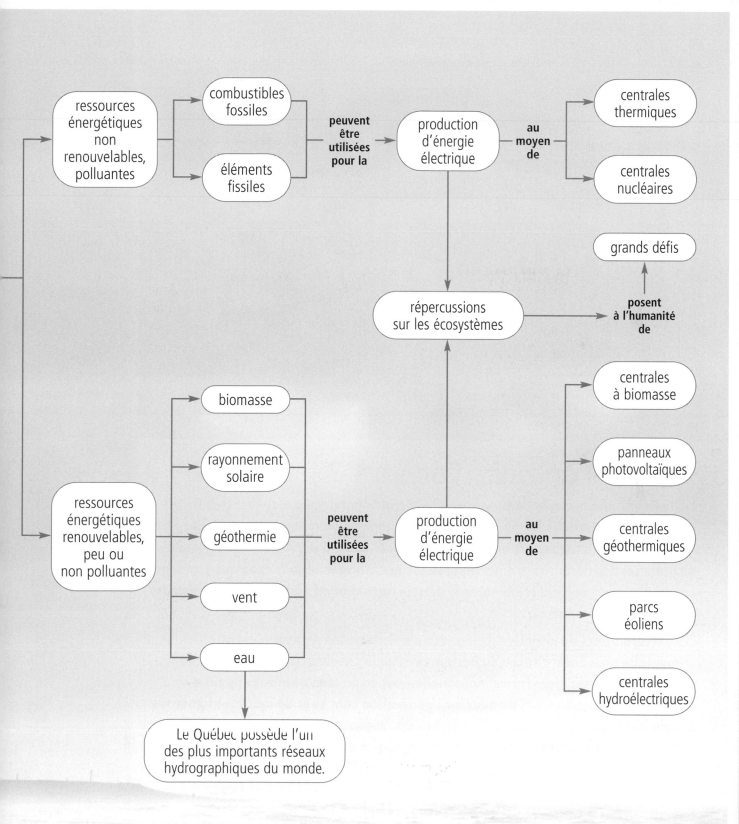

Après l'or noir, l'or vert ?

La demande mondiale de carburants – et spécialement de pétrole – est très forte. Les nations industrialisées paient cher pour s'approvisionner en pétrole, ce qui vaut à cette source de carburant le surnom d'« or noir ». Or, il est dorénavant possible de produire des carburants à partir de végétaux. Nombreux sont ceux qui espèrent que le carburant végétal remplacera le pétrole, au moins en partie, et qu'il deviendra ainsi un nouvel « or vert ».

Les biocarburants de première génération proviennent de plantes à vocation alimentaire : la canne à sucre, la betterave, le maïs, le colza et le soja. L'amidon de ces végétaux est transformé industriellement en un biocarburant appelé éthanol. Les biocarburants de deuxième génération sont tirés de matières ligneuses et cellulosiques résiduelles : résidus forestiers, végétaux non comestibles (bambou, panic érigé) et certains déchets agricoles et industriels (industries papetières). Toutefois, puisque la conversion de la cellulose en carburant est très complexe, aucune application à grande échelle n'est possible pour le moment.

Devrait-on miser sur les biocarburants pour réduire notre dépendance à l'égard du pétrole ?

EXPERT 1 ▪ PERSPECTIVE ENVIRONNEMENTALE

⚖ Il est moins dommageable pour l'environnement de produire l'éthanol à partir de la cellulose qu'à partir de céréales.

De même, l'utilisation de l'éthanol cellulosique produit moins de gaz à effet de serre que celle de l'éthanol traditionnel, fabriqué à partir de céréales. Selon un sondage mené en 2007 auprès d'experts et de décideurs du secteur climatique par l'Union internationale pour la conservation de la nature (UICN) et la Banque mondiale, les biocarburants de première génération arrivent au 18e rang (avec 21 % d'appui) parmi les technologies pouvant diminuer les émissions de gaz à effet de serre, alors que les biocarburants de seconde génération se situent au 7e rang (avec 43 % d'appui).

⚖ L'utilisation des résidus forestiers pour produire de l'éthanol cellulosique prive les écosystèmes forestiers des éléments nutritifs que lui procure la décomposition de ces résidus. L'épuisement des sols menace donc la reforestation des zones déboisées.

Les fertilisants nécessaires à la croissance des plantes destinées à la production de biocarburants contaminent les sols, les eaux de surface et les eaux souterraines, en plus d'exiger du pétrole et du gaz naturel pour leur fabrication.

EXPERT 2 ▪ PERSPECTIVE ÉCONOMIQUE

⚖ L'industrie des biocarburants entraîne une forte demande de maïs. Le prix de vente de cette denrée connaît ainsi une hausse, ce qui accroît la rentabilité des entreprises agricoles.

La production d'éthanol cellulosique à partir de matières ligneuses comme les copeaux de bois et les résidus de coupe pourrait permettre de relancer le secteur forestier québécois, en difficulté depuis quelques années.

⚖ Produire de l'éthanol à partir du maïs entraîne une hausse fulgurante des prix des denrées alimentaires de base. En 2008, le prix du riz a doublé en Asie, et celui du blé a augmenté de 130 %.

D'autre part, convertir la cellulose en carburant est beaucoup plus coûteux que de transformer l'amidon en éthanol. Par exemple, le prix des cellulases, les enzymes cellulosiques produites à partir de champignons ou de bactéries, est beaucoup plus élevé que celui des amylases, les enzymes qui transforment l'amidon du maïs en sucre.

EXPERT 3 ▪ PERSPECTIVE SOCIALE ET POLITIQUE

⚖ Les biocarburants de nouvelle génération présentent l'avantage de ne pas faire hausser le prix des denrées alimentaires de base, puisqu'ils sont essentiellement produits avec des déchets forestiers et agricoles. Les terres agricoles destinées à l'alimentation humaine ne se trouvent donc pas ainsi détournées de leur vocation première.

⚖ Les semences transgéniques, fortement controversées, entrent pour une large part dans la production de biocarburants.

Les ressources des pays en développement servent à produire des biocarburants utilisés en Amérique du Nord. La plupart des biocombustibles sont produits en Amérique latine, en Asie et en Afrique, qui pourtant n'en sont pas de grands consommateurs. Dans toutes ces régions, des terres à vocation agricole ou des écosystèmes naturels servent maintenant à la production de biocarburants destinés à nos voitures.

FORUM ?

1. Dans quelle mesure la fabrication et l'utilisation des biocarburants sont-elles des pratiques durables ?

2. Les biocarburants représentent-ils, à long terme, une solution de remplacement valable des combustibles fossiles ?

Vers où
monte-t-elle ?

MONTEUR OU MONTEUSE DE LIGNES

La personne qui ne craint ni les défis ni les hauteurs trouvera sa voie dans le métier de monteur ou monteuse de lignes électriques. En plus de construire, de réparer et de modifier les lignes de transport ou de distribution, ce travailleur ou cette travailleuse accomplit des tâches telles que l'installation de divers appareils électriques (conducteurs, disjoncteurs, transformateurs, régulateurs), l'entretien préventif des équipements et la patrouille d'un réseau pour y repérer les bris.

Le monteur ou la monteuse de lignes doit manier adéquatement des outils et savoir utiliser des ordinateurs et des appareils de mesure. Comme il ou elle s'expose à des risques de chute et d'électrocution, il lui est indispensable de respecter à la lettre des normes de sécurité. Il lui faut également faire preuve d'autonomie et de dextérité, et avoir le sens des responsabilités, l'esprit d'équipe et de la facilité à communiquer. Comme les conditions de travail peuvent parfois être difficiles physiquement, ce métier exige une bonne endurance et une grande résistance au froid, à la chaleur et aux intempéries qui peuvent compliquer le travail.

Au Québec, Hydro-Québec est le principal employeur de monteurs et de monteuses de lignes. Des entreprises privées d'entretien de lignes, des compagnies de télécommunication et des entreprises de construction ont également besoin de leurs services.

La formation requise pour exercer ce métier est un cours d'études secondaires professionnelles.

Que
transige-t-il ?

REPRÉSENTANT OU REPRÉSENTANTE SUR LE MARCHÉ DU CARBONE

Il existe une profession pour qui est fasciné à la fois par les finances et l'environnement : représentant ou représentante sur le marché du carbone (aussi appelé courtier ou courtière). Au lieu d'acquérir ou de vendre des actions et des obligations, le représentant ou la représentante négocie pour ses clients des crédits d'émissions de gaz à effet de serre.

Les gouvernements, en effet, imposent aux entreprises des quotas d'émissions de CO_2. Les entreprises qui n'arrivent pas à respecter leur quota doivent acheter des droits supplémentaires imposés pour les dépassements. À l'opposé, les compagnies qui rejettent des quantités de CO_2 inférieures aux quotas fixés bénéficient de crédits qu'elles peuvent vendre à la bourse. Au bout du compte, ce système incite les entreprises à réduire leurs émissions de GES.

En plus de connaître parfaitement les rouages des marchés boursiers et de posséder d'excellentes habiletés stratégiques, le courtier ou la courtière doit manifester de l'intérêt pour la protection de l'environnement. Il ou elle doit également posséder l'esprit d'analyse, le sens de l'organisation, une excellente mémoire et une bonne résistance au stress. Cette profession récente est appelée à se développer.

Les principaux employeurs de courtiers et de courtières sont les bourses, les sociétés de placements et les firmes de courtage. Certains et certaines travaillent à leur compte.

La formation requise pour exercer cette profession est un cours reconnu par les autorités canadiennes en valeurs mobilières.

Saurons-nous nous adapter?

UNIVERS TERRE ET ESPACE

Une planète en changement

1 > Les manifestations des changements climatiques

2 > La perturbation des systèmes terrestres

UNIVERS MATÉRIEL

Les GES : provenance et répercussions

1 > La réduction des GES : un défi et une urgence

2 > Comment les océans réagiront-ils ?

UNIVERS VIVANT

Le pouls des écosystèmes

1 > Les écosystèmes des régions polaires

2 > Les écosystèmes des régions côtières

3 > Les écosystèmes des régions continentales

UNIVERS
TECHNOLOGIQUE

**Des instruments
pour mesurer
le climat**

1 > Un instrument pour mesurer
la pluie

2 > Des instruments pour
identifier les précipitations

a terre a déjà connu dans le passé une succession de périodes chaudes et froides. Toutefois, jamais ces changements ne se sont déroulés aussi rapidement que le réchauffement constaté actuellement. La communauté scientifique est très majoritairement d'avis que la situation est principalement attribuable à une augmentation de la concentration atmosphérique de gaz à effet de serre (GES).

Dans l'**Univers Terre et espace,** vous verrez comment le réchauffement planétaire influe sur la circulation atmosphérique et océanique, et comment il perturbe conséquemment les biomes.

L'**Univers matériel** porte sur les principales activités humaines qui produisent des GES et sur les risques d'emballement du processus de réchauffement de la Terre.

Dans l'**Univers vivant,** on découvrira que dans plusieurs écosystèmes, la capacité d'adaptation des vivants est dépassée, ce qui constitue une menace pour la biodiversité.

Enfin, l'**Univers technologique** fera découvrir quelques instruments météorologiques par le biais de nombreux concepts liés à l'ingénierie mécanique et électrique, au dessin technique et à la science des matériaux.

Pour limiter au minimum le réchauffement de la planète, nous devons adapter notre mode de vie afin de réduire les émissions de GES. En parallèle, nous aurons à intervenir pour diminuer les répercussions des changements climatiques sur les écosystèmes et les populations. Saurons-nous nous adapter?

Univers Terre et espace

L'ouragan Katrina
dans le golfe du Mexique,
vu de l'espace (2005)

**1 > LES MANIFESTATIONS
DES CHANGEMENTS CLIMATIQUES**

1.1 La hausse générale des températures

1.2 Les changements dans l'hydrosphère

1.3 La modification des biomes

1.4 La modélisation de l'effet de serre

Une planète en changement

Nous pouvons observer plusieurs effets des changements climatiques. Leur manifestation la plus claire est l'élévation de la température moyenne de la Terre, qui entraîne certains phénomènes : la fonte des banquises et des glaciers, la hausse du niveau des mers et la perturbation des biomes. Les données historiques et géologiques révèlent que nous traversons une ère de grands bouleversements. Les changements climatiques ont des répercussions majeures sur l'environnement et notre mode de vie.

Il est très probable que l'être humain est responsable de l'emballement actuel du réchauffement de la planète. La chaleur est le moteur d'importants phénomènes naturels comme la circulation atmosphérique et océanique. Les cycles du carbone et de l'azote peuvent absorber une partie des gaz à effet de serre (GES). La réduction de la consommation d'hydrocarbures est probablement l'une des solutions pouvant avoir un effet direct sur le rétablissement des cycles du carbone et de l'azote.

1> LES MANIFESTATIONS DES CHANGEMENTS CLIMATIQUES

Le système climatique a connu des changements dans l'histoire récente de la Terre. Quantités de mesures confirment une augmentation de la température moyenne. Ce réchauffement de la planète a des effets observables sur la banquise et la calotte glaciaire des pôles. Le paysage se transforme également dans les hautes montagnes et dans la toundra. En même temps, on assiste à la modification de grands biomes terrestres et aquatiques. Pour expliquer tous ces changements, il faut d'abord en déterminer la cause et tenter de prédire s'ils s'amplifieront ou s'ils diminueront.

1.1 La hausse générale des températures

Les données sur la température

Depuis l'invention du thermomètre, on mesure et on note les températures quotidiennes partout sur la planète. De nombreuses données historiques ont été conservées. Même si les instruments anciens n'avaient pas la précision de ceux d'aujourd'hui, ces mesures peuvent être analysées et interprétées. Il est également possible d'estimer indirectement les températures moyennes de certaines régions en analysant les **traces fossiles.**

On sait que le rythme de croissance de certains organismes est proportionnel à la température ambiante : c'est le cas des arbres et des coraux. On peut déduire la température ambiante à une époque donnée à partir des anneaux de croissance des arbres et des cernes de croissance des coraux. La science a également mis au point différents protocoles pour dater les glaces de l'Arctique et de l'Antarctique, vieilles de millions d'années. En matière de température, la science a donc accumulé une multitude de données se rapportant à différentes époques et à différents lieux (*voir la figure 1*).

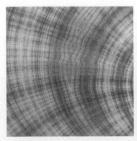

Anneaux de croissance des arbres

Analyse physicochimique de carottes de glace

Analyse physicochimique de stalagtites

Figure 1
Quelques méthodes de cueillette de données sur la température

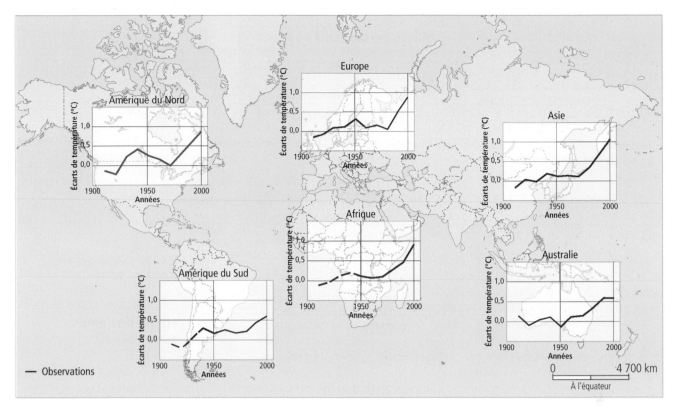

Figure 2
Un modèle des changements de température des continents au cours du XXᵉ siècle On calcule l'écart en prenant la moyenne des températures mesurées entre 1961 et 1990 et en en soustrayant la température annuelle moyenne de la moyenne des températures mesurées entre 1961 et 1990.

L'évolution historique des températures

La température moyenne de la Terre est restée relativement stable pendant le dernier millier d'années mais, depuis 150 ans, elle n'a cessé d'augmenter. Elle s'est accrue de 0,6 ± 0,2 °C au cours du dernier siècle. De plus, cette augmentation s'est beaucoup accélérée depuis les années 1980. La Terre se réchauffe, c'est indéniable (*voir la figure 2*).

Les changements de température n'ont pas la même ampleur partout sur le globe. Les régions polaires se réchauffent davantage que les régions équatoriales. Les **relevés météorologiques** canadiens confirment cette tendance (*voir la figure 3*). L'augmentation de température n'est pas propre aux basses couches de l'atmosphère. Les températures en haute atmosphère et les températures des océans ont également augmenté. Les changements sont donc planétaires.

L'effet possible de l'augmentation des températures

La chaleur est la forme d'énergie qui produit le vent, fait varier la pression, accélère l'évaporation et provoque la fusion de la glace. Or, la planète se réchauffe. Le phénomène est-il assez important pour influer sur le climat, voire sur la dynamique de la planète ? De nombreuses études scientifiques ont été menées sur le terrain pour observer et quantifier les **changements climatiques** (*voir la figure 4*). Les sections suivantes décrivent l'ampleur de ces changements sur différentes composantes de la planète.

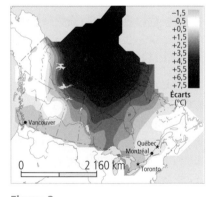

Figure 3
Les variations de température selon la latitude
Au Canada, les écarts de températures moyennes deviennent plus importants à mesure que l'on s'approche du pôle Nord.

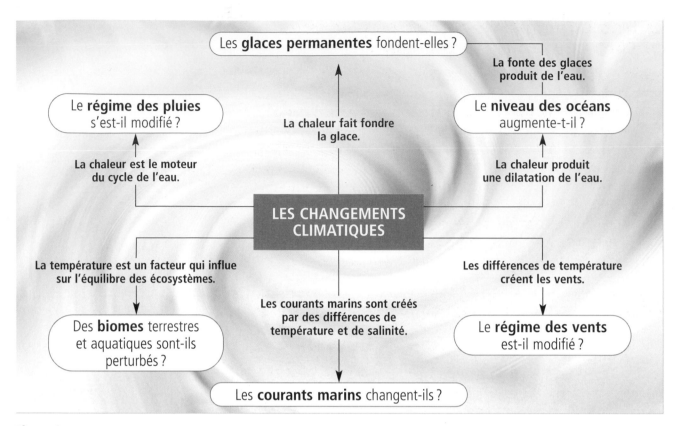

Les glaces permanentes fondent-elles ?

La fonte des glaces produit de l'eau.

Le **régime des pluies** s'est-il modifié ?

La chaleur fait fondre la glace.

Le **niveau des océans** augmente-t-il ?

La chaleur est le moteur du cycle de l'eau.

La chaleur produit une dilatation de l'eau.

LES CHANGEMENTS CLIMATIQUES

La température est un facteur qui influe sur l'équilibre des écosystèmes.

Les différences de température créent les vents.

Des **biomes** terrestres et aquatiques sont-ils perturbés ?

Les courants marins sont créés par des différences de température et de salinité.

Le **régime des vents** est-il modifié ?

Les **courants marins** changent-ils ?

Figure 4
Les liens de causalité possibles entre des phénomènes naturels et les changements climatiques

1.2 Les changements dans l'hydrosphère

La diminution de la banquise

L'Arctique est principalement constitué d'une épaisse couche de glace d'**eau salée** qui flotte sur la mer : la banquise. Grâce à des relevés par satellites, les scientifiques suivent l'évolution de l'étendue de la banquise arctique depuis des années. Historiquement, la banquise saisonnière est complètement fondue au mois de septembre, ne laissant que les **glaces permanentes.** Les données du XXIe siècle nous apprennent qu'entre 1980 et 2007, la banquise permanente a perdu 45 % de sa surface, soit l'équivalent de deux fois le territoire québécois (*voir la figure 5*).

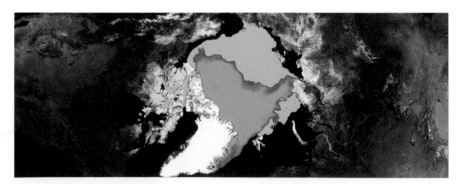

Figure 5
L'étendue de la banquise permanente en 1979 (la zone en vert foncé et en vert pâle) et en 2007 (en vert foncé)

Le fractionnement des calottes glaciaires de l'Antarctique et du Groenland

Les immenses glaciers qui recouvrent le Groenland et l'Antarctique, les étendues de terre situées à chaque pôle, comptent pour environ 90 % des masses de glace d'**eau douce** de la planète. Or, ces *inlandsis* fondent et se fractionnent à des rythmes jamais encore observés. Lorsqu'un morceau de calotte se détache du continent, il se désagrège en de nombreux icebergs. C'est le vêlage (*voir la figure 6*). Les icebergs sont emportés par les courants océaniques et fondent en dérivant dans les eaux plus chaudes, ajoutant ainsi de l'eau douce aux océans. Plusieurs scientifiques craignent qu'une baisse de la **salinité** des eaux influe sur la circulation océanique et amplifie les changements climatiques. Par contre, la fonte de la banquise – une glace d'eau salée – ne modifie ni le niveau des mers ni leur salinité.

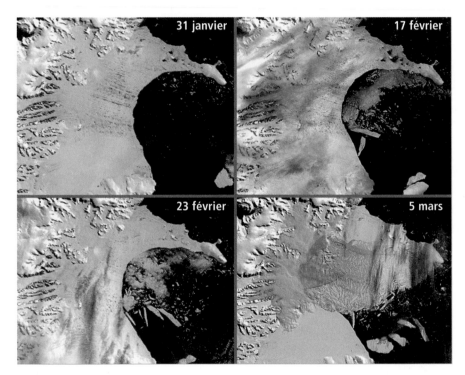

Figure 6
La barrière de glace Larsen B, en Antarctique En 2002, 3 250 km² de la barrière de glace Larsen B se sont fractionnés en milliers d'icebergs.

L'augmentation du niveau des mers

Les mesures de la hauteur des marées ne datent pas d'hier. Les marins consignent des mesures dans des tables depuis plus de 200 ans. Les variations du niveau des mers se calculent, entre autres, par l'observation des variations historiques des marées. Entre 1900 et 2000, le niveau des océans est monté de 17 cm (± 5 cm). Les données historiques et satellitaires démontrent que la montée des eaux s'est accélérée au cours des dernières années (*voir la figure 7*). Or, les bords marins sont habités par des populations nombreuses, pour qui une augmentation importante du niveau de la mer aurait des conséquences catastrophiques.

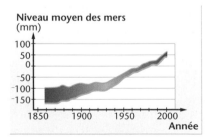

Figure 7
La variation du niveau moyen des mers entre 1961 et 1990, selon des données du GIEC
On calcule l'écart en soustrayant de la moyenne des niveaux mesurés entre 1961 et 1990 le niveau annuel moyen des mers.

Le retrait des glaciers

Les changements climatiques se font également sentir en altitude. Plusieurs des grands glaciers millénaires des hautes montagnes d'Afrique, d'Amérique, d'Europe et d'Asie fondent (*voir la figure 8*). Ces glaciers représentent bien plus qu'un paysage de cartes postales. Leur fonte printanière alimente en **eau douce** la faune et la flore ainsi que des populations humaines de vastes **bassins versants**. Depuis quelques années, la fonte de certains glaciers est si intense qu'elle provoque des crues et des inondations dévastatrices.

Tôt ou tard, plusieurs glaciers fondront et des régions entières s'assècheront faute d'être alimentées en eau douce. De nombreux scientifiques craignent que le retrait des glaciers influe sur la circulation océanique et amplifie les changements climatiques.

Le dégel du pergélisol

La toundra se caractérise par la présence d'une couche de sol gelé en permanence, le pergélisol. La couche supérieure du pergélisol de la toundra (environ 50 cm) s'est formée par suite de l'accumulation de mousses et d'herbes (la végétation propre aux tourbières).

Depuis quelque temps, on observe que des pergélisols vieux de centaines d'années subissent des dégels durant l'été. L'été, le sol devient mou, friable et saturé d'eau, ce qui est propice aux glissements de terrain. Ce sol mou est rapidement érodé par les vents et l'eau. Plusieurs infrastructures de la toundra comme des bâtiments, des routes et des pistes d'atterrissage sont devenues inutilisables, car le sol a perdu sa stabilité originale.

L'alternance du gel et du dégel forme de nombreux petits étangs (*voir la figure 9*). Les spécialistes du climat s'inquiètent du fait que le dégel du pergélisol puisse libérer de grandes quantités de **gaz à effet de serre.** Les étangs chargés de **matière organique** sont des milieux propices à la prolifération de bactéries anaérobies. Ces bactéries décomposent la matière organique en produisant des gaz tels que le dioxyde de carbone (CO_2) et le méthane (CH_4) [*voir la figure 10*]. Des scientifiques craignent que la libération de méthane et de dioxyde de carbone (CO_2) amplifie les changements climatiques.

Figure 8
Une photographie du glacier Aletsch, en 1856, devant ce qu'il en reste aujourd'hui

● info +

UN PASSAGE QUI VAUT DE L'OR

Si certains s'inquiètent de la fonte de la banquise arctique, d'autres s'en réjouissent. Pourquoi ? Le passage du Nord-Ouest, qui relie l'Atlantique au Pacifique par le nord du Canada, pourrait être navigable vers 2050, voire 2020. Emprunter cette voie pour aller de l'Europe ou de la côte Est américaine vers l'Asie serait beaucoup plus rapide que de passer par le canal de Suez, en Égypte. Une aubaine pour le commerce maritime...

Cela est sans compter les gisements de pétrole et de gaz que l'on pourrait découvrir dans la région. Le Danemark, la Russie, les États-Unis et le Canada se disputent la propriété de ce détroit. Les Américains préféreraient le considérer comme une voie maritime internationale : les navires étrangers y auraient alors d'office un droit de passage.

Figure 9
Des étangs créés par la fonte du pergélisol

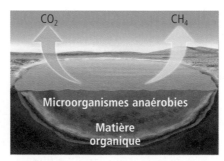

Figure 10
La décomposition anaérobie de la tourbe prisonnière du pergélisol

Des biomes terrestres en transformation

La température moyenne est un facteur déterminant dans la constitution du type de **biome** d'une région. L'augmentation des températures a un effet sur les autres **facteurs abiotiques** de l'environnement, soit les quantités de précipitations et le type de sol. De nombreuses observations indiquent que la répartition des biomes est modifiée par les changements climatiques (*voir la figure 11*). Voici une illustration intéressante du phénomène. Sous nos latitudes, une augmentation de 1 °C de la température moyenne d'une région équivaudrait à la déplacer de 180 km vers le sud.

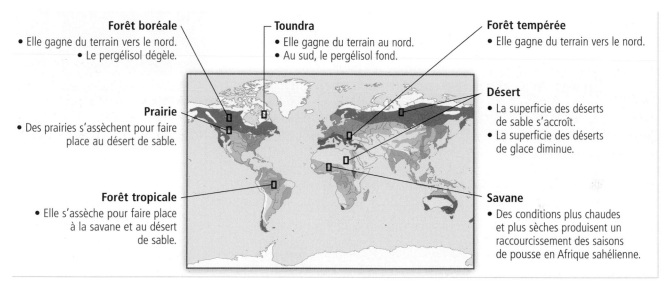

Forêt boréale
• Elle gagne du terrain vers le nord.
• Le pergélisol dégèle.

Toundra
• Elle gagne du terrain au nord.
• Au sud, le pergélisol fond.

Forêt tempérée
• Elle gagne du terrain vers le nord.

Prairie
• Des prairies s'assèchent pour faire place au désert de sable.

Désert
• La superficie des déserts de sable s'accroît.
• La superficie des déserts de glace diminue.

Forêt tropicale
• Elle s'assèche pour faire place à la savane et au désert de sable.

Savane
• Des conditions plus chaudes et plus sèches produisent un raccourcissement des saisons de pousse en Afrique sahélienne.

Figure 11
Les changements observés dans les différents biomes

Un biome se caractérise par une distribution de végétaux et d'animaux adaptés aux conditions de vie de ce milieu. Lorsque le climat change, les organismes qui ne s'adaptent pas sont progressivement remplacés par d'autres. Certains scientifiques qualifient ce qui se produit présentement dans la biosphère de période d'extinction massive des espèces.

Comme les changements climatiques se font davantage sentir aux pôles, les biologistes accordent une attention particulière aux populations qui y vivent. La perturbation des écosystèmes polaires est un signal d'alarme pour l'avenir de nos régions.

Une productivité primaire accrue

Les changements climatiques sont liés à une augmentation de température causée, entre autres, par une augmentation de la concentration de CO_2 dans l'atmosphère. Or, ces deux facteurs favorisent la **photosynthèse** des plantes. En comparant 20 années de mesures par satellite, on peut observer que les continents ont globalement augmenté leur **productivité primaire.** Il apparaît alors que les changements climatiques ont stimulé la croissance des végétaux. Des scientifiques soutiennent que l'absorption accrue de CO_2 par les végétaux atténuera l'ampleur des changements climatiques (*voir la figure 12*).

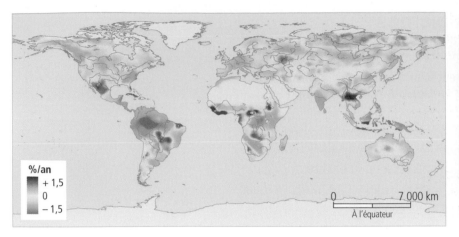

Figure 12
La variation de la productivité primaire au cours des 20 dernières années

Les biomes aquatiques en transformation

Les récifs de coraux représentent le biome aquatique ayant la plus grande **biodiversité**. Au cœur de ce biome résident les coraux, qui sont des colonies de petits animaux dotés d'un exosquelette de calcaire. Les biologistes ont démontré que les coraux sont très sensibles aux changements de leur environnement. Une eau plus chaude de 1 à 2 °C seulement pendant une période de 5 à 10 semaines provoque leur mort. Le corail mort est généralement blanc, comme le carbonate de calcium dont il est composé.

De plus, les coraux sont très sensibles aux variations du niveau des eaux. Ils se rencontrent seulement là où la mer est peu profonde et où l'éclairement du soleil est intense. Les coraux sont des animaux qui vivent en symbiose avec des algues unicellulaires. Ils dépendent de l'activité photosynthétique de ces algues pour obtenir des nutriments. En profondeur, la symbiose ne peut pas s'installer, car la lumière n'y est pas suffisante pour permettre la photosynthèse. Il faut alors craindre pour les coraux que les changements climatiques n'élèvent le niveau des mers.

Depuis 1980, il est estimé que plus du quart des récifs coralliens sont morts. Lorsque les coraux meurent, c'est tout l'écosystème récifal qui s'effondre. Les espèces qui y sont liées migrent ou meurent.

1.4 La modélisation de l'effet de serre

La température de la Terre est stable parce que son atmosphère retient une partie de la chaleur reçue du Soleil au voisinage de sa surface plutôt que de la laisser s'échapper dans l'espace. Ce phénomène est appelé l'**effet de serre** naturel. Tout phénomène qui accentue la transformation et la conservation de l'énergie solaire en chaleur entraîne un forçage radiatif positif, c'est-à-dire une tendance à réchauffer la Terre. Les gaz à effet de serre sont des substances particulièrement efficaces pour retenir les infrarouges réémis au voisinage de la surface terrestre. C'est pourquoi ils sont pointés comme les principaux responsables de la hausse des températures moyennes du globe et, par conséquent, comme principaux responsables des changements climatiques.

Toutefois, certains phénomènes causés par les changements climatiques ont un effet de rétroaction, c'est-à-dire qu'ils entraînent un forçage radiatif négatif. Par exemple, des températures plus chaudes provoquent davantage d'évaporation. Il y a donc plus de nuages, qui laissent pénétrer moins de lumière solaire (donc de chaleur) dans les basses couches de l'atmosphère. Cette rétroaction tend à abaisser la température. Le schéma de la figure 13 illustre des interactions entre des facteurs de l'environnement et les changements climatiques en prenant appui sur le modèle de l'effet de serre.

Pour prédire le climat qu'il fera dans les 10, 25, 50 et 100 années à venir, les scientifiques élaborent des modèles informatiques. Des milliers de données climatiques, de paramètres physiques et de variables naturelles sont mis en relation dans de complexes équations mathématiques pour prédire les différentes manifestations des changements climatiques.

Le schéma de la figure 13 illustre d'autres interactions entre des facteurs de l'environnement et les changements climatiques en prenant appui sur le modèle de l'effet de serre.

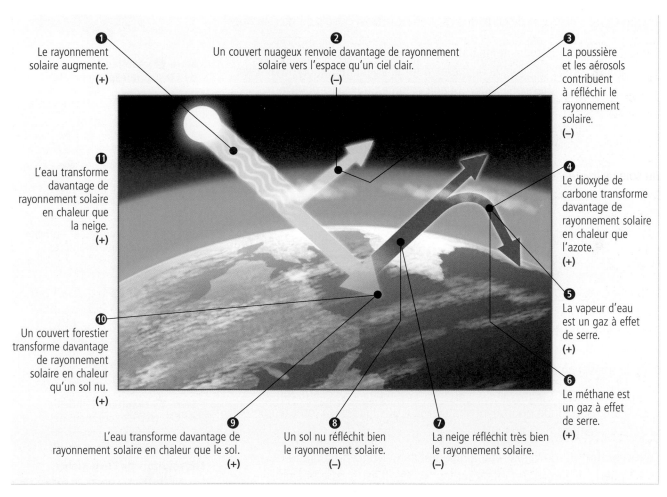

Figure 13
Les facteurs qui entraînent un forçage radiatif positif (+) ou négatif (−)
Essentiellement, tout facteur qui augmente l'effet de serre ou l'absorption de rayonnement solaire entraîne un forçage radiatif positif. La réciproque est également vraie.

Expérimenter avec les biomes

Quels effets auront les changements climatiques sur la forêt décidue ? Verrons-nous la distribution des érables à sucre s'étendre encore plus au nord qu'aujourd'hui ? Des scientifiques conçoivent des expériences destinées à répondre à de telles questions et à prédire l'évolution des biomes : l'expérience menée par R.J. Norby et ses collaborateurs et présentée ci-dessous en est un exemple.

But

Les chercheurs désiraient étudier l'influence d'une augmentation du CO_2 et de la température (T) sur le développement des érables à sucre, l'emblème de la forêt décidue. Les résultats obtenus pourraient dès lors permettre de faire des inférences logiques sur la transformation que subit la forêt tempérée sous l'influence des changements climatiques.

Hypothèse

On sait qu'une hausse des températures stimule le métabolisme de la plupart des espèces végétales. Il en va de même pour une augmentation du dioxyde de carbone (CO_2) atmosphérique, qui agit comme un fertilisant gazeux. Comme les changements climatiques sont associés à une augmentation des températures moyennes et de la concentration en CO_2 atmosphérique, il est plausible que le développement des érables soit anormalement stimulé.

Méthodologie

Des samares sont plantées dans l'environnement contrôlé de trois types de serres différentes. L'air de certaines serres est maintenu à 4 °C au-dessus de la température extérieure et est enrichi de CO_2. Les serres abritant le groupe témoin ne sont ni chauffées ni enrichies de CO_2. Pendant trois ans et demi, des observations et des mesures sont régulièrement faites pour décrire la croissance des érables soumis aux différentes conditions (*voir la figure 14*).

Inférences logiques sur les effets des changements climatiques

- Le réchauffement planétaire ne stimulerait pas à lui seul la croissance de la forêt tempérée.

- Le réchauffement planétaire et l'augmentation de la concentration de CO_2 atmosphérique pourraient stimuler la croissance de la forêt tempérée dans les régions plus au nord.

Le réchauffement du climat et l'augmentation de concentration du CO_2 atmosphérique auront des effets sur les biomes. Il est encore très difficile d'en prédire l'ampleur, car d'autres variables comme l'espèce d'arbre, la nature du sol et les quantités de précipitations ont également des répercussions sur les biomes. Depuis des dizaines d'années, des centaines de scientifiques enregistrent des observations. Certains résultats contredisent même ceux présentés ici.

Serre ❶ non chauffée et non enrichie de CO_2 (serre témoin)

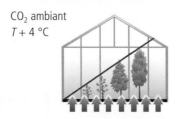

Serre ❷ chauffée et non enrichie de CO_2 (serre expérimentale)

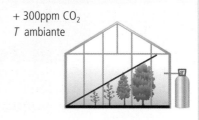

Serre ❸ non chauffée et enrichie de CO_2 (serre expérimentale)

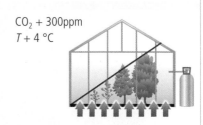

Serre ❹ chauffée et enrichie de CO_2 (serre expérimentale)

Figure 14
Les résultats de l'expérience
Les érables de la serre ❷ se développent moins bien que ceux de la serre ❶. Ceux de la serre ❸ se développent de façon semblable à ceux de la serre ❶. Dans la serre ❹, les érables se développent davantage que ceux de la serre ❶.

Diagnostic

SECTION 1.1 **La hausse générale des températures**

1 Nommez quatre méthodes utilisées pour collecter des données sur les températures présentes et passées.

SECTION 1.2 **Les changements dans l'hydrosphère**

2 Répondez aux questions suivantes.

a) Pourquoi prédit-on que, d'ici 2020 à 2050, les paquebots pourront passer de l'Atlantique au Pacifique en contournant le Canada par le nord ?

b) Pourquoi craint-on que certaines mers se diluent rapidement ?

c) Pourquoi certaines villes se sont-elles dotées de plans de développement qui tiennent compte des inondations ?

d) Pourquoi certaines villes en haute montagne comme Mexico craignent-elles pour leur approvisionnement en eau potable ?

e) Pourquoi certains villages du Nunavut sont-ils menacés ?

SECTION 1.3 **La modification des biomes**

3 Comment les changements climatiques pourraient-ils modifier les biomes suivants ?

a) Les déserts de glace.   e) La forêt tempérée.

b) Les déserts de sable.   f) La forêt tropicale.

c) La toundra.   g) La savane.

d) La forêt boréale.   h) La prairie.

4 Pourquoi des scientifiques prévoient-ils que l'agriculture canadienne pourrait tirer avantage des changements climatiques ?

5 Comment un faible réchauffement de l'eau peut-il être la cause d'une baisse catastrophique de la biodiversité marine ?

SECTION 1.4 **La modélisation de l'effet de serre**

6 Quel est le principe scientifique qui soutient les hypothèses suivantes ?

a) L'augmentation de la température moyenne de la Terre fera fondre la banquise antarctique.

b) L'augmentation de la température moyenne de la Terre modifiera le climat de plusieurs régions.

c) L'augmentation de la température moyenne de la Terre causera l'extinction d'espèces vivantes.

d) L'augmentation de la température moyenne de la Terre causera des conditions pluvieuses dans certaines régions.

e) L'augmentation de la température moyenne de la Terre causera l'assèchement de certaines régions.

f) L'augmentation de la température moyenne de la Terre modifiera la circulation océanique.

g) L'augmentation de la température moyenne de la Terre modifiera le niveau des océans.

7 Quel graphique illustre le mieux l'évolution des températures depuis :

a) 100 ans ?

b) 1 000 ans ?

c) 4 000 000 000 d'années ?

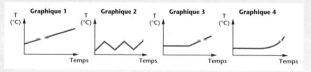

2> LA PERTURBATION DES SYSTÈMES TERRESTRES

La planète se réchauffe, mais y a-t-il pour autant déséquilibre ? L'une des façons de le savoir est d'observer les mouvements de ses fluides. L'air et l'eau circulent-ils normalement ? Les changements observés (fréquence, intensité) concernant des événements climatiques extrêmes tels que les ouragans et le phénomène El Niño sont des manifestations qui pourraient tendre à prouver que l'équilibre de la planète se modifie. Les changements climatiques toucheront tôt ou tard tous les organismes de la planète, car l'air et l'eau sont des véhicules du carbone et de l'azote, qui sont deux des principaux éléments chimiques à la base de la vie sur Terre.

2.1 La modification des courants atmosphériques

Les masses d'air

Le réchauffement inégal de la surface du globe produit des différences de température dans l'atmosphère. Une **masse d'air** est un vaste volume d'air possédant des propriétés uniformes de température, de pression et d'humidité.

Généralement, une masse d'air polaire est plus froide qu'une masse d'air tropicale et une masse d'air océanique est plus humide qu'une masse d'air continentale (*voir la figure 15*).

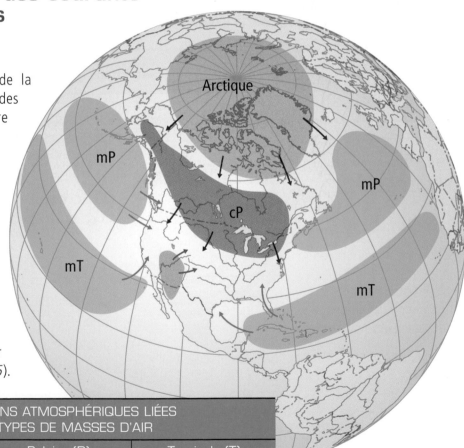

Figure 15
Les masses d'air en interaction autour de l'Amérique du Nord

CONDITIONS ATMOSPHÉRIQUES LIÉES AUX TYPES DE MASSES D'AIR		
Masses d'air	Polaire (P)	Tropicale (T)
Continentale (c)	Air froid et sec	Air chaud et sec
Maritime (m)	Air froid et humide	Air chaud et humide

Les fronts

L'air devient particulièrement instable quand deux masses d'air se rencontrent. La ligne imaginaire qui sépare ces deux masses d'air se nomme un front (*voir la figure 16*). Différents systèmes de nuages se forment selon que c'est la masse d'air froid qui déplace la masse d'air chaud ou l'inverse.

Au passage d'un **front froid,** une masse d'air froid chasse rapidement une masse d'air chaud. De manière générale, la masse d'air froid étant plus dense que celle d'air chaud, elle tend à passer sous cette dernière. L'air chaud et humide est alors poussé en altitude où il se refroidit rapidement. La vapeur se condense pour former des nuages de pluie de grande densité. C'est pourquoi il est fréquent d'observer des orages au moment du passage d'un front froid (*voir la figure 17*).

Au passage d'un **front chaud,** la masse d'air chaud et humide pousse lentement une masse d'air froid. Puisque la masse d'air chaud se couche sur la masse d'air froid, la vapeur se condense pour former de longues bandes de pluies (*voir la figure 17*).

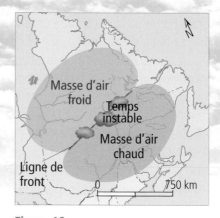

Figure 16
Un front
Quand deux masses d'air de température et de taux d'humidité différents se rencontrent, il se forme un système de nuages le long de la ligne de front.

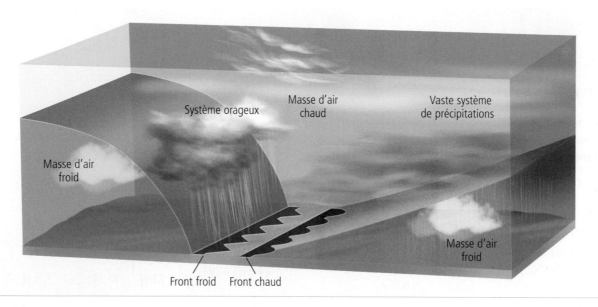

Figure 17
Un front froid et un front chaud

La circulation générale

De façon générale, un cyclone est lié au mauvais temps et un anticyclone, au beau temps. Le **cyclone** se forme au-dessus d'une région chaude. La masse d'air chaud s'élève en créant une zone de **basse pression** au sol (*voir la figure 18*). C'est d'ailleurs pour cela que les cyclones sont également appelés des dépressions (D). En montant, l'air se refroidit, ce qui provoque la condensation de la vapeur en nuages, condition propice aux précipitations abondantes. Les vents **ascendants** au centre d'un cyclone ont pour effet d'aspirer l'air au sol et de créer des vents convergents. Conventionnellement, une dépression (D) est une masse d'air qui possède une pression atmosphérique inférieure à 1 000 hPa en son centre.

L'**anticyclone** (**A**) se forme lorsqu'une masse d'air froid en altitude devient plus dense que l'air qui se trouve à une altitude inférieure (*voir la figure 19*). Sous l'effet de la pesanteur, cette masse se met à descendre – selon un mouvement dit de subsidence –, ce qui produit une compression de l'air au-dessous. Le centre d'un anticyclone est alors une zone de **haute pression.** En descendant, l'air froid de l'altitude plus élevée se réchauffe et dissipe l'humidité, maintenant ainsi des conditions généralement ensoleillées. Les vents **subsidents** au centre d'un cyclone ont pour effet d'aspirer l'air en altitude et de créer des vents divergents au sol. Conventionnellement, un anticyclone est une masse d'air qui possède une pression atmosphérique supérieure à 1 020 hPa en son centre.

Katrina, Ivan et les autres...

Seulement de jolis prénoms? Non, ce sont aussi des tempêtes tropicales. Les météorologues les baptisent en alternant les prénoms féminins et masculins, qu'ils sélectionnent dans des listes selon l'ordre alphabétique. Si la tendance se maintient, ils seront bientôt à court de noms. Des chercheurs britanniques ont établi un rapport entre le nombre croissant de tempêtes et les changements climatiques.

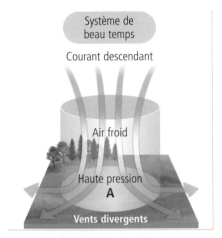

Figure 18
La structure d'un anticyclone
Par convention, un anticyclone est désigné par la lettre **A**. Le rouge est la couleur qui est liée à l'anticyclone.

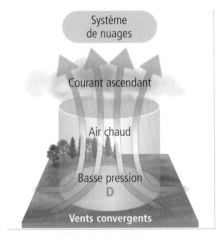

Figure 19
La structure d'une dépression (cyclone) Par convention, un cyclone est désigné par la lettre **D**, pour dépression. Le bleu est la couleur qui est liée à la dépression.

Au moment de leur formation, les cyclones et les anticyclones subissent des forces de torsion qui leur donnent un **mouvement de rotation.** Cette torsion des masses d'air ascendantes et descendantes vient de l'effet combiné de la rotation de la Terre (effet de Coriolis), de la friction de la masse avec la surface (effet de sol) et de la différence de vitesse entre les vents de surface et les vents d'altitude. Dans l'hémisphère Nord, un cyclone (**D**) acquiert une rotation antihoraire, alors que celle d'un anticyclone (**A**) est horaire. La rotation des cyclones et des anticyclones est de sens inverse dans l'hémisphère Sud.

Les vents soufflent toujours d'une zone de haute pression vers une zone de basse pression. Mais, comme on l'a vu, le vent ne souffle pas directement de l'anticyclone (**A**) vers le cyclone (**D**). Dans l'hémisphère Nord, pour repérer la position du cyclone et de l'anticyclone à l'origine des vents locaux, il suffit de se placer dos au vent et de mettre les bras en croix. L'anticyclone est à votre droite et le cyclone à votre gauche (loi de Buys-Ballot) [*voir la figure 20*].

Figure 20
La loi de Buys-Ballot Cette loi donne les directions des cyclones (**D**) et des anticyclones (**A**) à l'origine des vents locaux. L'anticyclone est à notre droite lorsque l'on fait dos au vent. Dans l'hémisphère Sud, la règle doit être inversée.

Les dépressions atmosphériques majeures

Les dépressions atmosphériques majeures sont celles qui déversent d'abondantes précipitations accompagnées de forts vents aux effets potentiellement destructeurs. Les dépressions les plus dévastatrices se forment au-dessus des océans, dans les tropiques. L'eau y est particulièrement chaude, ce qui amplifie la poussée d'air chaud vers le haut. Plus un océan est chaud, plus le **creux barométrique** (basses pressions) peut être important au centre de la dépression. Une dépression qui produit de forts vents (plus de 119 km/h) et qui déverse d'abondantes précipitations se nomme, selon la région, un ouragan, un cyclone ou un typhon. Ces dépressions se développent en région tropicale et se propagent en suivant les vents dominants (*voir la figure 21*).

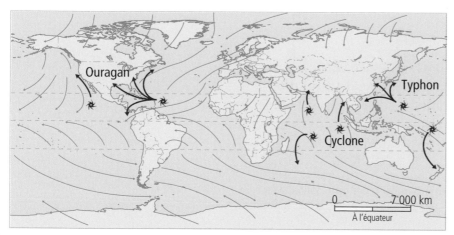

Figure 21
Les régions où naissent des dépressions atmosphériques majeures
Selon la région, une dépression atmosphérique majeure est appelée ouragan, cyclone ou typhon. Elle se développe en région tropicale et se propage en suivant les vents dominants.

Les mots *ouragan*, *cyclone* et *typhon* désignent un même type de dépression. Les dépressions atmosphériques majeures qui touchent l'Amérique du Nord se nomment ouragans, celles qui naissent dans l'Océan indien sont appelées cyclones, et celles qui naissent dans la partie asiatique du Pacifique sont appelées typhons.

DES TORNADES SUR L'EAU

Les tornades sont ces dangereux tourbillons de vent qui descendent des nuages orageux jusqu'au sol. Ce phénomène météorologique se produit aussi sur l'eau. On appelle alors ces tornades des trombes marines. La majorité de ces trombes se forment en l'absence d'orage et se dissipent en atteignant la terre. Fines, elles n'ont rien de commun avec les monstrueux ouragans, qui sont des tempêtes étendues nées en mer.

La **rotation de la Terre** (effet de Coriolis) influe également sur le déplacement des masses d'air en y induisant une rotation. Dans l'hémisphère Nord, les cyclones tournent dans le sens inverse des aiguilles d'une montre. C'est le contraire pour les cyclones de l'hémisphère Sud (*voir la figure 22*).

On observe une augmentation du nombre de cyclones meurtriers parallèlement à la progression du réchauffement climatique (*voir la figure 23*). Les scientifiques semblent partagés en ce qui concerne la relation de cause à effet entre les deux phénomènes. Un affaiblissement de l'écart de température entre les pôles et les tropiques devrait contribuer à diminuer la fréquence des ouragans.

Figure 22
Le sens de rotation des cyclones selon l'hémisphère

2.2 Les perturbations de la circulation océanique

Des variations importantes du climat se produisent périodiquement dans plusieurs régions du monde. Tous les 3 à 7 ans, des périodes de pluies abondantes, de sécheresses intenses ou de canicules frappent différentes régions en même temps. Il s'ensuit des saisons plus froides que les normales historiques. Un phénomène d'interactions entre les courants océaniques et les courants atmosphériques du Pacifique, que l'on nomme phénomène d'**oscillation** australe El Niño, en est la cause. Le climat passe d'anormalement chaud (El Niño) à anormalement froid (La Niña) [*voir la figure 24*].

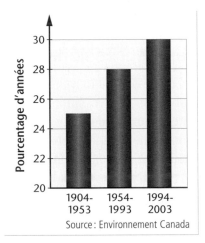

Source : Environnement Canada

Figure 23
Le pourcentage d'années ayant connu des cyclones meurtriers (dans les terres seulement) au Canada

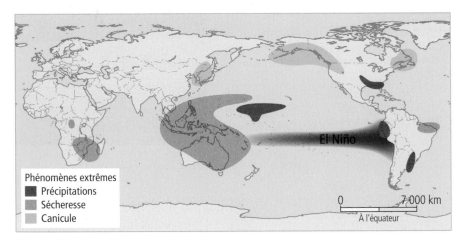

Figure 24
Les perturbations causées par le phénomène El Niño Ces perturbations ont pour origine un réchauffement de 1 à 5 °C des eaux de surface d'une partie de l'océan Pacifique.

Normalement, une vaste boucle **thermocline** (un mouvement dû aux différences de température des couches d'eau) se forme dans le sud de l'océan Pacifique. On y observe une remontée d'eaux froides chargées de nutriments vers les côtes de l'Amérique du Sud. La boucle crée un courant de surface est-ouest et des **vents dominants** soufflant d'est en ouest (les alizés).

Ce système océan-atmosphère produit un anticyclone (**A**) au-dessus de la côte ouest de l'Amérique du Sud, donc un climat relativement frais et sec. À l'opposé, les côtes d'Asie du Sud et d'Australie sont le siège d'une dépression (**D**), donc d'un climat chaud et humide (*voir la figure 25*).

Le réchauffement de l'océan Pacifique brise la boucle. Les courants de surface s'inversent, poussant des eaux chaudes et pauvres en nutriments vers les côtes de l'Amérique du Sud. Les vents faiblissent pour s'inverser, modifiant ainsi le **régime des pluies** (*voir la figure 26*). Ce système océan-atmosphère produit un climat anormalement chaud et humide en Amérique du Sud et un climat chaud et sec en Asie du Sud et en Australie.

La modification des vents dominants a aussi des effets sur d'autres régions du monde, car les **masses d'air** interagissent les unes avec les autres. Les manifestations d'El Niño semblent se produire à une plus grande fréquence. Au cours du dernier siècle, les années 1891, 1925, 1932, 1940, 1957, 1972, 1982, 1991 et 1997 ont vu naître des perturbations particulièrement fortes.

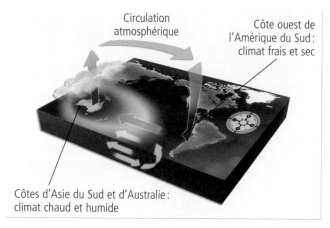

Figure 25
Les cellules de convection normalement observées dans le pacifique Sud

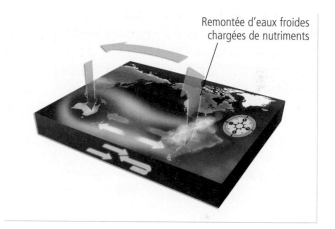

Figure 26
La perturbation des cellules de convection causée par le phénomène El Niño

DES SUPERORDINATEURS QUI PRÉVOIENT LE CLIMAT

Étudier l'évolution du climat : quelle tâche ! Afin de prévoir ce que nous réserve l'avenir, les climatologues utilisent des superordinateurs. « Super » parce qu'ils sont extrêmement puissants, beaucoup plus qu'un ordinateur ordinaire... Et pour cause, ces supercalculateurs doivent analyser un nombre impressionnant de données qui sont ensuite traitées avec des modèles mathématiques très complexes. Pourtant, cette puissance reste insuffisante. Au point que les centres de recherche n'hésitent plus à faire appel aux capacités des millions d'ordinateurs du grand public, facilement connectés en réseau grâce à Internet comme dans le projet climateprediction.net. Objectif ? Augmenter encore plus la puissance de calculs.

Le National Center for Atmospheric Research, à Boulder, au Colorado, possède plus de 112 000 cartouches contenant des données sur le climat pouvant être utilisées pour la modélisation climatique.

Des causes de changements climatiques

Au cours de son histoire géologique, la Terre a connu des périodes chaudes et d'autres froides. Des changements climatiques ont donc eu lieu au moment où les êtres humains n'étaient pas apparus ou étaient encore peu nombreux. Il y a des **causes naturelles** aux changements climatiques:

- des causes astronomiques, comme l'intensité de la radiation solaire et la modification de l'orbite de la planète;

- des causes atmosphériques, comme la composition de l'atmosphère et la réflexivité des continents;

- des causes tectoniques, comme le déplacement des continents et les périodes de volcanisme plus intense.

Certains scientifiques estiment que nous traversons une fin d'ère glaciaire et qu'il est naturel que le climat se réchauffe (*voir la figure 27*).

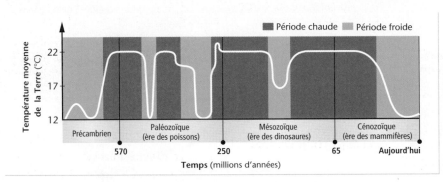

Figure 27

La succession de périodes chaudes et de périodes froides depuis l'apparition de la vie sur Terre

Le réchauffement observé ces 100 dernières années est toutefois si rapide et soudain qu'un phénomène géologique naturel est peu probable. Il faut se rappeler que les phénomènes géologiques sont généralement lents et graduels. Leur échelle est graduée en millions d'années et non en dizaines d'années, comme c'est le cas pour les changements observés actuellement. Les **activités humaines** sont donc très probablement une cause importante du réchauffement de la planète.

Depuis la révolution industrielle (vers 1750), l'augmentation rapide de la population mondiale et la consommation croissante de combustibles fossiles ont causé l'augmentation de la concentration atmosphérique de certains GES comme le dioxyde de carbone (CO_2), le méthane et l'oxyde nitreux (respectivement CH_4 et N_2O, deux gaz dont les émissions anthropiques sont principalement liées à l'agriculture). L'analyse des carottes de glace montre que l'évolution des températures a toujours suivi la tendance observée de la teneur de ces GES dans l'atmosphère (*voir la figure 28*).

Aux yeux d'une vaste majorité de climatologues, la cause principale des changements climatiques est donc l'émission de GES liés aux activités humaines.

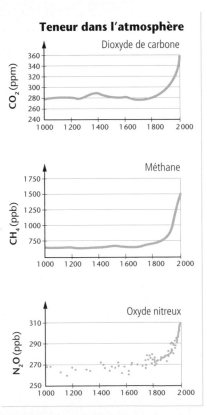

Figure 28

L'évolution de la teneur en gaz à effet de serre dans l'atmosphère selon le rapport 2001 d'IPCC

La preuve de la responsabilité des êtres humains dans le réchauffement accéléré de la planète serait en soi une conclusion porteuse d'espoir. En effet, s'il s'agissait d'un cycle géologique naturel, la science et la technologie pourraient difficilement l'empêcher, alors que les êtres humains peuvent plus facilement agir sur les gaz à effet de serre qu'ils émettent eux-mêmes.

2.3 Les perturbations des cycles biogéochimiques

La perturbation du cycle du carbone

L'augmentation de la concentration du dioxyde de carbone (CO_2) dans l'atmosphère indique que le cycle du carbone est perturbé. L'équilibre dynamique est brisé entre les différentes formes de carbone : le carbone volatile, le carbone dissous, la matière organique et la matière minérale. Les processus naturels menant à la **minéralisation** du carbone sont trop lents pour absorber le CO_2 produit par les activités humaines.

Cette accumulation de CO_2, principal gaz à effet de serre, fait craindre une surchauffe de la planète. C'est pourquoi diverses mesures et politiques sont mises en œuvre dans différents pays pour stabiliser, sinon réduire la concentration de CO_2 atmosphérique. Les connaissances sur le cycle du carbone conduisent vers deux pistes de solutions : la réduction des **émissions de CO_2** par les activités humaines et la **captation du CO_2** dans les réservoirs naturels (*voir la figure 29*).

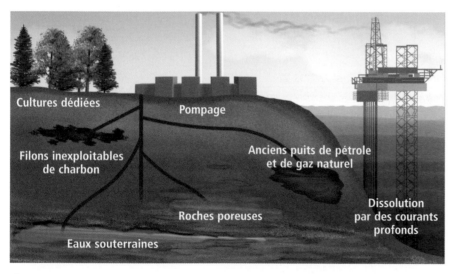

Figure 29
Les principales technologies pour capter le CO_2. En fixant le CO_2 atmosphérique, les plantes agissent comme un réservoir de CO_2. En réagissant chimiquement avec des substances du sous-sol, des filons inexploitables de charbon agissent comme un réservoir de CO_2. Certaines formations rocheuses agissent comme un contenant étanche. C'est le cas des anciens puits de pétrole et de gaz naturel. En dissolvant le CO_2 dans l'eau, les profondeurs océaniques et les eaux souterraines agissent également comme un réservoir de CO_2. Les industries émettrices de CO_2 cherchent à réduire leurs émissions atmosphériques en utilisant des moyens pour emprisonner le gaz dans des réservoirs naturels.

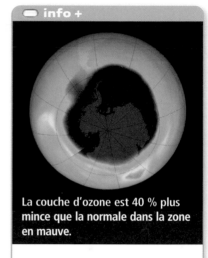

La réduction des émissions de CO_2	La captation du CO_2
• Recherche sur le climat • Innovation dans les technologies de production d'électricité • Innovation dans les technologies des bâtiments • Politique de transport en commun • Innovation dans les technologies de transport • Technologies de réduction des polluants atmosphériques • Gestion de la circulation automobile • Construction de métros, de tramways et de trains • Diversification des centrales de production d'énergie • Programme d'efficacité énergétique • Politique de conservation des sols et des milieux humides • Recherche et développement en matière de récolte d'arbres	• Aménagement de barrières de coraux • Aménagement de pépinières et de cultures dédiées à la captation de CO_2 • Projet de reboisement avec des arbres à croissance rapide • Instauration d'aires forestières protégées • Pompage actif de CO_2 dans les océans ou les nappes d'eau souterraines • Pompage actif de CO_2 dans des strates de roches poreuses

La perturbation du cycle de l'azote

Depuis 1 000 ans, les concentrations d'oxyde d'azote (NO_x) n'ont jamais été aussi élevées dans l'atmosphère qu'aujourd'hui. C'est un signe que le cycle de l'azote est perturbé. Or, l'oxyde nitreux (N_2O) est un puissant gaz à effet de serre. Le tableau suivant présente les autres composés d'azote et leurs effets sur l'environnement.

- Diazote (N_2) : aucun
- Ion nitrate (NO_3^-) : eutrophisation, problèmes de santé publique
- Acide nitrique (HNO_3) : pluies acides, eutrophisation
- Acide nitreux (HNO_2) : pluies acides, smog
- Dioxyde d'azote (NO_2) : smog, pluies acides, eutrophisation
- Oxyde nitrique (NO) : smog, pluies acides
- Oxyde nitreux (N_2O) : augmentation de l'effet de serre, destruction de la couche d'ozone
- Ammoniac (NH_3) et ion ammonium (NH_4^+) : smog, eutrophisation, problèmes de santé publique.

L'augmentation de la teneur en composés d'azote dans l'atmosphère est attribuable aux fumées industrielles, aux émanations des automobiles et à l'épandage de fertilisants chimiques sur les terres agricoles.

Un grand nombre d'industries et de véhicules fonctionnent grâce aux combustibles fossiles. La combustion d'hydrocarbures produit des composés d'azote volatils. Leurs quantités sont si importantes que le cycle biogéologique naturel de l'azote ne peut pas les absorber entièrement. Les composés d'azote s'accumulent donc dans l'atmosphère, où ils contribuent aux changements climatiques et à la détérioration de la qualité de l'air (*voir la figure 30*).

L'enrichissement des sols avec des fertilisants permet d'augmenter les rendements des cultures. Toutefois, les engrais chimiques contiennent de fortes concentrations de composés d'azote. Une fois dans le sol, l'excès d'azote stimule l'activité microbienne, qui transforme ces composés d'azote en composés volatils. Ces composés s'accumulent également dans l'atmosphère, contribuant aux changements climatiques et à la détérioration de la qualité de l'air. Les engrais chimiques se retrouvent également dans les cours d'eau et ils en accélèrent le vieillissement (**eutrophisation**).

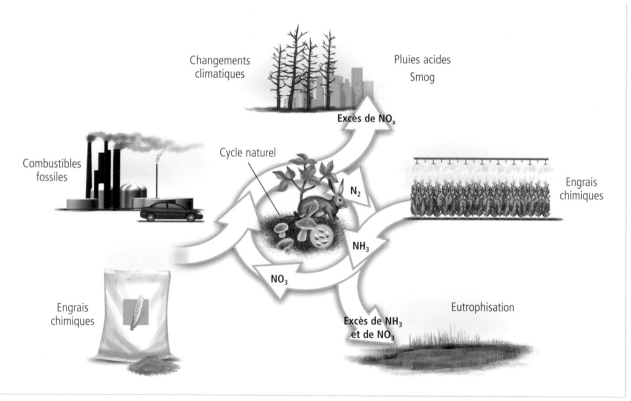

Figure 30
La perturbation du cycle de l'azote par les activités humaines

Chaud devant !

Les changements climatiques sont au cœur des problématiques environnementales et de santé humaine actuelles. Le réchauffement planétaire aggrave les problèmes d'**accès à l'eau potable** en provoquant l'inondation ou l'assèchement de certaines régions. Il perturbe les écosystèmes les plus fragiles, à tel point que le rythme de disparition des espèces augmente de façon alarmante. Certains scientifiques affirment qu'il s'apparente à celui d'une **extinction massive.** Le réchauffement des températures est tel que les périodes de pointe dans la **consommation d'énergie** se sont inversées. En Amérique du Nord, l'énergie sert dorénavant moins à chauffer les habitations l'hiver qu'à les climatiser durant l'été. Les changements climatiques peuvent avoir des effets aggravants sur plusieurs problématiques environnementales. À leur tour, ces problématiques viennent aggraver les changements climatiques, ce qui engendre un cercle vicieux. Les **famines** récurrentes conduisent des populations à surexploiter les ressources du milieu, par exemple en milieu équatorial, et cette surexploitation aboutit à une **désertification.**

De plus, la science et la technologie inventent sans cesse de nouveaux matériaux. Or, la fabrication de ces nouveaux matériaux provoque la libération de **gaz à effet de serre.** Et bien que l'utilisation de composés organiques fluoro-chlorés (CFC) soit interdite depuis plusieurs années, nombre de vieux réfrigérateurs dans lesquels on les retrouve se dégradent dans des dépotoirs en libérant ces GES.

La problématique des changements climatiques est complexe, car les phénomènes observés peuvent être autant une cause qu'un effet du réchauffement de la planète. La Terre est prise dans une inextricable toile où tous les facteurs sont liés. La question ne pourra se régler que si des actions énergiques attaquent de front la plupart des problèmes à résoudre (*voir la figure 31*).

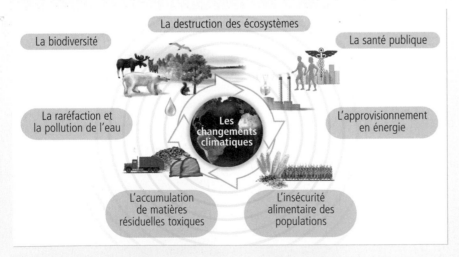

Figure 31
Les problématiques liées au réchauffement climatique

---

info +

MOURIR DE CHALEUR

Mourir de chaleur... ou, plus exactement, de déshydratation... est, hélas, possible. Qui sont les plus sensibles aux coups de chaleur ? Les personnes âgées et certains malades. D'ailleurs, l'Europe se souviendra longtemps de la canicule de 2003 : 15 jours d'enfer en août avec des températures oscillant entre 35 et 47 °C. Cette période de chaleur intense a fait 70 000 morts. La France n'était pas préparée. Particulièrement touchée, elle a compté à elle seule près de 15 000 victimes. On a tiré des leçons de ce drame, d'où la mise en place d'un plan canicule comportant quatre niveaux d'alerte. Il repose sur une communication efficace entre les services météo, les autorités, les professionnels de santé (hôpitaux et maisons de retraite), les médias (radio, télévision, journaux) et le grand public. Rester au frais et boire suffisamment d'eau sont les meilleurs conseils à donner aux personnes à risque.

Diagnostic

La modification
des courants atmosphériques

1 À partir des observations météorologiques
énoncées ci-dessous, faites une prévision
météorologique qualitative de température
et d'humidité basée sur les caractéristiques
générales des masses d'air entourant
le Québec.

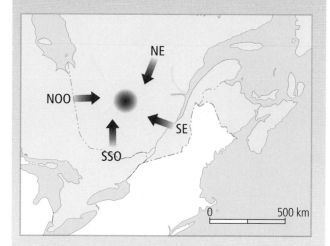

a) Un vent NOO soufflera pendant plusieurs
jours vers le centre du Québec.

b) Un vent SSO soufflera pendant plusieurs
jours vers le centre du Québec.

c) Un vent NE soufflera pendant plusieurs
jours vers le centre du Québec.

d) Un vent SES soufflera pendant plusieurs
jours vers le centre du Québec.

2 Nommez les masses d'air suivantes :

a) cT   b) cP   c) mT   d) mP

3 Une dépression se trouve au nord des
Grands Lacs, alors qu'il y a un anticyclone
au-dessus du Québec.

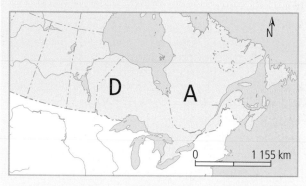

a) Dans quelle région le temps est-il à l'orage ?

b) Au-dessus de quelle région la pression
atmosphérique est-elle la plus basse ?

c) Dans quelle région se trouvent les vents
de sol divergents ?

d) Ou se trouve le cyclone ?

4 Déterminez quel est le baromètre qui se
rapporte le mieux aux situations suivantes.

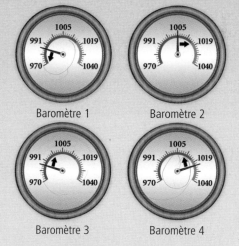

a) Il pleut et il faut se préparer à l'arrivée
d'un ouragan.

b) Il pleut, mais il fera beau cet après-midi.

c) Il ne faut pas craindre la présence de
nuages, car le ciel s'éclaircira.

d) Il faut tout rentrer dans la maison, car
le ciel se couvre de nuages.

5 Expliquez pourquoi plus la pression atmosphérique baisse, plus l'intensité de la perturbation est forte.

SECTION **2.2** **Les perturbations de la circulation océanique**

6 Expliquez le climat des régions décrites en a), b), c) et d) en les liant à l'un des phénomènes suivants.

➊ Remontée des courants de fond

➋ Descente des courants de surface

➌ Système cyclonique

➍ Système anticyclonique

a) Les eaux du Pacifique sont froides et poissonneuses le long des côtes australiennes.

b) Les eaux du Pacifique sont chaudes et riches de récifs coralliens le long des côtes australiennes.

c) Le climat est pluvieux le long des côtes de l'Amérique du Sud.

d) Le climat est sec le long des côtes australiennes.

SECTION **2.3** **Les perturbations des cycles biogéochimiques**

7 Nommez quatre techniques utilisées pour capter du dioxyde de carbone.

8 Expliquez comment l'épandage d'engrais chimiques peut contribuer :

a) au réchauffement de la planète ;

b) à l'invasion des lacs par des cyanobactéries (causée par l'eutrophisation).

9 Expliquez comment la combustion de combustibles fossiles peut contribuer au réchauffement de la planète.

10 Nommez une source d'oxyde d'azote.

11 À l'aide de vos connaissances scientifiques, indiquez un effet positif et un effet négatif des changements climatiques sur chacun des aspects suivants. Assurez-vous de pouvoir justifier vos liens de cause à effet.

a) La santé générale de la population.

b) La consommation d'énergie.

c) Le loisir, le tourisme, la chasse et la pêche.

d) La production alimentaire.

e) L'industrie forestière.

12 À une même latitude, les hivers sont généralement plus froids sur la côte Est de l'Amérique du Nord qu'en Europe de l'Ouest. Les courants de l'Atlantique Nord sont en partie responsables de ce climat. Or, un phénomène se produit dans l'Atlantique Nord, qui modifie le climat : l'oscillation nord-atlantique. Chaque dizaine d'années environ, l'Atlantique Nord a un hiver particulièrement doux, alors que l'Europe est particulièrement froide.

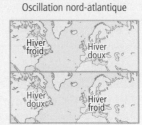

Oscillation nord-atlantique

Déduisez un impact possible de cette inversion des climats sur :

a) les vents dominants ;

b) les glaciers des Alpes européennes ;

c) l'étendue de la banquise du Labrador et du Groenland ;

d) le volume de l'eau de mer ;

e) le Gulf Stream (la circulation thermohaline de l'Atlantique) ;

f) le mouvement des masses d'air océanique ;

g) la production du zooplancton ;

h) les cycles de vie des animaux ;

i) la croissance des plantes.

>>> Les régions climatiques

- Le réchauffement de la planète modifie les principaux facteurs qui influent sur la **distribution des biomes :** la température moyenne d'une région, l'humidité et la composition de l'air.

- Les récifs de coraux constituent l'un des biomes aquatiques le plus touché.

- L'augmentation de température a des effets importants sur le biome du désert arctique et de la toundra.

>>> L'hydrosphère et la lithosphère

- Le réchauffement climatique accélère la fonte des grands glaciers alpins et perturbe de vastes et populeux bassins versants.

- La fonte des glaciers continentaux pourrait faire varier la salinité des océans et, au bout du compte, les courants océaniques.

- Les glaciers de l'Arctique et de l'Antarctique fondent et se fragmentent à un rythme tel que l'étendue de ces continents diminue rapidement.

- L'étendue des banquises saisonnières et permanentes diminue au point où l'on prévoit l'ouverture d'un passage naturel au nord-ouest.

- Le réchauffement planétaire entraîne la fonte du **pergélisol** polaire et alpin.

>>> L'atmosphère

- L'**effet de serre** explique comment l'atmosphère contribue à l'augmentation des températures moyennes de la Terre.

- La **circulation atmosphérique** est régie par deux principes physiques : l'air circule d'une zone de haute pression à une zone de basse pression, et les masses d'air chaud tendent à s'élever au-dessus des plus froides.

- Les **masses d'air** sont caractérisées selon leur température (les masses polaires et les masses tropicales, par exemple) et selon leur taux d'humidité (les masses continentales et les masses maritimes, par exemple).

- Un **cyclone** est tout système dépressionnaire animé par de basses pressions atmosphériques. Le courant ascendant du centre alimente généralement un système de précipitations.

- Les termes cyclone, typhon et ouragan désignent une même réalité, un système dépressionnaire très intense.

>>> Le cycle biogéochimique

- La technologie permet de capter du CO_2 dans les parties longues du cycle biogéochimique du carbone, soit dans les eaux profondes et dans le sol.

- La combustion d'hydrocarbures a pour effet d'émettre de grandes quantités de composés azotés que le cycle biogéochimique de l'azote ne peut recycler. Ces polluants jouent un rôle dans les pluies acides, le smog, l'eutrophisation des cours d'eau et les changements climatiques.

Univers matériel

Les GES : provenance et répercussions

La Terre se réchauffe : le fait est indéniable. L'hypothèse la plus largement acceptée pour expliquer ce réchauffement est l'augmentation de la concentration atmosphérique des gaz à effet de serre (GES). Les trois principaux GES en cause sont le dioxyde de carbone (CO_2), le méthane (CH_4) et l'oxyde nitreux (N_2O).

Bien que ces gaz soient naturellement présents dans notre atmosphère, leur concentration a augmenté de façon importante depuis l'avènement de l'ère industrielle. Quelles sont les activités humaines qui produisent ces GES ? Par quels processus ces gaz sont-ils produits ? À moyen et à long terme, quelles sont les répercussions de la hausse des températures sur les océans ? Les risques d'emballement du processus de réchauffement planétaire sont-ils réels ? Voilà certaines des questions auxquelles le présent Univers tentera de répondre.

1 > LA RÉDUCTION DES GES : UN DÉFI ET UNE URGENCE

Les sections qui suivent mettront en lumière les principales sources d'émissions de gaz à effet de serre (GES) dont l'être humain est responsable. L'augmentation récente de la concentration atmosphérique de ces gaz expliquerait en bonne partie les changements du climat que nous constatons déjà. Pour contrer, ou du moins ralentir, les changements climatiques, il semble donc inévitable que l'humanité doive, tôt ou tard, réduire ses émissions de GES.

Pour mesurer l'ampleur de ce défi, il nous faut connaître les causes de nos émissions de gaz à effet de serre. C'est pourquoi nous aborderons des sujets comme notre dépendance aux combustibles fossiles, la déforestation, la fabrication du ciment ainsi que l'agriculture. Mais il importe d'abord de bien comprendre le rôle joué par les GES dans l'atmosphère terrestre.

1.1 Le rôle des GES dans l'atmosphère

L'atmosphère terrestre régule la température à la surface de la Terre. Durant le jour, une partie du rayonnement solaire est absorbé par la Terre et la réchauffe. Cette augmentation de la température permet à la Terre d'émettre un rayonnement infrarouge plus intense. Tous les corps émettent ce type de rayonnement, mais les corps chauds en émettent davantage que les corps froids (*voir l'info +*).

De façon naturelle, certains gaz présents dans l'atmosphère de la Terre (principalement la **vapeur d'eau [H_2O]**, le **dioxyde de carbone [CO_2]**, le **méthane [CH_4]** et l'**oxyde nitreux [N_2O]**) causent un effet de serre. Grâce à ces gaz, seule une partie du rayonnement infrarouge émis par le sol terrestre s'échappe dans l'espace ; l'autre partie est retenue à la surface de la Terre, l'empêchant ainsi de trop se refroidir. Voilà pourquoi la différence de température entre le jour et la nuit est relativement faible.

La surface de la Terre reçoit donc deux types de rayonnement : le rayonnement solaire et un rayonnement infrarouge retourné par les molécules de GES (*voir la figure 1*). Grâce à ces infrarouges, les températures nocturne et diurne demeurent proches l'une de l'autre. C'est l'effet de serre naturel.

info +

LA CAMÉRA THERMIQUE

Puisque l'intensité du rayonnement infrarouge qu'émet un corps dépend de sa température, il est possible d'obtenir une image thermographique en utilisant une caméra dont le détecteur est sensible à l'infrarouge plutôt qu'à la lumière visible. Un ordinateur intégré à la caméra traite le signal reçu et produit une image où les variations d'intensité ou de couleur (selon les applications) témoignent d'une variation de température.

Ces caméras sont particulièrement utiles aux pompiers afin de repérer des personnes prises au piège dans un incendie ou enfouies sous des décombres. On les utilise aussi afin de visualiser les pertes de chaleur d'une maison, ce qui permet d'en optimiser l'isolation. En médecine, on les emploie entre autres pour repérer d'éventuels tumeurs ou foyer d'infection (ces derniers étant plus chauds que les tissus environnants). Les policiers et l'armée, quant à eux, se servent de tels appareils pour faciliter leurs opérations nocturnes.

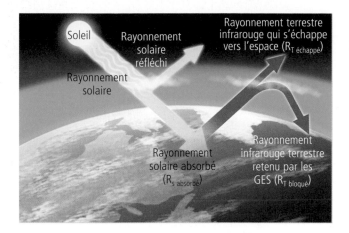

Figure 1
L'effet de serre et le bilan radiatif terrestre
C'est grâce à la présence de GES dans l'atmosphère qu'une partie de l'énergie solaire absorbée est conservée et que, par le fait même, la température terrestre est régulée.

Figure 2
Le forçage radiatif anthropique
L'accumulation de GES d'origine anthropique dans l'atmosphère augmente la capacité qu'a celle-ci de conserver l'énergie rayonnante que la Terre émet (sous forme d'infrarouges).

Depuis l'avènement de l'ère industrielle, vers 1750, les concentrations atmosphériques des GES ont augmenté de façon notable (*voir la figure 3*). Cette augmentation a rendu l'effet de serre *trop efficace ;* ce phénomène est appelé le **forçage radiatif anthropique.** L'atmosphère retient maintenant une plus grande portion du rayonnement infrarouge émis par le sol terrestre (*voir la figure 2*).

CONCENTRATION DES PRINCIPAUX GAZ À EFFET DE SERRE DEPUIS 1750			
	1750	2005	Écart
CO_2	280 ppm	379 ppm	+ 35 %
CH_4	715 ppb	1 774 ppb	+ 148 %
N_2O	270 ppb	319 ppb	+ 18 %

ppm = partie par million ; ppb = partie par milliard

Figure 3
L'augmentation de la concentration des principaux gaz à effet de serre depuis 1750

Dans la communauté scientifique, il reste peu de doutes sur l'hypothèse voulant que la hausse des températures moyennes observées depuis le milieu du xxe siècle soit attribuable surtout aux émissions anthropiques de GES et au forçage radiatif qui en découle. Dans son quatrième rapport (2007), le Groupe d'experts intergouvernemental sur l'évolution du climat (GIEC) fixait à 95 % le taux de certitude à cet égard. Plus la concentration des GES est élevée, plus la chaleur est retenue efficacement au voisinage de la Terre, ce qui tend à la réchauffer.

Il importe de savoir que les pays les plus développés (qui comptent pour 20 % de la population mondiale) sont responsables de près de la moitié des GES d'origine humaine. Nous vivons dans la région du monde qui émet le plus de GES par personne (*voir la figure 4*).

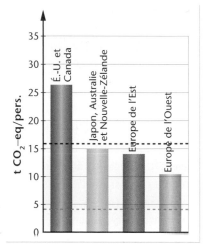

Figure 4
Les émissions de GES par personne dans les pays développés
Les traits horizontaux rouge et bleu représentent respectivement la moyenne des pays développés (16,1 tonnes CO_2–eq/personne) et celle des pays en développement (4,2 tonnes CO_2–eq/personne).

Les combustibles fossiles et les GES

D'hier à demain

Que ce soit l'essence pour les transports, le mazout pour le chauffage ou le charbon pour les industries lourdes et la production d'électricité, une part importante de l'activité socioéconomique repose sur l'énergie fournie par les combustibles fossiles. Depuis l'avènement de l'ère industrielle, le développement des sociétés s'est accompagné d'une augmentation de la consommation des combustibles fossiles. Cette tendance s'est accélérée depuis les années 1960 (*voir la figure 1, à la page 80*).

Cette tendance risque de durer encore quelque temps. En effet, les spécialistes s'entendent pour dire que la population mondiale augmentera jusqu'à atteindre 8 ou 9 milliards d'individus vers 2050. Or, le développement économique et technologique des pays développés aura pour effet d'y maintenir une forte demande énergétique. Par ailleurs, la hausse du niveau de vie qui s'amorce dans de nombreux pays en développement (Chine, Inde et Brésil, notamment) s'accompagne également d'une augmentation de la consommation et des besoins énergétiques. Dans ces conditions, on peut difficilement espérer que les émissions de GES attribuables à la consommation de combustibles fossiles diminueront au cours des décennies à venir.

---

info +

LE POTENTIEL DE RÉCHAUFFEMENT GLOBAL (PRG)

Le potentiel de réchauffement global (PRG) d'un GES est une valeur qui permet d'exprimer, pour un horizon de temps donné (100 ans, habituellement), sa capacité de contribuer au réchauffement de la Terre. Par convention, le dioxyde de carbone a été choisi comme référence et son PRG est de 1. Comme le montre le tableau ci-contre, certains GES ont un potentiel de réchauffement global très élevé. Ainsi, sur une période de 100 ans, 1 kg d'hexafluorure de soufre (SF_6) relâché aujourd'hui dans l'atmosphère contribuerait à réchauffer l'atmosphère 22 800 fois plus que 1 kg de CO_2 !

Fort heureusement, les GES qui ont un potentiel de réchauffement global élevé sont présents dans l'atmosphère en très faible concentration seulement. Même s'il possède le PRG le plus faible de tous les GES, le dioxyde de carbone est tout de même le GES qui contribuerait le plus au réchauffement climatique, en raison de l'importance de sa concentration. Le PRG sert notamment à convertir les quantités des divers GES en équivalents en CO_2 (CO_2–eq). À noter que bien que la vapeur d'eau soit un puissant GES, on ne fournit pas de PRG à son sujet, car la quantité de vapeur d'eau dans l'air ne dépend pas de l'activité humaine.

POTENTIEL DE RÉCHAUFFEMENT GLOBAL DE CERTAINS GES	
GES	PRG
CO_2	1
CH_4	25
N_2O	298
CCl_4	1 400
CF_4	7 390
SF_6	22 800

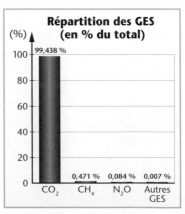

Répartition des GES (en % du total)

Problématique des changements climatiques

La provenance des GES

Les combustibles fossiles peuvent être répartis en deux grandes sous-catégories : les charbons et les hydrocarbures.

La composition des **charbons** varie beaucoup d'un type à l'autre. Cependant, tous les charbons sont majoritairement constitués d'atomes de carbone dont la combustion génère beaucoup de chaleur et de dioxyde de carbone. L'équation chimique balancée de la combustion du carbone contenu dans le charbon est la suivante :

$$C_{(s)} \quad + \quad O_{2(g)} \quad \rightarrow \quad CO_{2(g)} \quad + \quad \text{Énergie}$$

Les **hydrocarbures**, quant à eux, comprennent le gaz naturel (principalement composé de méthane [CH_4]), le pétrole et plusieurs de ses dérivés. Les hydrocarbures sont des molécules composées de carbone et d'hydrogène dont la formule chimique générale peut s'exprimer par C_nH_m. Ces molécules contiennent une grande quantité d'énergie chimique qui est libérée sous forme de chaleur au moment de la combustion. On peut décrire cette transformation d'énergie par un bilan énergétique :

$$E_{\text{chimique libérée au moment de la combustion}} = Q_{\text{dégagée par la combustion}}$$

La **combustion** des hydrocarbures produit de la vapeur d'eau et du dioxyde de carbone. On peut résumer cette transformation chimique par l'équation chimique générale ci-dessous.

$$C_nH_m \quad + \quad O_{2(g)} \quad \rightarrow \quad H_2O_{(g)} \quad + \quad CO_{2(g)} \quad + \quad \text{Énergie}$$

Pour un hydrocarbure donné, l'équation de combustion ci-dessus doit être balancée afin de tenir compte du **principe de conservation de la masse.** Le butane (C_4H_{10}), par exemple, est un hydrocarbure notamment utilisé dans les briquets. Sa combustion peut être décrite par l'équation chimique balancée suivante :

Réactifs	Produits
$2\ C_4H_{10(g)} \ + \ 13\ O_{2(g)} \quad \rightarrow \quad 10\ H_2O_{(g)} \ + \ 8\ CO_{2(g)} \ + \ $ Énergie	
C : 8 atomes	C : 8 atomes
H : 20 atomes	H : 20 atomes
O : 26 atomes	O : 10 atomes + 16 atomes = 26 atomes

La déforestation et les GES

Après l'utilisation des combustibles fossiles, la déforestation est la plus importante source anthropique de GES. Selon les publications scientifiques, elle serait à l'origine de 20 à 25 % des émissions de CO_2 attribuables à l'action humaine. Qu'on coupe les arbres ou qu'on les brûle, le carbone qui y est accumulé est alors remis en circulation, soit immédiatement (par combustion), soit ultérieurement (au moment de la décomposition du bois ou du papier). Voilà pourquoi, dans le cadre du **protocole de Kyoto**, on considère que toute matière ligneuse qu'on retire de la forêt représente une émission immédiate de GES.

Puisque de nouveaux arbres peuvent remplacer ceux qu'on a coupés, ce n'est pas tant le fait de couper les arbres qui est problématique, mais plutôt l'utilisation qu'on fait des terres défrichées. Voilà pourquoi la communauté scientifique parle souvent d'émissions de GES causées par le **changement dans l'utilisation des terres** (*voir la figure 5*) plutôt que par la déforestation.

L'agriculture sur brûlis

CHANGEMENTS DANS L'UTILISATION DES TERRES
L'agriculture sur brûlis

Plusieurs agriculteurs de pays en développement pratiquent une agriculture de survivance. Ils brûlent une parcelle de forêt qui leur donnera, pendant deux ou trois ans, un sol cultivable. Comme ce sol s'épuise rapidement, ils doivent recommencer ailleurs le même processus.

L'établissement de pâturages ou de plantations

Pour élever du bétail ou produire du bois destiné à la fabrication de pâte à papier, les agriculteurs (surtout dans les pays en développement) rasent la forêt ancienne pour la transformer en pâturage (pour l'élevage du bétail) ou en plantation d'arbres à croissance rapide (destinés à l'industrie papetière).

Un pâturage

L'expansion urbaine

Dans les pays développés, la déforestation est due surtout à l'expansion urbaine.

L'expansion urbaine

Le développement minier

La hausse de la demande de métaux nécessite l'exploitation de nouvelles mines partout où il est rentable de le faire. Cette nécessité entraîne le sacrifice d'une partie du couvert forestier.

Le développement minier

Figure 5
Des exemples de changements dans l'utilisation des terres

Le déficit photosynthétique et la respiration des sols

Dans les cas précités, la déforestation n'est pas suivie d'un effort de reforestation. Il en résulte un autre effet négatif sur la concentration de GES dans l'air. On sait que les arbres d'une forêt en développement croissent grâce à la **photosynthèse** (*voir la figure 6*), qui permet d'extraire le dioxyde de carbone de l'air pour le transformer en glucose ($C_6H_{12}O_6$) selon la réaction ci-dessous :

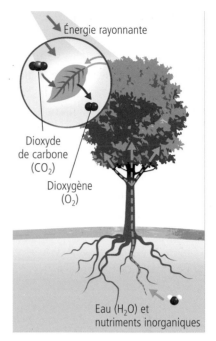

Figure 6
La photosynthèse

Équation chimique de la photosynthèse

$$6\ CO_{2\,(g)}\ +\ 6\ H_2O_{(l)}\ \rightarrow\ C_6H_{12}O_{6\,(aq)}\ +\ 6\ O_{2\,(g)}$$

Dans les territoires touchés par la déforestation, il se produit une perte de productivité primaire. Il s'y fait donc moins de photosynthèse, ce qui favorise le maintien du CO_2 dans le réservoir atmosphérique du carbone.

De plus, dans une forêt, la matière organique ne réside pas uniquement dans les arbres. Le sol en contient une fraction appréciable sous la forme de débris animaux et végétaux en décomposition et de microorganismes (*voir la figure 7*). Dans une forêt en croissance, on constate une augmentation de la quantité de matière organique dans le sol : on dit que le sol stocke le carbone. La déforestation met un terme à ce processus et l'inverse, puisque l'action des décomposeurs a tôt fait de recycler le carbone organique en CO_2 (par la **respiration** des décomposeurs) ou en méthane (par la **fermentation** bactérienne en l'absence d'oxygène), deux des principaux GES.

À plus long terme

Le développement économique et la croissance de la population mondiale, particulièrement dans les pays en développement, continueront d'exercer une pression considérable sur les forêts. Or, l'étendue des forêts est limitée, si bien que, dans un avenir rapproché, l'importance relative des émissions de GES attribuables à la déforestation sera appelée à diminuer. Cependant, les effets négatifs qui y sont associés (absence de séquestration du carbone dans le sol et déficit photosynthétique) continueront d'influer sur la quantité de CO_2 présente dans l'air.

Figure 7
Le sol de la forêt renferme une importante réserve de matière organique.

La fabrication du ciment et les GES

Les cimenteries représentent à elles seules de 5 à 7 % des émissions de GES dues aux activités humaines. Le ciment est un matériau synthétique utilisé pour ses propriétés liantes. Les matériaux de base servant à la fabrication du ciment sont l'argile et la roche calcaire. Ces deux roches sont séchées, broyées puis chauffées à haute température. Cette cuisson transforme l'argile et le calcaire en un mélange de silicates de calcium et d'aluminates de calcium (*voir le tableau ci-dessous*). Ce sont ces composés qui, une fois mélangés à de l'eau, donnent au ciment ses propriétés liantes.

Le béton est un **matériau composite** dont la matrice est le ciment (hydraté, évidemment) et dont le renfort est habituellement constitué de sable et de gravier. Une grande part des constructions (édifices, ponts, barrages, etc.) a pour matériau principal le béton.

PRINCIPAUX CONSTITUANTS DU CIMENT	
Silicate tricalcique	Ca_3SiO_5
Silicate dicalcique	Ca_2SiO_4
Aluminate tricalcique	$Ca_3Al_2O_6$
Alumino-ferrite tétracalcique	$Ca_4Al_2Fe_2O_{10}$

La source des GES

Les réactions chimiques nécessaires à la fabrication du ciment se produisent dans un long four rotatif incliné (*voir la figure 8*). Le crû (un mélange d'argile et de calcaire broyés) est versé dans la partie la plus haute du four et le chauffage se fait dans la partie la plus basse. La matière descend lentement dans le four rotatif en se rapprochant graduellement de la source de chaleur. Plus la matière avance dans le four, plus la température à laquelle elle est soumise est élevée.

PASSIONNÉE DU CLIMAT

Avec une maîtrise en études environnementales en poche, Linda Mortsch entreprend une carrière en recherche sur les effets et les adaptations aux changements climatiques. Elle travaille d'abord à la *Faculty of Environnemental Studies*, puis pour Environnement Canada. En 2007, dans le 4e rapport du GIEC sur les changements climatiques, Mme Mortsch signe le chapitre sur l'Amérique du Nord en tant qu'auteure principale. Elle y aborde notamment les répercussions, la vulnérabilité et l'adaptation aux changements climatiques, des sujets qui la passionnent depuis longtemps déjà.

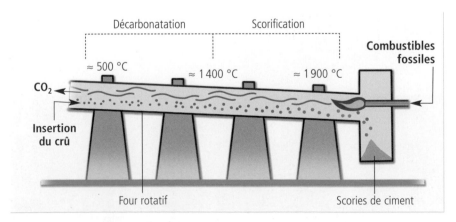

Figure 8
Un four de cimenterie

Pendant la descente du crû dans le four rotatif, la première réaction qui se produit est la **décarbonatation** de la roche calcaire. Cette dernière est majoritairement composée de carbonate de calcium ($CaCO_3$). Sous l'action du chauffage, le carbonate de calcium se décompose en dioxyde de carbone et en oxyde de calcium selon l'équation chimique suivante :

Décarbonatation du calcaire
$CaCO_{3\,(s)}$ + Énergie $\rightarrow$ $CaO_{(s)}$ + $CO_{2\,(g)}$
100 kg   56 kg   44 kg

Le **principe de la conservation de la masse** permet d'établir que la décomposition de 100 kg de calcaire ($CaCO_3$) produit 44 kg de dioxyde de carbone. Ainsi, 44 % de la masse de roche calcaire traitée par une cimenterie se retrouve dans l'atmosphère sous forme de CO_2.

Dans un deuxième temps, l'argile chauffée se scinde en ses principaux constituants : la silice (SiO_2), l'alumine (Al_2O_3) et le trioxyde de difer (Fe_2O_3). Ces composés réagissent alors avec l'oxyde de calcium (CaO) pour former des silicates et des aluminates de calcium qui s'agglomèrent pour former des scories de ciment (*voir la figure 9*); c'est l'étape de **scorification.**

Figure 9
Des scories de ciment

Les scories sont ensuite réduites en poudre. On y ajoute alors du gypse ($CaSO_4$), un composé qui permet d'accélérer la prise (le durcissement) du ciment. Le mélange obtenu est ainsi prêt à être emballé et distribué.

La décarbonatation et la scorification ne peuvent s'effectuer qu'à des températures très élevées. La production du ciment nécessite donc de grandes quantités de combustibles fossiles comme le mazout ou le charbon. Au CO_2 dégagé par la décarbonatation du calcaire, on doit ajouter celui produit par l'utilisation des combustibles fossiles. Environ 40 % des émissions de CO_2 d'une cimenterie proviennent des combustibles fossiles utilisés.

Les projections de croissance de la population mondiale conjuguées à l'urbanisation croissante des populations donnent à penser que la demande de béton (et donc de ciment) sera en croissance pour de nombreuses années à venir. Du point de vue environnemental, cette croissance signifie des émissions supplémentaires de dioxyde de carbone.

L'agriculture et les GES

Les émissions de méthane (CH₄)

L'agriculture représente la plus importante source anthropique de méthane (CH_4). Plusieurs processus expliquent la production de méthane par les activités agricoles. Tous ces processus sont cependant liés à la **fermentation** anaérobie (en absence d'oxygène) de la matière organique.

UN DRÔLE DE GAZ

L'oxyde nitreux est un gaz aux propriétés aussi multiples que surprenantes. En plus d'être un puissant GES, il est ce qu'on appelle un gaz hilarant. Inhalé à faible dose, il a un effet euphorisant et provoque des crises de rire irrésistibles. À plus forte dose, il sert d'anesthésiant général, d'où le rôle qu'il a joué dans l'essor de la chirurgie. Utilisé comme comburant dans le moteur d'automobiles modifiées, il améliore grandement la puissance de celles-ci (on l'appelle alors nitro). Enfin, on l'utilise dans les contenants de crème fouettée sous pression. Lorsqu'on appuie sur la buse pour faire sortir la crème, l'oxyde nitreux propulse cette dernière vers la sortie. Le passage du gaz sous pression à travers la crème la fouette sur-le-champ !

PRINCIPAUX PROCESSUS À L'ORIGINE DES ÉMISSIONS AGRICOLES DE MÉTHANE

Les matières résiduelles fertilisantes

Le fumier entassé en monticules se décompose en l'absence d'oxygène. Les microorganismes qui le décomposent produisent alors du méthane plutôt que du CO_2. Le méthane a un potentiel de réchauffement 25 fois plus grand que le dioxyde de carbone.

Le système digestif des ruminants

Le système digestif des ruminants (les vaches, les moutons et les chèvres, par exemple) possède un compartiment appelé rumen, où la nourriture est prédigérée par des microbes opérant une fermentation anaérobie. Du méthane est alors produit et évacué par l'animal.

La culture du riz

Dans les rizières, le sol est souvent inondé. Les microorganismes qui dégradent la matière organique du sol sont donc privés d'oxygène, ce qui provoque la formation de méthane.

Les émissions d'oxyde nitreux (N₂O)

L'oxyde nitreux (N_2O) est produit dans le sol et les océans de façon naturelle. Les composés azotés contenus dans le sol et non absorbés par les végétaux subissent un processus de **dénitrification** permettant à l'azote de retourner dans son réservoir atmosphérique. Une partie de l'azote ainsi retourné à l'atmosphère est diffusée sous forme de N_2O. L'usage de fertilisants a cependant augmenté la quantité de composés azotés présents dans les sols en culture. Conséquemment, le taux d'émission de N_2O a lui aussi augmenté.

Plus la quantité d'engrais épandue est supérieure aux besoins des végétaux en culture, plus il y a excès dans le sol et plus les émissions de N_2O sont élevées.

Sur le terrain

Le protocole de Kyoto

Les États signataires de la *Convention-cadre des Nations Unies sur les changements climatiques* (*voir l'info +*) ont également signé, en 1998, le protocole de Kyoto. Il s'agit d'un traité international qui institue différents mécanismes de réduction des émissions de GES, qui contient notamment un calendrier de réduction des émissions de GES pour 36 pays développés. Entre 2008 et 2012, on attend de ces États une réduction de leurs émissions de GES de 5 % par rapport à leur niveau de 1990. Ce défi est colossal, surtout si on considère que, dans plusieurs pays, les émissions de GES ont augmenté de façon marquée depuis 1990. En 2004, par exemple, les émissions de GES du Canada étaient 27 % plus élevées qu'en 1990. Aucune cible de réduction n'a été imposée aux pays en développement. Cette particularité s'explique de deux façons. D'une part, ces pays ont le droit de se développer. Or, le développement économique s'accompagne habituellement d'une utilisation accrue de combustibles fossiles. Il est donc impossible pour un pays en développement de réduire ses émissions. D'autre part, ces pays ne sont pas (ou très peu) responsables des émissions passées. Cette décision repose donc sur une volonté d'équité.

Pour atteindre leurs cibles, les pays développés sont invités à promouvoir l'efficacité énergétique ainsi que l'innovation technologique. À cet effet, une bourse du carbone et un régime de droits d'émission de carbone ont été instaurés. Chaque entreprise dispose d'un droit lui accordant la possibilité d'émettre une certaine quantité de GES. Si une entreprise réussit à améliorer ses équipements ou ses procédés et à émettre ainsi moins que ce qu'on lui permet, elle peut vendre ses droits d'émission non utilisés à une autre entreprise qui n'a pas modifié ses pratiques (ou pour laquelle la modification des pratiques est plus coûteuse que l'achat de droits d'émission).

Les entreprises qui prévoient dépasser le quota fixé par leur droit d'émission peuvent se tourner vers les pays en développement pour obtenir des droits d'émission supplémentaires grâce au mécanisme de développement propre (MDP). Une entreprise d'un pays développé peut financer un projet d'amélioration technologique destinée à réduire les émissions de GES d'une entreprise située dans un pays en développement. La réduction d'émissions qui résulte de cet investissement est alors portée au bénéfice de l'entreprise du pays développé. Le MDP permet ainsi de réduire les émissions de GES dans les pays en développement en mettant à profit l'argent et l'expertise des pays développés.

En réduisant progressivement la quantité de droits d'émission de carbone, on espère arriver à atteindre les cibles fixées par le protocole de Kyoto. Cependant, la croissance économique marquée de pays en développement comme l'Inde, la Chine et le Brésil risque d'entraîner des émissions de GES qui annuleront l'effet des réductions consenties dans les pays développés. On estime aussi qu'une réduction de 5 % des émissions par rapport au niveau de 1990 est une mesure insuffisante pour stopper l'augmentation de la concentration des GES dans l'atmosphère. D'autres efforts sont à venir mais, à tout le moins, Kyoto a constitué le premier pas dans la bonne direction.

info +

CONVENTION-CADRE DES NATIONS UNIES POUR LES CHANGEMENTS CLIMATIQUES

Proposée en juin 1992 au sommet de la Terre tenu à Rio de Janeiro, la Convention-cadre des Nations Unies pour les changements climatiques (CCNUCC) est le premier traité international visant à encadrer les émissions de GES. Il a été ratifié par plus de 180 pays. Bien que ne contenant aucune obligation de réduction des émissions, la CCNUCC énonce les trois grands principes ayant conduit à l'élaboration du protocole de Kyoto (1997) et du plan d'action de Montréal (2005) : le droit au développement, le principe des responsabilités communes et le principe de précaution en vertu duquel l'absence de certitude scientifique ne saurait retarder la mise en œuvre de mesures visant à remédier à la situation.

Diagnostic

Le rôle des GES dans l'atmosphère

1 Expliquez pourquoi l'augmentation de la concentration des GES dans l'atmosphère entraîne une augmentation de la température moyenne à la surface de la Terre.

2 Expliquez pourquoi une nuit où le temps est humide est habituellement plus chaude qu'une nuit où le temps est sec et sans nuage. Votre explication doit contenir les termes *infrarouge* et *gaz à effet de serre*.

3 La quantité d'énergie rayonnante émise par le Soleil n'est pas constante : elle subit des fluctuations autour d'une valeur moyenne. Ces fluctuations peuvent-elles influer sur le bilan radiatif de la Terre ? Expliquez votre réponse.

SECTION 1.2 **Les combustibles fossiles et les GES**

4 Pourquoi, faute de solutions de remplacement, l'utilisation des combustibles fossiles est-elle appelée à se maintenir, voire à s'étendre :
a) dans les pays développés ?
b) dans les pays en développement ?

5 Le protocole de Kyoto n'impose aucune limite d'émissions de GES aux pays en développement, alors que les pays développés doivent, en moyenne, réduire de 5 % leurs émissions par rapport à leur niveau de 1990. Quelles sont les raisons qui ont poussé les signataires à dispenser les pays en développement de toute obligation en matière d'émissions de GES ?

6 La formule chimique générale d'un hydrocarbure est C_nH_m. Démontrez que la combustion d'une molécule d'un hydrocarbure donné requiert $(n + 0,25\, m)$ molécules de dioxygène. Basez-vous sur l'équation balancée de la combustion.

7 Sachant qu'un atome de carbone a une masse égale au $\frac{3}{4}$ de celle d'un atome d'oxygène, déterminez la masse de dioxyde de carbone produit par la combustion de 120 kg de charbon. Considérez que le charbon est constitué de carbone pur.

8 Le mauvais entretien d'un moteur peut entraîner la combustion incomplète des hydrocarbures, ce qui se traduit par la production de monoxyde de carbone plutôt que de dioxyde de carbone. Écrivez et balancez l'équation de la combustion incomplète de l'octane (C_8H_{18}).

SECTION 1.3 **La déforestation et les GES**

9 Déterminez si les situations suivantes sont bénéfiques ou dommageables du point de vue de la concentration atmosphérique des GES et expliquez pourquoi. Rattachez vos explications à la forêt.
a) La consommation de viande augmente partout dans le monde.
b) L'utilisation de papier recyclé est en expansion.
c) Plutôt que de les laisser se décomposer au sol, on récupère les résidus de coupes forestières pour les transformer en alcool (un combustible) par fermentation.
d) Après une coupe forestière, on procède à un reboisement de la parcelle de terrain.

10 En Amazonie, un paysan brûle une parcelle de forêt afin de disposer d'un sol qu'il pourra cultiver pendant quelques années. Quel est l'impact de cette action sur la concentration atmosphérique des GES :

a) à court terme ?

b) à long terme ?

11 En vous référant au cycle du carbone, expliquez pourquoi la présence d'un couvert forestier permet parfois au sol d'agir comme un puits de carbone alors que, lorsqu'on enlève ce couvert forestier, le sol agit plutôt comme une source de carbone.

SECTION **1.4** **La fabrication du ciment et les GES**

12 La poudre de ciment est très corrosive, car le procédé de fabrication laisse des molécules d'oxyde de calcium (CaO) qui n'ont pas réagi avec la silice, l'alumine ou le trioxyde de difer. Lorsqu'on mélange le ciment avec de l'eau, les molécules d'oxyde de calcium réagissent avec l'eau pour former du dihydroxyde de calcium [Ca(OH)$_2$].

a) Écrivez l'équation de la formation du dihydroxyde de calcium.

b) À quel type de substance le dihydroxyde de calcium peut-il être associé ? Expliquez votre réponse en vous référant à sa formule chimique.

c) Sachant que le ciment est corrosif, déterminez quelle pourrait être la valeur du pH de la poudre de ciment mouillée.

d) Le Ca(OH)$_2$ est un électrolyte fort qui peut se dissocier dans l'eau. Écrivez l'équation chimique de la dissociation ionique du dihydroxyde de calcium.

e) Expliquez la charge de l'ion calcium grâce au modèle atomique de Rutherford-Bohr.

13 La fabrication des scories de ciment nécessite 80 % (en masse) de roche calcaire et 20 % (en masse) d'argile. L'argile est utilisée sans perte. Par contre, la décarbonatation du calcaire entraîne une perte de 44 % de la masse sous forme de CO$_2$.

a) Sachant qu'avec un procédé de fabrication efficace énergétiquement, 40 % des émissions totales de CO$_2$ sont attribuables aux combustibles fossiles, déterminez la quantité totale de CO$_2$ produite par la transformation en scories de ciment de 1 t (1 000 kg) de calcaire.

b) Déterminez la masse de scories de ciment qu'on peut produire à partir d'une tonne de calcaire.

SECTION **1.5** **L'agriculture et les GES**

14 En plus du dioxyde de carbone associé à l'utilisation de l'équipement agricole, nommez les deux principaux GES émis par les activités agricoles. Pour chacun de ces gaz, expliquez brièvement le processus à l'origine de leur formation.

15 Le lisier (déjections animales mélangées à de l'eau) doit être emmagasiné dans des bassins de rétention avant d'être épandu sur les sols. Comment expliquez-vous que la gestion et l'utilisation du lisier puissent être responsables de la production :

a) de méthane ?

b) d'oxyde nitreux ?

16 Quelles sont les trois principales sources de méthane associées à l'agriculture ?

Selon une vaste majorité de scientifiques, il est probable que l'être humain influe sur le climat. Plusieurs scientifiques soutiennent aussi que plusieurs phénomènes naturels liés aux océans pourraient venir amplifier les changements climatiques.

Dans la présente partie, vous prendrez d'abord connaissance du rôle de l'océan dans l'absorption du dioxyde de carbone d'origine anthropique et de certains risques d'emballement des changements climatiques qui sont associés à ce phénomène. Il sera ensuite question de l'acidification présente et à venir de l'eau des océans. Enfin, vous verrez comment l'accumulation de chaleur dans l'océan explique une bonne part de la hausse de son niveau moyen.

2.1 Les risques d'emballement

Les spécialistes de la climatologie craignent que l'augmentation de la température moyenne de la Terre ne provoque des modifications naturelles (relargage de CO_2 par les océans, ralentissement de la circulation océanique) susceptibles d'accélérer davantage le réchauffement planétaire. Ces risques d'emballement sont bien réels, quoiqu'on ne connaisse pas précisément l'ampleur de la menace qu'ils représentent ni la température moyenne à partir de laquelle ils se manifesteront. Toutefois, avant d'expliquer ces risques, il faut d'abord étudier la solubilité des gaz dans l'eau.

La solubilité des gaz

On estime que les océans ont dissous 48 % du dioxyde de carbone émis par l'humanité depuis l'avènement de l'ère industrielle. N'eût été des océans, la concentration de CO_2 dans l'atmosphère aurait connu une augmentation deux fois plus grande. L'eau peut donc dissoudre les gaz, comme elle peut dissoudre certains solides. La capacité d'un gaz à se dissoudre dans l'eau est cependant limitée. Cette capacité est appelée **solubilité.**

La solubilité d'une substance

La **solubilité** d'une substance est la quantité maximale (en grammes) de cette substance qu'on peut dissoudre dans un volume donné de solvant à une température donnée. L'unité de mesure de la solubilité est le **g/100 ml** (nombre de grammes de soluté qu'on peut dissoudre dans 100 ml de solvant).

- La solubilité du NaCl à 20 °C est de 33 g/100 ml d'eau.
- La solubilité du CO_2 à 20 °C et à une pression de 101 kPa est de 0,157 g/100 ml d'eau.

---

info +

CHAMPAGNE !

Le champagne est un vin effervescent dont les bulles proviennent d'une grande quantité de dioxyde de carbone en solution. Pour produire le champagne, on ajoute à un vin blanc un peu de levure et de sucre avant de boucher la bouteille une première fois. La levure dégrade le sucre par fermentation alcoolique, produisant ainsi de l'éthanol et du dioxyde de carbone. Puisque la bouteille est hermétiquement fermée, le dioxyde de carbone s'accumule dans le vin, bien au-delà de la solubilité. Lorsque la levure a terminé de consommer le sucre, on retourne les bouteilles à l'envers afin d'y recueillir la levure. On ouvre ensuite la bouteille, le temps de retirer la levure et de remplacer le volume perdu par une liqueur plus ou moins sucrée. On referme ensuite la bouteille avec un bouchon de liège, conservant ainsi le dioxyde de carbone dissous dans le vin.

Facteurs influant sur la solubilité des gaz

LA PRESSION
Plus la **pression** est élevée, plus la solubilité d'un gaz est élevée.

Voilà pourquoi aucune bulle de dioxyde de carbone n'est visible dans une bouteille de boisson gazeuse qui n'a pas encore été ouverte. L'air à l'intérieur de la bouteille est pressurisé, ce qui fait que beaucoup de dioxyde de carbone peut être dissous dans la boisson.

LA TEMPÉRATURE
Plus la **température** de l'eau est chaude, plus la solubilité d'un gaz est faible.

Alors que la plupart des solutés solides sont davantage solubles en eau chaude qu'en eau froide, les gaz ont un comportement contraire (*voir la figure 10*). Par exemple, l'effervescence (perte de gaz en solution) d'une boisson gazeuse (*voir la figure 11*) est plus grande lorsque celle-ci n'est pas réfrigérée. Les espèces de poissons qui ont besoin d'une eau très oxygénée recherchent les eaux froides, capables de dissoudre davantage de dioxygène.

Figure 11
Une boisson gazeuse
Le dioxyde de carbone dissous dans une boisson gazeuse se sépare de la solution lorsqu'on ouvre la bouteille et qu'on verse le liquide.

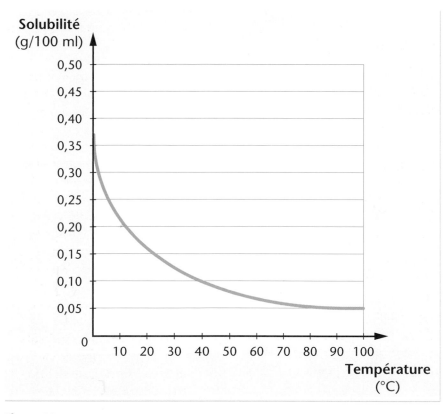

Figure 10
La solubilité du CO_2 (en g/100 ml d'eau) en fonction de la température (en °C) à une pression de 101,3 kPa

Le risque de relargage de CO_2 par les océans

L'eau des océans n'est pas immobile. Dans les régions équatoriales, elle se réchauffe en surface et se dilate, ce qui a pour effet de la déplacer vers l'un et l'autre des tropiques. Ce mouvement provoque une remontée d'eau froide venant des profondeurs de l'océan. Lorsque cette eau qui remonte se réchauffe, une partie du CO_2 qu'elle contient est expulsé (*voir la figure 12*) car, à mesure que sa température s'élève, l'eau perd son pouvoir de dissolution du CO_2.

L'eau chaude provenant de l'équateur se refroidit au fur et à mesure qu'elle progresse en latitude vers les pôles. Ce refroidissement lui permet de dissoudre une partie du CO_2 contenu dans l'air (*voir la figure 12*). Lorsque ces eaux sont suffisamment froides et salées, elles plongent vers les profondeurs de l'océan, séquestrant pour de nombreux siècles le dioxyde de carbone qu'elles contiennent.

Actuellement, les océans forment un puits net de carbone, ce qui veut dire qu'ils dissolvent davantage de CO_2 qu'ils n'en relarguent. L'augmentation de la concentration atmosphérique de CO_2 dans les 200 dernières années a en effet augmenté le rythme auquel l'océan dissout le CO_2. Cependant, ce phénomène pourrait s'inverser sous l'effet d'une hausse appréciable de la température moyenne des eaux de surface océaniques. En effet, cela favoriserait le dégazage dans les régions où l'eau est chaude, et défavoriserait la dissolution dans les régions où l'eau est froide (*voir la figure 13*). L'océan pourrait alors devenir une source nette de carbone, ce qui accélérerait le réchauffement de la planète, lequel pourrait à son tour amplifier le relargage de CO_2 des océans, et ainsi de suite.

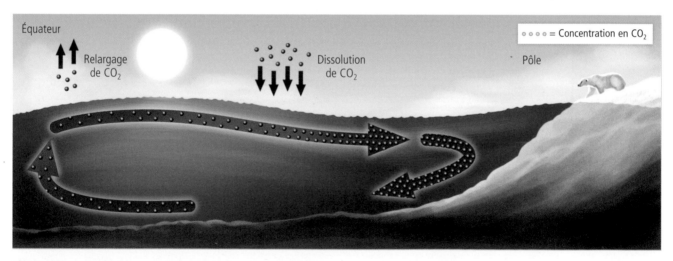

Figure 12
L'océan, un puits net de carbone Les océans absorbent davantage de CO_2 (aux latitudes élevées) qu'ils en relarguent (aux faibles latitudes).

Problématique des changements climatiques

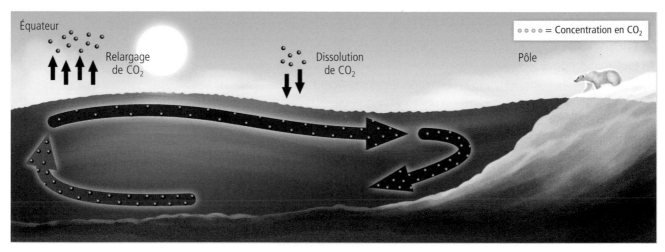

Figure 13
L'océan, de puits de carbone à source de carbone Le réchauffement des océans a tendance à favoriser le relargage de CO_2 à l'équateur aux dépens de sa dissolution aux latitudes plus élevées.

Le ralentissement de la circulation thermohaline

Le moteur de la circulation océanique générale, ou circulation thermohaline, réside dans l'expansion de l'eau à l'équateur, suivie de la replongée des eaux refroidies et densifiées vers les profondeurs océaniques sous les latitudes plus froides. Or, ce moteur pourrait être affaibli par le réchauffement de la planète. Des températures plus élevées empêcheraient l'eau de se refroidir autant qu'elle ne le fait actuellement. De plus, la fonte des glaciers et des calottes polaires apporte aux océans un surplus d'eau douce qui vient diminuer la salinité des eaux. Il pourrait en résulter des eaux moins froides et moins salées, donc moins denses. De ce fait, ces eaux auront alors moins tendance à s'enfoncer vers les profondeurs de l'océan.

Plusieurs spécialistes craignent que la circulation océanique ne ralentisse à cause de ces deux phénomènes. Ce ralentissement diminuerait le rythme auquel l'océan capte le dioxyde de carbone, ce qui se traduirait, ici aussi, par une augmentation de la concentration atmosphérique du CO_2 et donc par un réchauffement supplémentaire de la planète.

S$_2$S

Quand la chaleur appelle le froid

Le Gulf Stream est un courant océanique chaud qui traverse l'Atlantique depuis les Caraïbes jusqu'aux côtes de l'Europe. Il redistribue en Europe une partie de la chaleur absorbée aux tropiques, ce qui adoucit le climat européen. Une fois refroidi, le Gulf Stream plonge dans les profondeurs de l'océan pour ressurgir plus au sud, bouclant son trajet.

La fonte accélérée des glaciers et la disparition progressive de la banquise rend l'eau nordique de moins en moins dense, ce qui tend à ralentir la plongée du Gulf Stream. Si ce courant venait à disparaître ou à modifier sa trajectoire ou encore à changer de vitesse (comme il l'a déjà fait dans un passé très lointain), l'Europe de l'Ouest pourrait subir une importante baisse de sa température moyenne.

Quelques études publiées au début du siècle semblaient indiquer un ralentissement de l'ordre d'environ 30 % de ce courant. Toutefois, une étude parue en 2007 affirmait que les variations saisonnières du débit du Gulf Stream peuvent expliquer les résultats de ces études. On poursuit les recherches.

La modification de l'albédo

Une des conséquences visibles du réchauffement de la planète est l'augmentation du rythme auquel les glaciers et la banquise s'amenuisent (*voir la figure 14*). Selon le GIEC, la surveillance par satellite a permis d'établir que la superficie minimale occupée par la banquise (en été) a diminué de 7,4 % par décennie depuis 1978. Une accélération de cette tendance semble être perceptible, comme le montre la figure 14. Pour la même période, on constate également une diminution de la surface recouverte de neige au printemps dans les deux hémisphères.

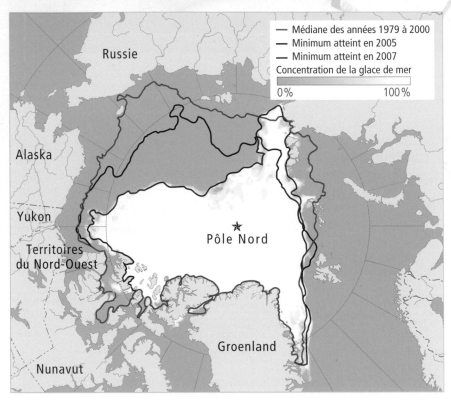

Figure 14
L'étendue de la banquise à la fin de l'été En vert, la médiane des années 1979 à 2000 ; en mauve, le minimum atteint en 2005 ; en rouge, celui atteint en 2007.

💬 culture +

LE SEDNA IV EN MISSION EN ANTARCTIQUE

Une douzaine d'hommes et de femmes partis à l'aventure pendant plus de 430 jours à bord d'un bateau : la mission Antarctique dirigée par Jean Lemire est une expédition qui aura marqué l'imaginaire de plusieurs. À bord du Sedna IV, un voilier doté d'installations cinématographiques permettant la création et le montage d'émissions télévisuelles en haute définition, Lemire et son équipe ont relevé le défi de passer tout un hiver à observer et à documenter les répercussions des changements climatiques sur les écosystèmes de l'Antarctique et à témoigner de leurs observations par le biais de divers médias (la radio, la télévision et Internet). Si la beauté des images de l'Antarctique émerveille, le discours qui les accompagne permet d'en saisir la fragilité et la vulnérabilité face aux changements climatiques rapides auxquels est confrontée cette région du globe.

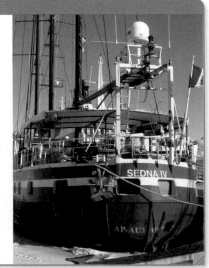

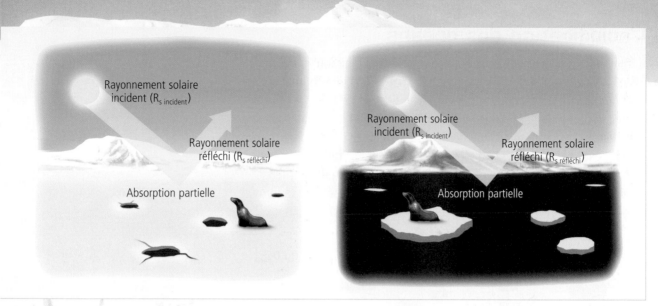

Figure 15
La transformation du rayonnement solaire incident Sur la neige et la glace (albédo élevé), le rayonnement solaire est davantage réfléchi que sur le sol et l'eau (faible albédo). La quantité d'énergie rayonnante absorbée par la Terre augmente au fur et à mesure que diminue la surface occupée par la neige et la glace.

Or, la diminution du couvert de neige et de glace a une influence sur la quantité de rayonnement solaire qui est absorbée par la surface de la Terre (*voir la figure 15*).

L'albédo d'une surface

- L'**albédo** d'une surface représente la fraction du rayonnement solaire incident qui est réfléchi par cette surface. On l'exprime par une fraction décimale comprise entre 0 et 1.

$$R_{s\ réfléchi} = (albédo) \times R_{s\ incident}$$

- Les surfaces pâles comme la neige et la glace ont un albédo élevé.
- Les surfaces sombres ont un albédo faible.

La neige et la glace ont un albédo compris entre 0,4 et 0,9, ce qui signifie qu'elles réfléchissent entre 40 et 90 % du rayonnement solaire qui les frappe. Ainsi, sur la neige et la glace, une faible portion du rayonnement solaire incident est absorbée et transformée en chaleur (*voir la figure 15*). L'océan et le sol mis à nu par la fonte de la neige et de la glace ont un albédo plus faible. Ces surfaces absorbent donc davantage d'énergie rayonnante que ne le font la neige et la glace.

La diminution de l'albédo causée par la disparition des glaces et de la neige a pour effet d'accroître la quantité d'énergie rayonnante absorbée par la surface de la Terre, ce qui provoque une augmentation de la température. Cette augmentation de la température entraîne à son tour une fonte accélérée de la neige et de la glace, ce qui intensifie davantage le réchauffement.

L'acidification des océans

Comme on l'a vu précédemment, l'eau des océans a dissous d'énormes quantités de dioxyde de carbone produites par les activités humaines. Ce précieux service a cependant un coût : l'acidification de l'eau des océans. Depuis le début de l'ère industrielle, le pH moyen de l'eau de la couche superficielle des océans a chuté de 0,1, passant de 8,2 à 8,1. Pour pouvoir expliquer la relation entre la dissolution du CO_2 et l'acidification des océans, il faut savoir que le dioxyde de carbone aqueux et l'eau peuvent réagir ensemble pour former de l'acide carbonique, un composé dont la formule chimique est H_2CO_3.

$$CO_{2\,(aq)} \quad + \quad H_2O_{(l)} \quad \rightarrow \quad H_2CO_{3\,(aq)}$$

Plus de 99 % des molécules de CO_2 dissoutes par les océans sont transformées en acide carbonique (H_2CO_3). À leur tour, une majorité de molécules d'acide carbonique subissent une réaction de dissociation ionique.

$$H_2CO_{3\,(aq)} \quad \rightarrow \quad H^+_{(aq)} + HCO_3^-{}_{(aq)}$$

Puisque cette réaction libère des **ions H⁺**, il en résulte que la dissolution de dioxyde de carbone dans l'eau tend à augmenter la concentration océanique des ions H⁺, ce qui explique la diminution observée du **pH** de l'eau de mer.

Enfin, l'ion HCO_3^- peut lui aussi se dissocier en libérant un autre ion H⁺ ainsi qu'un ion CO_3^{2-} selon l'équation chimique suivante :

$$HCO_3^-{}_{(aq)} \quad \rightarrow \quad H^+_{(aq)} + CO_3^{2-}{}_{(aq)}$$

Dans les couches superficielles de l'océan, environ 90 % du carbone inorganique se trouve sous forme d'ions HCO_3^-. Le dioxyde de carbone dissous compte pour moins de 1 % (*voir la figure 16*), ce qui est tout de même suffisant pour permettre la photosynthèse marine.

La figure 16 montre que la grande capacité des océans à absorber le dioxyde de carbone repose sur la réaction entre le CO_2 et l'eau, et sur l'acidification de l'eau qui en résulte. Pour chaque centaine de molécules de CO_2 que l'océan capte, 99 d'entre elles se trouvent à l'état d'ion HCO_3^- ou CO_3^{2-}, entraînant en même temps la formation d'ions H⁺ qui viennent neutraliser les ions OH⁻ présents dans l'eau de l'océan. Dans cette optique, on en vient à la conclusion que tant que l'océan jouera son rôle de puits de carbone, le pH de l'eau continuera à descendre. Il s'agit d'une perturbation majeure à laquelle les écosystèmes marins doivent faire face.

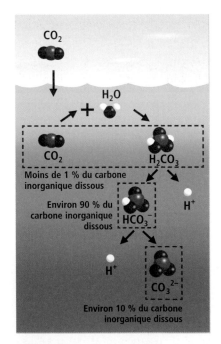

Figure 16
La répartition du carbone inorganique dissous dans l'eau de mer

La hausse du niveau des océans

Une des conséquences les plus alarmantes des changements climatiques est l'élévation du niveau de la mer. Selon le GIEC (2007), le niveau moyen de la mer s'est élevé au rythme moyen de 1,8 mm par année entre 1961 et 2003. Les mêmes données montrent que, entre 1993 et 2003, l'augmentation moyenne était de 3,1 mm par année. Bien qu'il semble impossible de conclure hors de tout doute à une tendance à long terme, cette accélération récente de la hausse du niveau moyen de la mer est préoccupante.

L'élévation du niveau des océans entraîne de nombreuses répercussions sociales, économiques et environnementales. Plus le niveau moyen des océans est élevé, plus les tempêtes ont le potentiel de causer d'importants dommages. Les populations occupant les côtes, les îles et les deltas de grands fleuves sont particulièrement exposées à des risques accrus d'inondations. L'érosion plus rapide des côtes est aussi une conséquence notable de la hausse des océans. On prévoit ainsi que des dépenses de plus en plus grandes seront nécessaires pour protéger ou remplacer les infrastructures des villes côtières.

Deux phénomènes distincts permettent d'expliquer pourquoi le réchauffement de la planète entraîne une hausse du niveau des océans : la fonte des glaciers (calottes glaciaires et *inlandsis*) ainsi que la dilatation thermique de l'eau des océans. On estime que, entre 1993 et 2003, ces facteurs ont contribué à l'élévation du niveau de la mer (augmentation de volume) dans les proportions suivantes : 28 % due à la fonte des glaciers et des calottes glaciaires, 15 % due à la fonte des inlandsis du Groenland et de l'Antarctique et 57 % due à la dilatation thermique de l'eau des océans.

SOS

Une menace pour les écosystèmes marins

Le corail et plusieurs espèces de plancton sécrètent un squelette ou une carapace en carbonate de calcium. Or, plus le pH des océans diminue, plus cette calcification est difficile.

Chez les coraux, en effet, on observe une difficulté accrue de remplacer le squelette perdu par l'action érosive des marées. Les écosystèmes récifaux, déjà menacés par le réchauffement de l'eau des océans, pourraient en être fortement perturbés.

Pour le plancton, les difficultés de calcification pourraient entraîner une réduction de population. Or, ces organismes composent une partie appréciable de la base de la pyramide alimentaire marine. La diminution du pH pourrait donc réduire considérablement la productivité des océans.

La dilatation thermique de l'eau des océans

Dans leur quatrième rapport d'évaluation publié en 2007, les scientifiques du GIEC affirment que l'océan absorbe 80 % de l'excès de chaleur attribuable au forçage anthropique de l'effet de serre. Ce pourcentage s'explique notamment par le fait que les océans couvrent une grande portion de la surface terrestre. Ainsi, la surface de l'eau absorbe une bonne part du rayonnement infrarouge qui est retenu et renvoyé par les GES.

D'autre part, il faut beaucoup de chaleur pour faire augmenter appréciablement la température de l'eau. Ainsi, pour faire augmenter la température de 1 g d'eau de 1 °C, il faut lui fournir 4,19 J de chaleur. Pour l'air, il ne faut que 0,72 J, soit environ 5,8 fois moins. L'eau est donc 5,8 fois plus difficile à chauffer que l'air. Cependant, pour une hausse de température équivalente, l'eau emmagasine 5,8 fois plus d'énergie thermique que l'air.

Cette absorption d'énergie thermique contribue à faire augmenter l'agitation des molécules d'eau (*voir la figure 17*). Cette agitation accrue occasionne la **dilatation thermique** de l'eau, c'est-à-dire l'augmentation du volume d'un corps sous l'effet de l'augmentation de sa température.

À basse température   À une température plus élevée

Figure 17
La dilatation thermique Une augmentation de la température d'un corps a pour effet que les particules de ce corps possèdent plus d'énergie thermique, qu'elles sont plus agitées et que, par conséquent, elles occupent un plus grand volume.

Comme pour le forçage anthropique de l'effet de serre, il semble que la dilatation des océans continuera longtemps après qu'on aura réussi à stabiliser les concentrations atmosphériques des GES. Tant que les températures moyennes augmenteront, l'océan se réchauffera et la dilatation thermique continuera de faire gonfler le niveau des océans.

Les scénarios d'émissions et les modèles climatiques

Les climatologues disposent de modèles mathématiques de plus en plus performants qui leur permettent de faire des projections à moyen et à long terme sur de multiples facteurs tels que la température globale moyenne et le niveau des océans.

Si les processus naturels sont en général bien modélisés, de grandes incertitudes demeurent quant aux émissions anthropiques de GES. Pour évaluer les émissions futures, on s'appuie sur divers pronostics en matière de développement économique, technologique et démographique du monde de demain. Vivra-t-on dans un monde où la technologie, toujours plus énergivore, continuera de progresser au même rythme ? Les pays en développement accéderont-ils à un niveau de développement semblable au nôtre ? À quel rythme la population mondiale augmentera-t-elle ? Les pays en développement réussiront-ils à développer appréciablement leur économie ? Selon le scénario envisagé, des émissions plus ou moins grandes de GES sont estimées. Les climatologues s'appuient sur ces valeurs pour tenter de prévoir l'évolution du climat pour chacun des scénarios possibles.

La figure 18 montre une projection de l'évolution des émissions anthropiques de GES selon six scénarios différents. Si, à long terme, les scénarios optimistes (B1 et A1T) divergent énormément des plus pessimistes (A2 et A1F1), on constate que, d'ici 2030, tous les scénarios suggèrent une augmentation semblable des émissions de GES. Les modèles mathématiques des climatologues prévoient que, d'ici 2030, la température moyenne devrait augmenter d'environ 0,2 °C tous les dix ans et que le niveau des océans devrait augmenter de 8 cm.

Tôt ou tard, la concentration atmosphérique des GES se stabilisera. Les modèles montrent cependant que plus l'humanité tardera à réduire ses émissions, plus la concentration des GES à l'équilibre sera élevée et plus la température et le niveau des océans se stabiliseront à des valeurs élevées. On estime que pour stabiliser la concentration atmosphérique à un niveau variant environ de 495 à 530 ppm en équivalent CO_2 (en 2005, elle était de 375 ppm), on devrait, d'ici 2020 au plus tard, réduire les émissions de GES de 30 à 60 % par rapport aux émissions de l'an 2000. À titre de comparaison, le protocole de Kyoto proposait, pour 2008 à 2012, des réductions de l'ordre de 5 % (et ce, seulement pour les pays développés) par rapport au niveau de... 1990. C'est dire toute l'ampleur du défi qui nous attend !

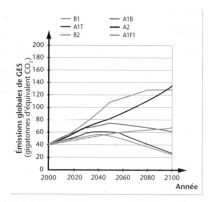

Figure 18
L'évolution des émissions de GES selon différents scénarios de développement

Diagnostic

Les risques d'emballement

1 La solubilité du NaCl à 20 °C est de 33 g/100 ml d'eau. Combien d'eau à 20 °C faut-il pour dissoudre 1,0 kg de ce sel ?

2 Quels sont les deux facteurs qui influent sur la solubilité d'un gaz dans l'eau ?

3 Comment la solubilité d'un gaz varie-t-elle en fonction de la température ?

4 Combien de dioxyde de carbone peut-on dissoudre dans 250 L d'eau à 10 °C (consultez au besoin le graphique de la figure 10 à la page 195).

5 Dans quelle ou quelles régions de la Terre les océans sont-ils :

a) un puits de carbone ? Expliquez votre réponse.

b) une source de carbone ? Expliquez votre réponse.

6 Comment le réchauffement global pourrait-il amener l'océan à relâcher plus de CO_2 qu'il n'en dissout ?

7 Quel doit être l'albédo d'une surface pour qu'elle :

a) réfléchisse 36 % du rayonnement solaire incident ?

b) absorbe 18 % du rayonnement solaire incident ?

8 Quel serait l'effet d'un ralentissement des courants océaniques sur la capacité de l'océan à dissoudre le CO_2 atmosphérique ?

SECTION 2.2 **L'acidification des océans**

9 À quel ion doit-on le caractère acide d'une solution ?

10 Expliquez pourquoi la dissolution du dioxyde de carbone dans l'océan provoque la diminution du pH de l'eau des océans.

11 La formation de la carapace de carbonate de calcium de nombreux microorganismes marins se traduit par l'équation suivante :

$$\_\_ Ca^{2+}_{(aq)} + \_\_ HCO_3^-_{(aq)} \rightarrow \_\_ CaCO_{3(s)} + \_\_ H_2CO_{3\,(aq)}$$

a) Équilibrez cette réaction chimique.

b) Peut-on dire que le $CaCO_3$ qui compose le squelette de ces microorganismes contient des atomes de carbone qui ont déjà été sous forme de CO_2 dans l'atmosphère ? Expliquez votre réponse.

SECTION 2.3 **La hausse du niveau des océans**

12 Quels sont les facteurs qui contribuent à élever le niveau des océans ?

13 Supposons qu'en 2035 l'humanité réussisse à réduire suffisamment ses émissions de GES pour que la concentration de ces gaz se stabilise. La température moyenne et le niveau des océans cesseront-ils d'augmenter dès ce moment ? Expliquez votre réponse.

En un clin d'œil

>>> Des changements chimiques problématiques

- La combustion du charbon et des hydrocarbures (combustibles fossiles) dégage du dioxyde de carbone, un GES majeur.

$$C_nH_m + O_{2\,(g)} \rightarrow H_2O_{(g)} + CO_{2\,(g)} + \text{Énergie}$$

- Dans le procédé de fabrication du ciment, la réaction de décarbonatation de la roche calcaire entraîne la production de dioxyde de carbone.

$$CaCO_{3\,(s)} + \text{Énergie} \rightarrow CaO_{(s)} + CO_{2\,(g)}$$

- La déforestation occasionne un **déficit photosynthétique** ainsi que la remise en circulation du carbone stocké dans le sol (**respiration, fermentation**).

- La **dissolution** du dioxyde de carbone dans l'océan provoque l'acidification de l'eau.

$$CO_{2\,(aq)} + H_2O_{(l)} \rightarrow H_2CO_{3\,(aq)}$$
$$H_2CO_{3\,(aq)} \rightarrow H^+_{(aq)} + HCO_3^-{}_{(aq)}$$

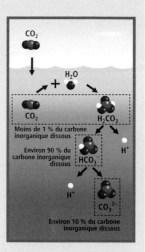

>>> La chaleur et la température

- La concentration croissante des GES dans l'atmosphère explique qu'une portion de plus en plus grande du rayonnement infrarouge émis par la Terre est retenue puis renvoyée vers le sol, ce qui expliquerait l'augmentation de la température moyenne de la Terre.

- L'augmentation de la température moyenne de la Terre provoque une fonte accélérée des glaciers.

- L'augmentation de la température des océans s'accompagne d'une **dilatation thermique** due à l'agitation thermique accrue des molécules d'eau.

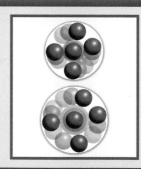

>>> Le principe de conservation de l'énergie appliqué

- Le forçage anthropique de l'effet de serre provoque une accumulation d'énergie sur la Terre en diminuant la portion du rayonnement infrarouge qui s'échappe dans l'espace.

- L'albédo d'une surface correspond à la proportion du rayonnement solaire incident qui est réfléchie par cette surface.

$$R_{s\,incident} = R_{s\,réfléchi} + R_{s\,absorbé}$$ où $$R_{s\,réfléchi} = (\text{albédo}) \times R_{s\,incident}$$

>>> La solubilité

- La **solubilité** d'une substance est la quantité maximale de cette substance qu'il est possible de dissoudre dans un volume donné de solvant.

- La solubilité d'une substance varie selon la **température** et, pour les gaz, selon la **pression.**

- La solubilité d'un gaz diminue lorsque la température augmente.

Univers vivant

Le pouls des écosystèmes

La capacité d'adaptation des vivants permet aux écosystèmes de se maintenir durant des millénaires malgré de continuels changements naturels. Toutefois, depuis plus d'un siècle, les activités humaines ont un effet accélérateur sur ces changements, à un point tel que tous les écosystèmes de la Terre, principalement ceux des régions polaires et côtières, sont menacés. Les conditions climatiques ne sont plus les mêmes : la carte des biomes est en mutation.

Au nord, l'ours polaire est menacé, tandis que les récifs coralliens meurent dans les océans trop chauds, que les marais de l'estuaire du Saint-Laurent risquent d'être submergés et que des êtres humains parmi les plus défavorisés deviennent des réfugiés climatiques. Les rythmes naturels se dérèglent, les aires de distribution sont redessinées. Des espèces jadis exotiques colonisent de nouveaux territoires, tandis que les espèces indigènes disparaissent à un rythme accéléré.

Les interventions humaines ne peuvent contrecarrer ces processus. Elles visent plutôt à adapter notre mode de vie afin de préserver la vie en général et celle de l'être humain en particulier.

LES ÉCOSYSTÈMES DES RÉGIONS POLAIRES

Les prévisions actuelles basées sur différents modèles climatiques annoncent une augmentation des températures et des précipitations pour le nord du Canada. On peut déjà constater, dans les régions polaires, le dégel du pergélisol et l'accélération de la fonte des glaciers et des banquises.

Les hypothèses avancées quant aux causes et aux effets de ces changements seront un jour confirmées ou infirmées. Pour l'instant, les observations s'accumulent qui montrent un déséquilibre dans la structure et la composition des différents écosystèmes de la toundra.

Le biome de la toundra s'est développé et s'est maintenu dans l'Arctique pendant des milliers d'années. Les caractéristiques biologiques, les comportements et les activités de ses populations végétales, animales et humaines sont adaptés à son climat rigoureux. Les populations doivent maintenant faire face à des changements si brutaux que certaines espèces sont menacées de disparition : leur capacité d'adaptation a une limite.

1.1 La toundra

La toundra est un **biome** qui s'est développé dans un climat rude. La **toundra arctique** (*voir la figure 1 et l'info +*) s'épanouit dans les hautes latitudes de l'hémisphère Nord en Amérique et en Eurasie, donc en région polaire. Les températures y sont basses : les hivers sont longs et rigoureux, les étés sont courts et frais. Les précipitations varient de 20 à 60 cm dans la toundra arctique québécoise. Comme tous les biomes, la toundra comprend un ensemble d'écosystèmes, d'étendue réduite, formés de vivants en relation entre eux et avec leur milieu (le sol, l'eau et l'air). Ces vivants possèdent les caractéristiques nécessaires pour supporter le climat. Nous aborderons en premier lieu les caractéristiques des **écosystèmes terrestres** de la toundra arctique, puis celles de ses **écosystèmes marins**.

Figure 1
La toundra arctique
La toundra arctique est située au nord du 55e parallèle.

🔲 info +

LA TOUNDRA ALPINE

En plus de la toundra arctique, il existe un autre type de toundra, qui se développe sur les hauts sommets, peu importe la latitude : la **toundra alpine.** On peut l'observer à partir de la limite des arbres en zone montagneuse, comme dans la cordillère montagnarde de l'Ouest canadien, dans la réserve de la biosphère de Charlevoix, au Québec, en Europe, en Afrique... La durée de la photopériode, les variations de température, l'abondance des précipitations et la présence du pergélisol sont des caractéristiques qui différencient la toundra arctique et la toundra alpine.

L'écosystème terrestre de la toundra

Dans la toundra, les températures estivales dépassent le point de congélation. Le sol dégèle alors sur quelques centimètres : ce sol humide et instable sur lequel une végétation se développe se nomme **mollisol**. Le sol situé plus en profondeur et qui ne dégèle jamais est appelé **pergélisol**.

Puisque le climat rude ne permet qu'une croissance lente et de courte durée, la **biomasse** de la toundra est faible. La végétation comprend des mousses, des lichens, des herbes et des arbustes nains, dont le saule arctique (*voir la figure 2*). Les herbivores, bien protégés par leur fourrure, s'en nourrissent ; ils seront éventuellement les proies des carnivores.

L'ensemble des vivants de l'écosystème s'organise en **populations** et en **communautés**. Ainsi, une population de caribous côtoie des populations de renards, de lagopèdes et de lichens. Ces populations entretiennent des relations basées sur le partage de l'eau, du sol et de la nourriture disponibles (*voir la figure 3*).

Figure 2
Un saule arctique (*Salix arctica*)
Le saule arctique ne dépasse pas 10 cm de hauteur. Il peut se répandre sur près de 2 m de diamètre.

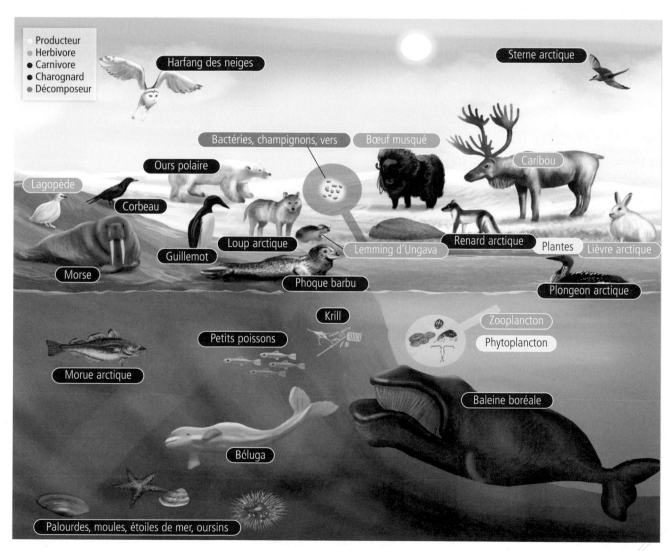

Figure 3
Le réseau trophique simplifié de la toundra Les flèches du réseau trophique, ou réseau alimentaire, indiquent les voies possibles du transfert d'énergie.

Les adaptations des espèces terrestres

Pour survivre dans la toundra arctique, les plantes se sont adaptées de nombreuses façons. Une petite taille leur fait bénéficier d'une température plus chaude au ras du sol qu'en hauteur ; des feuilles coriaces empêchent le dessèchement provoqué par l'évaporation ; des racines courtes leur permettent de s'implanter dans le mollisol (*voir la figure 4*).

De nombreuses espèces animales adaptées au froid ne pourraient vivre à des températures élevées. Au moment du passage de la saison estivale à la saison hivernale, les espèces s'adaptent de différentes façons.

MODES D'ADAPTATION AU CHANGEMENT DES TEMPÉRATURES SAISONNIÈRES

L'acclimatation

Des espèces s'acclimatent par des changements physiques. L'accumulation de graisse ou une fourrure plus épaisse sont des exemples d'**acclimatation** (*voir la figure 5*).

L'hibernation

Des espèces hibernent lorsque leur température corporelle s'abaisse et que leur métabolisme ralentit. La marmotte commune (*voir la figure 6*) accumule beaucoup de graisse durant l'été, après quoi elle entre en **hibernation**, un état de ralentissement physiologique qui lui permet de conserver son énergie.

La migration

Des espèces migrent : elles se déplacent à la recherche de nourriture ou de lieux de reproduction. Au moment de la **migration**, une harde de caribous empruntera des corridors migratoires le long desquels elle trouvera des lieux pour se reposer, s'alimenter, se reproduire (*voir la figure 7*).

Le thé du Labrador

La linaigrette du Canada

Figure 4
Le thé du Labrador et la linaigrette du Canada
Le mollisol est très humide, car l'eau ne peut s'écouler à travers le pergélisol. La linaigrette du Canada et le thé du Labrador sont adaptés à ces conditions.

Figure 5
Un renard arctique Les poils sous ses pattes protègent celles-ci des engelures. Ses petites oreilles et son museau court minimisent la perte de chaleur.

Figure 6
Une marmotte commune
La marmotte commune (*Marmota monax*) est l'espèce de marmotte la plus répandue en Amérique du Nord.

Figure 7
Un caribou des bois Le caribou se déplace à la recherche du carex et du lichen qu'il broute au passage, sans les épuiser. Il peut être la proie des loups, des ours ou du carcajou.

L'écosystème marin de la toundra

L'équilibre des écosystèmes marins de la toundra (*voir la figure 3, p. 209*) repose en grande partie sur le phytoplancton, qui capte l'énergie solaire. Ce flux d'énergie circule ensuite dans le zooplancton, les poissons, les phoques et l'ours polaire.

En Arctique, la vie des animaux terrestres et aquatiques est étroitement liée. La mer constitue une source de nourriture pour les oiseaux terrestres qui, au printemps, se nourrissent des algues accumulées sur les plages. L'hiver, grâce à la glace, le renard arctique, le loup et l'ours polaire ont accès à la vie marine pour se nourrir. Inversement, plusieurs animaux marins profitent du milieu terrestre pour s'accoupler et élever leurs jeunes. D'autres, comme le phoque annelé (*voir la figure 8*), peuvent ne pas aller à terre : ils élèvent leurs petits sur la glace.

L'être humain arrive à tirer profit de ce milieu : les bêtes qu'il chasse lui procurent la nourriture et la fourrure dont il a besoin pour survivre dans ce climat froid. Depuis des millénaires, les populations autochtones ont géré les ressources fauniques et halieutiques en tenant compte des limites naturelles de la productivité et du renouvellement de cette biomasse.

Figure 8
Des phoques annelés
Le phoque annelé, un carnivore doté d'une épaisse couche de graisse, profite de la glace marine pour mettre bas.

1.2 Les perturbations dans la toundra

Les écosystèmes de la toundra arctique, dont la biodiversité est relativement faible, ont été parmi les premiers à subir les conséquences du changement climatique en cours.

Le réchauffement du sol

Dorénavant, dans plusieurs secteurs de la toundra, l'amincissement de la couverture de neige favorise le déplacement des animaux, mais diminue la protection hivernale offerte aux végétaux. Ailleurs, une couverture neigeuse plus épaisse due aux précipitations plus abondantes risque d'épuiser le caribou, qui doit creuser pour atteindre sa nourriture.

Le dégel d'une partie du pergélisol et l'épaississement de la couche du mollisol contribuent à la création de nombreux étangs. Le sol devient instable. Les terres inondées obligent les animaux à modifier leurs sentiers migratoires, ce qui leur demande plus d'énergie, d'autant plus qu'ils doivent y chercher de nouvelles sources d'alimentation. Ces nouvelles conditions de vie risquent d'outrepasser leurs capacités migratoires.

culture +

LE LAIT QUI VIENT DU FROID

Dans la plupart des sociétés, les êtres humains consomment le lait des mammifères d'autres espèces : la vache, la chèvre, la brebis, la jument, la chamelle et le renne lui fournissent du lait.

Le lait du renne est très riche en graisses et en protéines. Sa consommation entraîne une augmentation de la masse adipeuse et permet ainsi de résister au froid. Ce lait contient de 4 à 5 fois plus de matières grasses et de 12 à 13 fois plus de protéines que le lait humain.

- L'instabilité des sols de la toundra nuit aux migrations animales et endommage les infrastructures des villages.
- Dans un écosystème dulcicole, le réchauffement de l'eau peut faire disparaître les espèces de poissons d'eau froide.

Le déplacement des végétaux

Les précipitations et l'augmentation de la température dans la toundra ont un effet sur l'aire de distribution et la productivité des végétaux. Ainsi, le lichen, dont le caribou dépend, commence à disparaître pour être remplacé par des arbustes puis par des arbres de la forêt boréale. L'expansion des populations arbustives vers le nord peut engendrer un accroissement de la productivité primaire et, par conséquent, des populations animales. Mais comme la migration animale est plus rapide que la migration végétale, les animaux pourraient souffrir de dénutrition avant qu'un nouvel équilibre s'installe.

Le déplacement des animaux

En général, les vivants manifestent une certaine capacité d'adaptation aux changements survenant dans leur milieu, mais il y a des limites au-delà desquelles un animal n'a d'autre choix que de quitter son aire de distribution ou de disparaître. Ainsi, le stress thermique pourrait entraîner un déplacement rapide des populations animales vers un climat qui leur convient mieux : des espèces vont monter plus au nord et seront remplacées par d'autres espèces venant du sud (*voir la figure 9*).

Chaque population est définie par sa **densité** et par son **aire de distribution**. Les changements climatiques qui surviennent dans la toundra influent sur ces deux aspects.

Le recul de la toundra correspond à une perte d'habitat qui se traduit par une baisse de densité de populations, puis par leur disparition.

Figure 9
Un renard roux
Dans l'Arctique canadien, l'aire de distribution du renard roux s'étend maintenant plus au nord. Celui-ci entre dorénavant en compétition avec le renard polaire, plus petit et moins agressif.

SHEILA WATT-CLOUTIER

Originaire de Kuujjuaq, au Nunavik, Sheila Watt-Cloutier est une environnementaliste inuite qui milite pour la dénonciation de la pollution chimique, souvent originaire du sud, dont est victime son peuple. Elle a été en nomination pour le prix Nobel de la paix en 2007. La même année, elle a reçu le prix Mahbub-ul-Haq pour sa contribution remarquable au développement humain, attribué par les Nations Unies en reconnaissance de son travail de sensibilisation aux effets des changements climatiques. Elle a également été présidente de la Conférence circumpolaire inuite de 2002 à 2006.

La diminution de la période d'englacement

L'augmentation des températures provoque des changements dans la couverture de glace de la toundra. La période d'englacement dure moins longtemps, l'étendue de la banquise est moins importante et la glace est plus mince. Or, le plus grand carnivore terrestre, l'ours polaire (*voir la figure 10*), va à la rencontre de ses proies sur les glaces. Il profite de ce que le phoque annelé est en repos sur la banquise après la mise bas pour le chasser et s'en nourrir.

Comme la banquise diminue en étendue et est présente moins longtemps, les conditions de chasse sont dorénavant défavorables à l'ours blanc qui, statistiquement, perd 10 kg de gras pour chaque semaine de chasse perdue et doit se retrancher dans des aires de plus en plus restreintes. Sa survie est menacée. Aujourd'hui, il reste moins de 22 000 ours, et beaucoup souffrent de dénutrition.

Déjà, les phoques gris et les phoques du Groenland, dépendants de la banquise pour mettre bas, ont eux aussi de la difficulté à trouver leur nourriture. Leur taux de reproduction est à la baisse. La population de la mouette blanche, dont la distribution correspond à celle de la glace de mer, a également diminué.

Figure 10
Un ours polaire

- Des espèces sont en danger de disparition faute de trouver un territoire leur offrant un milieu de vie et une source de nourriture suffisante.
- La diminution de l'englacement est la cause de l'érosion des côtes, qui entraîne le déplacement des populations humaines ou le réaménagement du territoire à d'autres fins.

1.3 Les perturbations des écosystèmes de l'Antarctique

Le climat de l'Antarctique est caractérisé par des masses d'air très froid. Le sol, gelé en permanence, est couvert d'une épaisse couche de glace. La végétation est rare : seules des espèces très résistantes s'y développent. Ainsi, la majorité des animaux est associée au réseau trophique de l'océan.

Or, les températures de l'eau et de l'air sont maintenant plus élevées, les vents sont plus violents et la banquise est réduite et fragilisée. Ces changements sont autant de stress pour les quatre espèces de manchots de l'Antarctique qui utilisent la banquise pour accéder à leur nourriture, se reposer ou élever leurs petits.

Depuis 1980, la population de manchots d'Adélie (*voir la figure 11*) a chuté de 65 %. La diminution de la banquise a compliqué l'accès du manchot d'Adélie au krill, un petit crustacé planctonique à la base de la chaîne alimentaire de l'océan Austral. À ce rythme, ces manchots auront disparu de la péninsule antarctique dans quelques décennies.

Figure 11
Un manchot d'Adélie

Sur le terrain

Le peuple inuit

Le peuple inuit, jadis nomade, habite le Groenland, les Territoires du Nord-Ouest, le Nunavut (l'Arctique du centre du Canada), le Nunavik (l'Arctique québécois), le Labrador, l'Alaska et la Sibérie (*voir la figure 12*). Ce peuple rassemble des communautés diverses : les Inupiats du nord de l'Alaska, les Yupiits du centre de l'Alaska, les Inuits de l'Arctique canadien, les Kalaallits du Groenland et les Yupigets de Tchoukotka.

Figure 12
Le peuple inuit Plus de 155 000 Inuits vivent au-delà du cercle polaire.

Sous la très forte pression d'un mode de vie venu du sud, les Inuits se sont sédentarisés. Depuis quelques décennies, les différentes communautés se sont associées afin de reprendre en main, peu à peu, leur développement économique, politique et culturel. Ensemble, ils ont choisi de se désigner par le terme d'Inuits qui, dans leur langue, signifie « êtres humains » ou « les gens ». Ils se sont dotés d'institutions et d'organisations telles que la Conférence circumpolaire inuite (CCI), qui a pour but la défense des intérêts des Inuits et la protection de l'Arctique.

Coup de chaleur

Le Canada tient l'inventaire des glaciers depuis 1945 afin d'étudier leur contribution aux réseaux hydrographiques. Les glaciers sont une importante réserve d'eau douce. Leur fonte approvisionne en eau des populations entières. Le bassin hydrographique d'une vallée glaciaire s'y ressource. Leur disparition causerait une pénurie d'eau qui aurait des conséquences sur l'agriculture et l'économie locale.

● info +

L'ALBÉDO PROTÈGE L'IGLOO

L'albédo est lié à un nombre compris entre 0 et 1 qui donne le pourcentage de réflexion du rayonnement solaire (entre 0 et 100 %) sur une surface de la planète. L'albédo de la neige varie de 0,40 (neige ancienne et tassée) à 0,90 (neige fraîche). L'igloo réfléchit donc davantage les rayons solaires qu'il ne les absorbe : c'est pourquoi, malgré le soleil nordique, cet abri demeure solide.

Au Canada, les deux tiers des Inuits (*voir la figure 13*) vivent sur les côtes. Déjà, des villages ont dû être déplacés ; les routes et les bâtiments, construits sur le pergélisol, sont déstabilisés par de nombreux glissements de terrain. La chasse est devenue difficile, car la banquise, plus mince et moins étendue, limite l'accès aux proies (ours polaire et phoque). Les déplacements en canot ou en motoneige sont plus risqués, les glaces étant moins fiables. Les anciens ne peuvent plus transmettre leur savoir météorologique aux plus jeunes, car le climat n'est plus le même. L'approvisionnement en eau, son traitement et sa distribution dépendent d'une assise stable pour les bassins de rétention d'eau. Cette stabilité dépend du pergélisol, mais celui-ci fond et met en péril l'approvisionnement et la qualité de l'eau.

Dans la toundra, la population est vulnérable. L'accès aux services est restreint, les activités économiques sont peu diversifiées et la santé des habitants est moins bonne que celle des Canadiens du sud (*voir l'info +*).

Figure 13
De jeunes Inuits
Près de 54 000 Inuits vivent au Canada, dont 10 000 au Nunavik.

La diminution de la quantité et de la qualité de l'eau disponible perturbe l'équilibre des écosystèmes et altère la santé des humains.

Des **adaptations** peuvent limiter les effets négatifs du réchauffement.

- Les chasseurs et les pêcheurs de la plupart des communautés inuites ont modifié leurs habitudes de chasse et de pêche. La collectivité d'Arctic Bay, au Nunavut, a déplacé en partie sa saison de chasse au narval (*voir la figure 14*) du printemps vers la fin de l'été afin de réduire les risques liés à la débâcle et d'augmenter ses chances de succès.

- Des experts proposent des techniques de construction adaptées à un sol fragilisé par le réchauffement : fondations sur pilotis, isolation de la surface du sol afin qu'elle ne soit pas altérée par la chaleur des bâtiments, techniques de refroidissement artificiel afin que le sol reste gelé, etc.

- L'économie d'une partie des populations nordiques pourra profiter de l'allongement de la saison de navigation et de l'augmentation du trafic maritime. Le tourisme, géré par des Inuits, se développe peu à peu.

Figure 14
Des narvals
Le narval, ou licorne de mer (*tuugaalik,* en inuktitut, qui signifie « défense blanche »), est un cétacé muni de dents, mais dépourvu de nageoire dorsale.

⊂⊃ info +

DES INDICATEURS DE SANTÉ

	Canada	Territoires du Nord-Ouest	Nunavut
Espérance de vie des hommes à la naissance (années)	77,2	73,2	67,2
Espérance de vie des femmes à la naissance (années)	82,1	79,6	69,6
Taux de mortalité infantile (%)*	4,4	8,7	15,6

* [pour 1 000 naissances, poids à la naissance de 500 g ou plus]

Source : Statistique Canada, 2001 et 2002

Diagnostic

1 Observez le réseau alimentaire dont fait partie le lièvre arctique.

Chasseur inuit

Loup arctique

Harfang des neiges

Faucon gerfaut

Buse pattue

Hermine

Renard arctique

Boulettes fécales d'un lièvre arctique

Puces

Moustiques

Herbes arctiques

Lièvre arctique mort

Saule arctique

Mouche bleue (Calliphora vomitoria)

Saxifrage à feuilles opposées

Linaigrette et herbes arctiques

a) Définissez ce qu'est une population et établissez combien de populations différentes, au minimum, peuvent se développer dans cette représentation de la toundra.

b) Si cet écosystème se maintient en équilibre au fil des saisons, quelle ou quelles populations devraient présenter les plus fortes densités, selon vous ?

2 Quel facteur détermine la **quantité** maximale de matière et d'énergie circulant dans un réseau trophique ?

3 Distinguez communauté et population.

4 L'ours blanc vit dans la toundra. Nommez :

a) une particularité physique qui lui permet d'y vivre ;

b) un changement climatique qui le met en péril.

5 À partir des informations suivantes et de la figure 3, à la page 209, tracez un réseau trophique lié au lemming.

- Les lemmings se nourrissent de graminées, d'arbres nains, de bourgeons, de baies, de champignons et d'insectes.

- Tous les quatre ans, la population de lemmings chute : il s'agit de son cycle de fluctuation.

- Le harfang des neiges et le labbe à longue queue (un oiseau de mer) se nourrissent de lemmings, en période d'abondance.

SECTION 1.2 **Les perturbations dans la toundra**

6 Indiquez, pour un écosystème de la toundra :

a) deux perturbations imposées par les changements climatiques aux populations végétales ;

b) deux perturbations imposées aux communautés animales.

7 L'ours blanc voit son avenir menacé.

a) Quelle adaptation comportementale les changements climatiques lui imposent-ils ?

b) Donnez une suite d'événements qui pourrait aboutir à son extinction.

c) Comment un individu réagira-t-il, généralement, à un changement important du climat ?

8 Expliquez comment :

a) la fonte du pergélisol influe-t-elle sur les vivants ?

b) les changements climatiques influent-ils sur le sol de la toundra ?

9 Y a-t-il des vivants avantagés par le changement climatique dans la partie nordique du Québec ?

10 En général, comment un écosystème réagit-il à un changement important du climat ?

11 Quel lien faites-vous entre le changement climatique, la pollution thermique et les espèces aquatiques des lacs de la toundra ?

12 Comment les populations humaines de la toundra sont-elles touchées par les changements climatiques ?

SECTION 1.3 **Les perturbations des écosystèmes de l'Antarctique**

13 Quelle population est vitale pour la survie de tous les écosystèmes de l'Antarctique ?

14 En quoi les capacités d'adaptation des êtres humains sont-elles différentes de celles des animaux en général ?

2> LES ÉCOSYSTÈMES DES RÉGIONS CÔTIÈRES

Les glaciers et les calottes polaires fondent et ajoutent des millions de kilomètres cubes d'eau douce dans l'océan, dont la température augmente. L'eau qui se réchauffe prend de l'expansion : c'est la dilatation thermique. Ces deux phénomènes provoquent une hausse du niveau moyen des océans. Il en résulte une importante érosion côtière et l'inondation des écosystèmes côtiers, phénomènes aggravés par l'augmentation de la fréquence et de la force des tempêtes.

Des communautés humaines riveraines doivent en conséquence quitter leurs terres. Des milieux humides marins, mangroves ou marais, sont déstabilisés ou détruits. Sous l'eau, la hausse des températures contribue à la disparition des écosystèmes récifaux.

2.1 Les perturbations des écosystèmes coralliens

Dans les régions océaniques chaudes de la Terre, les écosystèmes récifaux (*voir la figure 15*) se développent dans la zone euphotique, soit la couche d'eau qui laisse pénétrer la lumière. L'écosystème récifal offre une biodiversité aussi impressionnante que celle des forêts équatoriales : 25 % des espèces marines y vivent dans un espace qui correspond à environ 0,2 % des eaux marines.

Un récif corallien est une accumulation de coraux. Le corail n'est pas un minéral, mais un animal. Plus précisément, le récif corallien est une **colonie** d'animaux, les polypes, dont le corps cylindrique se termine par une bouche entourée de tentacules (*voir la figure 16*).

Figure 15
Un écosystème récifal

Figure 16
Des polypes coraux Le polype vit dans une coupe calcaire qu'il sécrète lui-même.

Chaque polype vit en **symbiose** avec une algue microscopique habitant dans ses tissus. L'algue capte l'énergie solaire et la transmet au polype qui l'héberge. C'est cette symbiose qui rend possible la création de récifs coralliens où viennent cohabiter des éponges, des poissons, des oursins, des mollusques de toutes sortes, des microorganismes photosynthétiques et des étoiles de mer, entre autres.

Les coraux croissent dans une eau chaude, entre 20 et 30 °C. Une augmentation de 1 ou 2 °C compromet la symbiose polype-algue, ce qui provoque la mort du corail. Ce dernier perd alors sa couleur, qui lui était donnée par l'algue. Les polypes perdent ainsi également leur source d'énergie : il s'ensuit une baisse de croissance, de calcification, de reproduction, ce qui aboutit à la mort des polypes. Le blanchissement du corail est le signe avant-coureur de sa mort (*voir la figure 17*).

L'algue est aussi la nourriture de plusieurs organismes qui vivent dans les bancs de coraux (*voir la figure 18*). Sa disparition entraîne une réaction en chaîne dans le réseau trophique : peu à peu, la faune corallienne meurt ou migre. Les colonies coralliennes sont en danger : on constate le blanchissement des coraux dans le monde entier.

Figure 17
Le blanchissement du corail

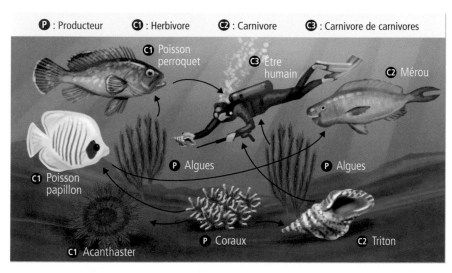

Figure 18
Le réseau trophique d'un récif corallien

2.2 Les perturbations des milieux humides côtiers

Les terres humides sont un milieu écologique ayant une productivité et une biodiversité élevées. Ces zones sont caractérisées par la présence d'eau, bien que peu profonde, qui peut être douce, saumâtre ou salée. Les terres humides se trouvent dans les dépressions du sol, le long des rives ou sur les littoraux. Dans ce dernier cas, on compte, entre autres, les mangroves et les marais salés.

Les mangroves

Une mangrove est un écosystème très particulier. Il s'agit d'une forêt humide à grande productivité biologique qui se développe sur le littoral dans les zones équatoriales (*voir la figure 19*). Une mangrove est en alternance noyée ou découverte par la marée. Ses arbres, grâce à leurs adaptations, tolèrent l'alternance de l'air et de l'eau salée. Le palétuvier (*voir la figure 20*) est la principale espèce arboricole de la mangrove. Ses racines aériennes puisent dans l'air le dioxygène qui lui manque dans l'eau. Ses racines submergées filtrent l'eau salée pour absorber de l'eau douce.

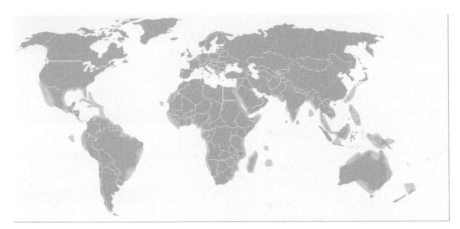

Figure 19
La distribution géographique des mangroves

Figure 20
Des palétuviers
Les glandes des feuilles des palétuviers
Avicennia excrètent l'excès de sel.

La mangrove stabilise les zones côtières et forme une défense contre les vents violents et l'érosion hydrique. Elle abrite une riche biodiversité. Dans sa partie aérienne, elle est un refuge pour de nombreuses espèces d'oiseaux, d'insectes et de reptiles. Dans sa partie aquatique, elle abrite les crabes, les mollusques, les crustacés amphibiens et les poissons. La majorité des poissons océaniques s'y réfugient à un moment ou à un autre de leur cycle de vie.

- L'érosion côtière est un phénomène naturel : les vagues grugent le littoral et les basses terres se déplacent peu à peu. Toutefois, cette érosion est amplifiée par une hausse rapide du niveau d'eau océanique, qui peut submerger et détruire les terres humides et ainsi porter un dur coup à la biodiversité du milieu.

- La mangrove, déjà menacée par le développement des infrastructures côtières (les routes, les complexes immobiliers, etc.), la surpêche et l'aquaculture est de plus en plus souvent détériorée par les phénomènes météorologiques dévastateurs tels que les cyclones. Le dépérissement des mangroves altère la productivité marine. Tout l'écosystème océanique en subit le contrecoup.

Les marais du littoral

Le marais salé appartient au biome marin. Situés entre le niveau de marée haute et le niveau de marée basse, ses végétaux passent, deux fois par jour, d'un milieu aérien à un milieu aquatique.

À l'origine de leur formation, on trouve une plante (par exemple, dans les Maritimes, la *Spartina alterniflora*) qui fixe les sédiments apportés régulièrement par l'océan. Cette plante s'enracine et répand ses **rhizomes** sous le sol pour créer, ici et là, de nouvelles touffes végétales qui contribuent à ralentir les courants et à fixer de plus en plus de sédiments. Peu à peu, la biomasse s'accumule : la matière végétale devient de la nourriture pour des herbivores ou se décompose en substances nutritives.

Les animaux et les plantes du marais salé (*voir la figure 21*) sont adaptés à ce milieu gorgé d'eau salée. Les plantes qui y prospèrent ont la capacité d'excréter l'excédent de sel ou de retenir l'eau. Les mollusques s'y nourrissent en filtrant l'eau, en consommant d'autres animaux, en broutant des algues microscopiques et en s'alimentant des détritus de plantes et de cadavres d'animaux. Les insectes, à l'état larvaire ou adulte (moucherons, maringouins et mouches à chevreuil), constituent une source de nourriture importante pour les oiseaux et les poissons. Certains poissons, comme l'épinoche, vivent dans les marais salés toute leur vie. Le campagnol des champs et la musaraigne cendrée se nourrissent d'insectes et de graines dans le haut marais.

La diminution de la couverture de glace dans le golfe du Saint-Laurent et l'augmentation de la fréquence des tempêtes intensifient l'érosion des marais salés.

❶ Petit Chevalier	❸ Canard noir	❺ Spartine alterniflore	❼ Larve de moustique	❾ Crevette grise
❷ Jonc	❹ Grand héron	❻ Bécasseau semipalmé	❽ Mye	❿ Épinoche à trois épines

Figure 21
Les principaux habitants du marais salé

Les réfugiés climatiques

Dans plusieurs pays, les **deltas** ou les **estuaires**, qui sont des régions côtières biologiquement très riches, sont cultivés. L'inondation et l'érosion de ces zones agricoles mettent en péril la sécurité alimentaire des habitants : si la situation ne peut être corrigée, des populations entières deviendront des réfugiés climatiques.

La moitié de la population mondiale vit dans les zones côtières (*voir la figure 22*) : de ce nombre, 350 millions de personnes vivent sur des terres situées à moins de 5 m au-dessus du niveau de la mer. Les polders aux Pays-Bas, les deltas du Nil en Afrique, du Mississippi en Amérique et du Gange en Asie, ainsi que les petites îles du Pacifique ou les Maldives de l'océan Indien pourraient être submergés si le niveau des océans s'élevait. Des millions d'êtres humains, des riverains et des habitants des îles basses pourraient devoir migrer.

Tuvalu est un petit archipel de neuf îles situé dans l'océan Pacifique. Le point le plus élevé de cet archipel se situe à 4,5 m au-dessus du niveau de la mer. Traditionnellement, l'alimentation locale y était basée sur la culture de la banane et des taros (une racine). La production était même suffisante pour en permettre l'exportation. Dès la fin du siècle dernier, la salinité de ses eaux souterraines a augmenté sous la pression du niveau de la mer et les plantations en ont été fragilisées. La production y est devenue insuffisante, et les habitants ont commencé à quitter ces îles.

Un réchauffement mortel

En 1941, un pan important d'un glacier s'est détaché pour s'effondrer dans le lac Palcacocha, sur le bord duquel est située la ville de Huaraz, à 270 km au nord de Lima, au Pérou, provoquant ainsi une énorme vague qui a causé la mort de 7 000 personnes. Aujourd'hui, le réchauffement fait craindre un nouvel effondrement glaciaire, qui pourrait inonder la ville en moins de 15 minutes.

Figure 22
Les effets de l'inondation et de l'érosion des régions côtières Des villages disparaissent sous l'effet de l'érosion ; des deltas changent de configuration par l'action combinées de l'élévation du niveau de la mer et des tempêtes dévastatrices qui modifient les côtes.

Diagnostic

SECTION **2.1** **Les perturbations des écosystèmes coralliens**

1 Décrivez les facteurs abiotiques qui prévalent dans les biomes récifaux.

2 Quelle est la différence entre un biome et un écosystème ?

3 Observez l'illustration suivante.

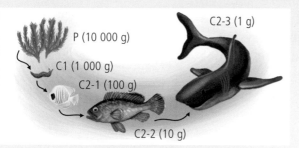

P (10 000 g)
C1 (1 000 g)
C2-1 (100 g)
C2-2 (10 g)
C2-3 (1 g)

a) Traduisez par quelques phrases l'information contenue dans cette illustration.
b) Combien de grammes d'algues la limace C1 doit-elle ingurgiter pour augmenter son poids de 1 g ?
c) Combien de kilogrammes de matières végétales ont été consommés pour que le requin puisse atteindre 50 kg ?

4 Un des facteurs du changement climatique est l'augmentation de la concentration de dioxyde de carbone dans l'air qui, par dissolution, devient aussi plus abondant dans l'eau.

a) Quelle en est la conséquence pour les coraux ?
b) Quel facteur pourrait contrecarrer la dissolution du dioxyde de carbone dans l'eau ?

SECTION **2.2** **Les perturbations des milieux humides côtiers**

5 Définissez en vos mots ce qu'est une zone de terres humides.

6 Nommez une particularité topographique qui favorise la présence d'une zone de terres humides.

7 Donnez les caractéristiques de l'eau que l'on trouve en zone de terres humides.

8 Nommez une adaptation qui permet aux végétaux de survivre dans un milieu humide littoral.

9 Nommez deux types de zones de terres humides :

a) près des littoraux ;
b) loin des littoraux, à l'intérieur des terres.

10 À l'aide de la figure 21 (*voir la page 221*), tracez le réseau trophique du marais salé.

11 Comment la sécurité alimentaire d'une population côtière peut-elle être mise en péril par les changements climatiques ?

12 En quoi les changements climatiques peuvent-ils perturber :

a) la quantité d'eau accumulée dans la nappe phréatique ?
b) la qualité de l'eau de la nappe phréatique ?

3> LES ÉCOSYSTÈMES DES RÉGIONS CONTINENTALES

Les changements climatiques et l'augmentation de la fréquence des phénomènes climatiques extrêmes ont sans contredit des effets sur la productivité agricole et forestière, qui est tributaire de la température et des précipitations. De même, sous l'effet du réchauffement climatique, l'expansion des aires touchées par certaines maladies tropicales vers les latitudes nordiques rend de nouvelles populations humaines vulnérables.

De façon générale, les écosystèmes de la biosphère sont en mutation. Certains écosystèmes disparaissent et des aires de distribution sont modifiées. Peu à peu, de nouveaux écosystèmes s'organisent mais, entre-temps, le désert gagne en superficie et des espèces disparaissent à jamais.

3.1 La désynchronisation des cycles biologiques

Les espèces animales et végétales vivent selon des cycles biologiques qui suivent le rythme des jours, des saisons et des années. Ainsi, le cycle vital du maringouin commun (*voir la figure 23*) se déroule en quelques semaines ; l'arbre bourgeonne au printemps, développe son feuillage en été, perd ses feuilles en automne et entre en dormance en hiver ; le caribou connaît également un cycle annuel, qui est celui de ses migrations.

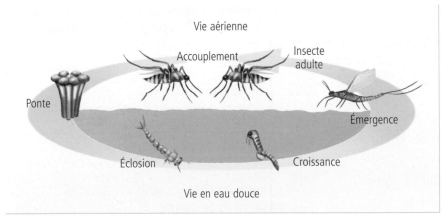

Figure 23
Le cycle de vie du maringouin commun (*Culex pipiens*)

Plusieurs vivants liés par une chaîne alimentaire le sont également par la concordance du rythme de leurs cycles biologiques.

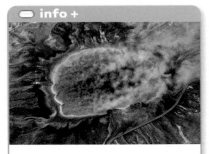

BACTÉRIES DE L'EXTRÊME

Les bactéries doivent-elles craindre les changements climatiques ? Non, elles peuvent parfaitement s'y adapter. La preuve : dans les années 1960, Thomas Brock, microbiologiste américain, en trouve dans les sources chaudes du parc Yellowstone. On les appelle bactéries thermophiles. On a découvert plus tard, dans les abysses, des bactéries hyperthermophiles vivant autour de sources hydrothermales et supportant une température de 113 °C ! Les bactéries thermophiles ont colonisé les abords de ce lac d'eau chaude du parc Yellowstone et lui ont donné cette couleur orangée.

Un réchauffement climatique peut influer positivement sur le cycle biologique d'une espèce sans s'harmoniser avec le changement produit sur le cycle d'une autre espèce. La suite des événements en est alors bouleversée. En Europe, on a constaté que le chêne déploie son feuillage 10 jours plus tôt lorsque la température printanière passe de 13 à 15 °C. Les chenilles du phalène se développent également 10 jours plus tôt et peuvent ainsi profiter des nouvelles feuilles. Toutefois, la mésange, elle, ne pond pas plus tôt, ce qui fait que ses petits ne peuvent plus compter sur la manne des chenilles. Les chances de survie des mésanges s'en trouvent réduites, et l'épervier, leur prédateur, en subit également les conséquences.

À l'échelle de la planète, la germination et la floraison sont plus précoces qu'auparavant. Le décalage des rythmes naturels perturbe l'ensemble des réseaux trophiques.

3.2 La modification des aires de distribution

La répartition géographique d'une espèce, animale ou végétale, est appelée **aire de distribution**. Les changements climatiques auront un effet certain sur les aires de distribution animale et végétale.

La migration végétale

Les végétaux migrent : leurs graines vont germer plus ou moins loin de leur « berceau » au gré de leur transport par le vent, l'eau ou les animaux. Les vitesses de migration maximales pour les végétaux varient de 4 à 200 km par siècle, selon que le végétal a une maturité précoce ou tardive, et selon que les graines sont facilement transportées ou non. Un arbre, par exemple, produit des graines après plusieurs années ou plusieurs décennies. La vitesse de migration d'une telle espèce est lente.

La migration assure la survie d'une population lorsque les caractéristiques d'un milieu changent au point de ne plus lui être favorables (*voir la figure 24*). Le réchauffement climatique déplace les zones favorables vers le nord ou en altitude : des graines qui germaient auparavant au sud peuvent maintenant le faire à des latitudes ou à des altitudes plus hautes. Mais comme la vitesse de ces migrations varie selon les espèces, les écosystèmes ne se déplacent évidemment pas en un seul bloc. Leur évolution s'échelonne dans le temps. Le nombre et la sélection des espèces en sont modifiés.

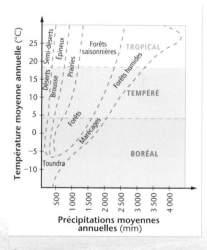

Figure 24
Les types de végétation en fonction de la température et des précipitations

La migration animale

La modification des aires de distribution des animaux est théoriquement plus facile que celle des végétaux, mais cela ne se vérifie pas toujours. La fragmentation du territoire par les infrastructures humaines et la limitation de la capacité de déplacement peuvent faire obstacle et empêcher une espèce animale d'avoir accès à des territoires favorables.

Sous l'effet des changements climatiques, des aires de distribution vont s'étendre alors que d'autres vont rétrécir ; des espèces vont migrer alors que d'autres vont disparaître. Ainsi, l'ours polaire peut monter plus au nord, mais il approchera alors de la limite du continent. Il pourrait donc disparaître faute d'habitat.

LA MIGRATION

Le harfang des neiges est apte à passer toute l'année dans la toundra. Il consomme jusqu'à 4 000 lemmings par saison. Tous les quatre ans environ, la densité de la population de lemmings, sa principale proie, est au plus bas. Le harfang peut alors devoir migrer jusque dans la plaine du Saint-Laurent pour y chasser de petits mammifères.

AUGMENTATION OU DIMINUTION DES AIRES DE DISTRIBUTION	
Une distribution plus étendue	Une distribution plus restreinte
Les **espèces dites envahissantes** contribuent de façon importante à la perte de biodiversité, car elles étendent leur aire de distribution au détriment des espèces indigènes. La renouée du Japon, par exemple, possède une étonnante capacité de colonisation de nouveaux territoires. On la trouve maintenant partout en Europe, autour des Grands Lacs au Canada, et sur la côte pacifique nord-américaine.	Un déficit de précipitations, une évaporation accrue, un sol qui perd sa matière organique à cause d'événements climatologiques catastrophiques (érosion par les averses, ouragans, etc.) peuvent engendrer la **désertification.**

La renouée du Japon

Des champs agricoles en période de grande sécheresse

3.3 Les perturbations des écosystèmes forestiers

Les forêts occupent majoritairement la région du Centre-du-Québec, appelée aussi région ressources à cause de l'abondance des forêts et de la réserve hydrique qu'on y trouve (*voir la figure 25*). Près de 500 000 Québécois y vivent. L'élévation des températures, l'allongement des saisons de croissance et une hausse modérée des précipitations devraient favoriser la productivité de ces forêts. Les écosystèmes de montagne devraient monter en altitude, et la forêt boréale monter en latitude. Ainsi, la diversité biologique actuellement propre à une région se retrouverait plus au nord ou plus en altitude.

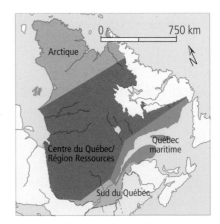

Figure 25
Le Québec et les changements climatiques
Le Québec peut être divisé en quatre régions en ce qui concerne les effets des changements climatiques.

En contrepartie, le réchauffement augmente les probabilités de perturbations naturelles (incendies, épidémies d'insectes ravageurs, sécheresses, verglas, vents violents) qui nuisent à la santé de la forêt. Ces phénomènes, combinés avec l'augmentation des précipitations et le dégel du pergélisol plus au nord, peuvent freiner l'avancée des arbres.

Les épidémies d'insectes

Les insectes, dont le cycle vital est court et les déplacements de la masse sont rapides, profiteront des vagues de chaleur et d'humidité. Leurs populations pourraient exploser et étendre leurs aires de distribution vers des latitudes plus nordiques. On observe périodiquement des épidémies de tordeuses des bourgeons de l'épinette parmi les populations de conifères d'Amérique du Nord. La forêt mixte est moins vulnérable à pareille épidémie, qui s'y propage moins facilement. Outre ce fait, la mort d'un conifère permettra possiblement le développement d'un feuillu. Par contre, une forêt de conifères peut subir une **défoliation** mortelle.

Le dendroctone du pin ponderosa (*voir la figure 26*) est un insecte qui se rencontre en Colombie-Britannique. Il vit sous l'écorce des pins et influe sur le cycle de vie de la forêt en attaquant les arbres âgés ou affaiblis, ce qui favorise le renouvellement forestier. À cause des étés chauds et secs et des hivers doux, le dendroctone a proliféré et a détruit des millions de pins. Cette essence est la plus exploitée commercialement en Colombie-Britannique. En 2006, l'épidémie s'est répandue sur plus de 9,2 millions d'hectares : un désastre économique.

Figure 26
Le dendroctone du pin ponderosa (*Dendroctonus ponderosae*)
Le dendroctone du pin ponderosa est un petit insecte de moins de un centimètre de longueur.

Le sol

Le sol est aussi touché par les changements climatiques. L'élévation des températures, la hausse des précipitations et l'arrivée et la croissance de nouvelles espèces venues du sud devraient augmenter la productivité primaire, ce qui exigera plus d'éléments nutritifs du sol. De plus, la chaleur accélérera le métabolisme des vivants du sol, ce qui devrait favoriser la libération des minéraux indispensables à la croissance végétale.

Les milieux humides et les lacs

La baisse de pluviosité et l'augmentation de température peuvent provoquer une baisse des niveaux d'eau dans le bassin versant des Grands Lacs et du fleuve Saint-Laurent. Les conséquences probables inquiètent :

• réduction du volume des eaux douces souterraines ;

• perte de milieux humides aujourd'hui abondants dans nos forêts ;

• perte d'habitats et détérioration des conditions de vie de certaines espèces de poissons ;

• prolifération des microorganismes pathogènes.

Toutes ces perturbations peuvent déstabiliser l'équilibre d'un écosystème forestier et appauvrir sa biodiversité, voire causer sa disparition.

Le désert nous atteindra-t-il ?

La Terre ne se réchauffe pas uniformément. Certaines régions deviennent plus froides, alors qu'ailleurs les déserts progressent et les vagues de chaleur s'intensifient.

En 1998, les Texans ont subi une anomalie thermique extrême. Pendant plus d'un mois, la température du Texas s'est maintenue au-dessus de 30 °C nuit et jour.

La foresterie

La foresterie, c'est-à-dire l'ensemble des activités d'exploitation de la biomasse de la forêt, peut être favorisée ou défavorisée par les changements climatiques, selon les espèces, les régions ou les sols.

Facteurs favorables	Effets probables
• Augmentation de la température • Hausse des précipitations • Allongement de la saison de croissance • Augmentation du CO_2	• Productivité végétale accrue • Accélération de la décomposition et donc du recyclage chimique au sein de l'écosystème
Facteurs défavorables	**Effets probables**
• Augmentation de la température en été • Allongement de la saison estivale	• Augmentation de l'évapotranspiration qui entraîne une baisse de la productivité et des chances de survie
• Hiver plus doux en général • Gel et dégel hivernal	• Augmentation des périodes de verglas • Fendillement des écorces • Privation, pour certaines espèces, de la période de gel nécessaire à la production des fruits et des graines
• Baisse importante des précipitations (au sud surtout)	• Augmentation des incendies de forêt causés par la sécheresse
• Hausse importante des précipitations (au nord surtout)	• Augmentation des maladies causées par les insectes et les champignons
• Augmentation de la fréquence des phénomènes climatiques extrêmes	• Chablis, destruction de la biomasse

Sur le terrain

Les effets de la hausse des températures sur la santé humaine

Un réchauffement progressif de la température laisse le temps à l'organisme humain de s'adapter. Par contre, un réchauffement brusque produit un **stress thermique** important sur l'organisme des personnes **vulnérables,** à savoir les personnes âgées ou très âgées, les malades chroniques, les nourrissons et les jeunes enfants. Les groupes sociaux économiquement défavorisés sont aussi plus à risque, puisque leur santé et leurs conditions de vie sont généralement moins bonnes que celles de la moyenne.

Les effets du changement climatique sur la santé sont divers. Une canicule s'accompagne d'une **baisse de la qualité de l'air et de l'eau,** laquelle entraîne à son tour des maladies respiratoires et des affections dues à la prolifération des algues, des bactéries et autres microorganismes présents dans les eaux chaudes et stagnantes.

Les phénomènes climatiques extrêmes comme les inondations ou les ouragans provoquent une **contamination des eaux** par le brassage et la diffusion de déchets ainsi que par une **prolifération d'unicellulaires** à l'origine de maladies infectieuses.

Ailleurs, la sécheresse prive d'eau des populations entières. Le déplacement vers le nord de l'aire de distribution d'**espèces végétales allergisantes** cause la libération de plus grandes quantités de pollen dans l'air et engendre une recrudescence des affections respiratoires. De même peuvent se répandre des maladies à **vecteur** : un agent infectieux (virus, bactérie, protozoaire) est transmis par un vecteur (insecte ou acarien) d'un hôte (oiseau, mammifère) à l'autre.

L'anophèle (*voir la figure 27*) est un insecte qui peut être porteur du protozoaire pouvant transmettre **la malaria.** Cette maladie tropicale, aussi appelée paludisme, touche majoritairement l'Afrique subsaharienne et est un exemple de maladie à vecteur. Elle s'accompagne d'une fièvre élevée, de maux de tête douloureux et de courbatures. Elle tue 2 millions de personnes chaque année. L'aire de distribution de l'anophèle était auparavant limitée à 1 500 m d'altitude. Le réchauffement climatique que l'on a connu au cours du siècle dernier lui a permis d'étendre son territoire jusqu'à 2 000 m d'altitude. Toute une nouvelle population humaine, n'ayant jamais été en contact avec l'insecte, et donc non immunisée, est alors devenue vulnérable.

UN CLIMAT FROID POUR L'EUROPE ?

Le Gulf Stream remonte la côte est des États-Unis, traverse l'Atlantique et devient la dérive nord-atlantique. Ses eaux tièdes réchauffent l'air froid arctique. Cela est la réalité que l'on connaît aujourd'hui. Toutefois, la fonte des glaciers risque d'entraîner la modification de la circulation thermohaline et de provoquer ainsi des répercussions sur le climat local.

Figure 27
L'anophèle Les œufs de l'anophèle ont besoin de sang pour croître.

Le nombre de sites de reproduction des insectes augmente, de même que leur longévité, à cause des températures chaudes et de l'augmentation des précipitations. La transmission des maladies à vecteur est par conséquent en hausse. Pour faire face au problème, des gouvernements et des associations prônent l'assèchement des zones de reproduction, le nettoyage des zones d'accumulation de détritus et la vaccination.

Diagnostic

SECTION 3.1 **La désynchronisation des cycles biologiques**

1 Inspirez-vous de l'exemple du chêne, du phalène, de la mésange et de l'épervier (*à la page 225*) pour tracer le schéma d'une chaîne alimentaire et y noter le niveau trophique.

2 Le climat et les cycles biologiques sont liés.

a) Donnez une définition de *cycle biologique*.

b) Expliquez en quoi un changement climatique touche-t-il le cycle de vie d'une espèce.

3 Le climat et les rythmes naturels sont liés.

a) Donnez une définition de *rythme naturel*.

b) Expliquez en quoi un changement climatique touche-t-il le rythme naturel d'un écosystème.

SECTION 3.2 **La modification des aires de distribution**

4 En général, quel sera l'effet probable du réchauffement du climat sur les aires de distribution ?

5 Expliquez comment se déroule la migration végétale.

6 Comparez la migration végétale avec la migration animale.

7 Quel a été l'effet du développement de la civilisation occidentale sur les aires de distribution des végétaux et des animaux en Amérique ?

8 Définissez en vos mots ce qu'est une espèce envahissante.

9 Comment une aire de distribution est-elle modifiée par un processus de désertification ?

SECTION 3.3 **Les perturbations des écosystèmes forestiers**

10 Quel effet général le réchauffement climatique aura-t-il sur les vivants d'une région ?

11 À partir de ce que l'on connaît des effets sur la forêt des changements climatiques actuellement en cours, énumérez :

a) trois avantages pour la forêt ;

b) trois désavantages pour la forêt.

12 Quel type de relation la tordeuse des bourgeons de l'épinette entretient-elle avec l'arbre ?

13 Quels aspects du cycle biologique des insectes favorisent le déclenchement d'une épidémie au cours des saisons chaudes et pluvieuses qui se prolongent ?

14 Selon vous, comment la relation arbre-sol va-t-elle évoluer sous l'effet du changement climatique ?

>>> La reconfiguration des écosystèmes polaires

- Les adaptations physiques des vivants des régions polaires conviennent aux froids rigoureux.
- Les changements climatiques rapides entraînent la diminution de la superficie des aires de distribution des vivants de la toundra au profit d'espèces venant des latitudes plus basses.
- Certaines espèces végétales et animales n'auront pas le temps de s'adapter ou de migrer vers un nouveau milieu et disparaîtront.
- Les populations humaines des régions nordiques adaptent leurs activités et les infrastructures de leurs communautés à un sol déstabilisé par la fonte du pergélisol.

>>> Le recul des régions côtières

- Les régions côtières sont, avec les pôles, les régions du monde les plus touchées par les changements climatiques.
- Les inondations et l'élévation du niveau de la mer provoqueront un recul des régions côtières.
- Les populations (végétale, animale et humaine) devront migrer ou disparaître.
- Des deltas traditionnellement cultivés et des marais littoraux dotés d'une grande biodiversité risquent de disparaître.

>>> L'équilibre

- Diverses populations animales et végétales se partagent les écosystèmes des biomes aquatiques ou terrestres.
- Une population donnée occupe une aire de distribution dont la position géographique et la superficie dépendent des conditions climatiques.
- La synchronisation des cycles de vie reflète et permet le maintien de l'équilibre d'un écosystème au fil des siècles.

>>> Le bris d'équilibre

- La perte de synchronisation des cycles biologiques est le signe d'une perturbation qui provoque une transformation de l'écosystème.
- Les épidémies d'insectes ravageurs favorisées par l'augmentation de la température et du taux d'humidité peuvent anéantir une forêt.
- Des insectes vecteurs peuvent répandre des maladies chez les mammifères.
- La disparition du corail entraîne un appauvrissement graduel de l'ensemble du réseau trophique récifal.

>>> Les répercussions sur les sociétés humaines

La recrudescence des maladies tropicales, les vagues de chaleur, la pénurie d'eau ou la baisse de sa qualité provoquent des perturbations biologiques (maladies, dénutrition, décès) et sociales (migrations, chocs culturels et tensions entre les populations migrantes et les populations hôtes).

Univers technologique

1 > UN INSTRUMENT POUR MESURER LA PLUIE

1.1 Le choix du matériau

1.2 La protection des métaux contre la corrosion

1.3 Les systèmes mécanique et électrique

Des instruments pour mesurer le climat

Durant l'hiver 2007-2008, un record de précipitations datant de 1966 a été battu dans la ville de Québec, où il est tombé 558,4 cm de neige. À Montréal, l'été 1955 a été très chaud, avec 33 journées où la température a atteint ou dépassé 30 °C. Le 24 avril 1980, il est tombé 144,2 mm de pluie à Gaspé, un record pour cette ville. À Val-d'Or, le 12 juillet 2005 on a enregistré une température record de 36,1 °C.

Comment peut-on connaître tous ces chiffres? Grâce aux instruments des stations météorologiques, qui enregistrent un peu partout un grand nombre de données météo dans le but d'en faire des moyennes, de mettre en évidence les valeurs extrêmes enregistrées et d'en dégager des tendances sur l'évolution du climat depuis environ un siècle. Pour mesurer ou identifier les précipitations, différents systèmes mécaniques et électriques assurent une collecte automatisée de ces informations, sans avoir recours à la présence permanente d'un observateur sur les lieux.

Choisir les matériaux avec lesquels sont fabriqués ces instruments, les protéger contre la dégradation, concevoir le mécanisme et le circuit électrique qui les commandent: autant d'étapes menant au développement de ces instruments. Une fois la conception de l'appareil achevée, il faut en déterminer précisément les dimensions, exécuter les dessins techniques qui seront nécessaires et, enfin, passer à l'étape de sa fabrication.

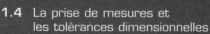

UN INSTRUMENT POUR MESURER LA PLUIE

Le pluviomètre est un système qui permet de détecter et de mesurer automatiquement les précipitations liquides (la pluie). Divers modèles de pluviomètres sont offerts sur le marché. Le pluviomètre à auget basculeur est l'un de ces systèmes automatiques très fréquemment utilisés qui enregistrent la durée et l'intensité des précipitations.

Dans ce type de pluviomètre, l'eau de pluie tombe dans un entonnoir et coule dans un récipient en forme de cuillère appelé l'auget. Lorsque le poids de la pluie recueillie par l'auget est suffisant, l'auget bascule, faisant un demi-tour autour d'un essieu. La rotation actionne l'interrupteur d'un circuit électrique qui transmet l'information à un ordinateur. Le mécanisme interne du pluviomètre est protégé des intempéries et du vent par une enveloppe externe : le bâti. Le matériau avec lequel il est fabriqué doit être choisi avec soin. S'il s'agit d'un métal, il faut le protéger contre la corrosion, qui pourrait dégrader le bâti.

1.1 Le choix du matériau

Le matériau utilisé pour fabriquer le bâti du pluviomètre (*voir la figure 1*) doit être choisi avec soin : cette partie de l'appareil protège les composants internes de l'instrument. Voici les conditions du cahier des charges que doit respecter le matériau choisi pour fabriquer le bâti.

Résistance aux conditions extérieures (pluie, vent, froid, soleil…)
Le mécanisme et le circuit électrique doivent être protégés des éléments.

Entretien minimal
Les entretiens doivent être le moins fréquents possible dans les stations météorologiques automatisées.

Durabilité
La pièce doit fournir un service prolongé : le remplacement de pièces est coûteux, et un bâti endommagé pourrait entraîner une défectuosité du circuit électrique interne.

Facilité d'usinage
Le matériau doit pouvoir être usiné avec précision dans une forme moyennement complexe.

Solidité
La pièce doit être fixée solidement au sol au moyen de points d'attache démontables : le démontage est nécessaire à l'entretien ou à la réparation du mécanisme.

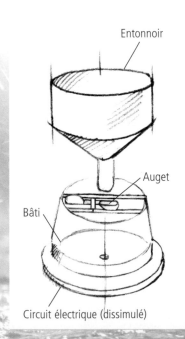

Figure 1
Un pluviomètre à auget basculeur

Entonnoir

Auget

Bâti

Circuit électrique (dissimulé)

AVANTAGES ET INCONVÉNIENTS DES PRINCIPALES FAMILLES DE MATÉRIAUX POUR LA FABRICATION DU BÂTI DU PLUVIOMÈTRE		
Famille de matériaux	Avantages	Inconvénients
Métal	• Résistance au froid et aux rayons du Soleil • Usinage facile et de précision • Poids qui assure un bon maintien au sol • Fixation au sol facile et solide au moyen de boulons	• Protection nécessaire contre la corrosion (peut nécessiter un certain entretien) • Coût relativement élevé
Plastique	• Résistance à la corrosion • Coût minime • Usinage facile et de précision • Entretien nécessaire minimal	• Fragilité en période de grand froid • Fragilisation par les rayons ultraviolets du Soleil • Légèreté (tendance à être emporté par le vent) • Nécessité de renforcer les points d'attache au sol • Durée de vie plus courte que le métal
Composite	• Résistance au froid et aux rayons du Soleil • Fixation au sol facile et solide • Résistance à la corrosion	• Légèreté (tendance à être emporté par le vent) • Coût élevé • Usinage difficile
Céramique	• Résistance à la corrosion • Résistance aux rayons du Soleil • Poids qui assure un bon maintien au sol	• Fragilité • Usinage difficile • Résistance faible au froid et aux changements de température • Fragilité au moment du démontage de l'attache au sol

À l'analyse, les avantages du métal l'emportent largement sur ses inconvénients. Il faut toutefois le protéger efficacement contre la corrosion. À cause de son coût relativement élevé, il est réservé aux bâtis haut de gamme.

1.2 La protection des métaux contre la corrosion

En général, les métaux sont sujets à la corrosion lorsqu'ils sont mis en contact avec l'eau en présence d'oxygène, comme c'est le cas à l'air libre. Or, la corrosion affaiblit le métal, ce qui le rend vulnérable aux bourrasques de vent, notamment. De plus, des perforations dues à la corrosion pourraient exposer les circuits électriques aux intempéries, ce qui, tôt ou tard, compromettrait le bon fonctionnement de l'appareil. De ce fait, si on choisit un métal pour fabriquer le bâti du pluviomètre, il faut le protéger contre la corrosion.

L'acier est un métal couramment utilisé dans la fabrication de pièces variées, incluant les instruments météorologiques, mais il est particulièrement sujet à la dégradation due à la corrosion. Le revêtement, le traitement de surface et la protection électrochimique sont trois techniques couramment employées pour traiter le métal – dont l'acier – contre la corrosion.

Le **revêtement** de la surface avec un produit résistant à la corrosion, par exemple de la peinture, peut s'avérer un bon choix pour prévenir l'attaque du bâti par la corrosion. Le faible coût de cette méthode présente un avantage certain. Il faut toutefois prendre soin d'entretenir le revêtement en repeignant tout écaillement pour que la protection demeure efficace. Cette contrainte constitue un désavantage du revêtement, en particulier dans les stations météorologiques automatisées où le personnel est restreint, voire pratiquement absent.

Le **traitement de surface** consiste à modifier la surface d'un matériau pour le rendre moins vulnérable à la corrosion. La galvanisation (*voir la figure 2*) en est un exemple courant. Elle permet de protéger l'acier, un alliage à base de fer (Fe), en le recouvrant de zinc (Zn). Cet acier recouvert de zinc est appelé **acier galvanisé**.

Figure 2
La galvanisation
On trempe des pièces d'acier de grande dimension dans un immense bain de zinc fondu pour procéder à leur galvanisation.

On prépare d'abord la surface de l'acier à recevoir le traitement en la nettoyant bien et en la décapant légèrement avec de l'acide chlorhydrique (HCl). On immerge ensuite l'acier dans un bain de zinc fondu. Une couche de zinc se forme à la surface, ce qui la protègera très efficacement contre la corrosion.

Comment le zinc, qui est aussi un métal, peut-il protéger l'acier contre la corrosion ? C'est que les métaux ne sont pas tous aussi gravement attaqués par la corrosion que le fer contenu dans l'acier : le zinc (Zn) est un bon exemple d'un métal qui résiste à la corrosion. Lorsqu'il est exposé à l'air libre, ce métal réagit avec l'oxygène (O_2). Sa surface se recouvre alors d'oxyde de zinc (ZnO) selon l'équation suivante :

$$2Zn + O_2 \rightarrow 2ZnO$$

L'oxyde de zinc réagit à son tour avec le dioxyde de carbone (CO_2) contenu dans l'air et se transforme naturellement en carbonate de zinc ($ZnCO_3$) selon l'équation suivante :

$$ZnO + CO_2 \rightarrow ZnCO_3$$

Le carbonate de zinc forme sur la pièce une couche pratiquement insoluble et très stable qui protège le cœur du métal contre la dégradation (*voir la figure 3*).

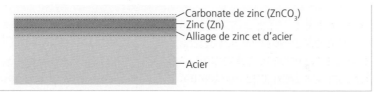

Figure 3
Vue en coupe d'une pièce d'acier galvanisé Le cœur d'acier est recouvert de différentes couches qui le protègent contre la corrosion.

Bien que cette couche de carbonate de zinc soit la principale responsable de l'efficacité de la galvanisation, elle n'en est pas la seule explication. En effet, même si la surface du matériau est éraflée, l'acier demeure protégé. Tout d'abord, entre la couche de zinc et le cœur en acier, on trouve une zone d'alliage d'acier et de zinc qui est plus résistante à la corrosion que l'acier seul, ce qui constitue une protection supplémentaire. Ensuite, si l'égratignure est profonde au point que le zinc et l'acier sont tous deux exposés à l'air et à l'eau, ce sera le zinc plutôt que le fer de l'acier qui subira les dommages dus à la corrosion, car le zinc est un métal qui s'oxyde plus facilement que le fer. Le zinc « se sacrifie » en s'oxydant, ce qui a pour effet de protéger l'acier exposé. Il s'agit d'un phénomène qu'on appelle la protection électrochimique.

La troisième technique de protection des métaux contre la corrosion s'appelle également **protection électrochimique,** puisqu'elle tire son efficacité du phénomène du même nom. Elle consiste à fixer, sur la pièce métallique à protéger, une pièce fabriquée d'un autre métal qui s'oxyde plus facilement. Cette pièce s'appelle l'**électrode sacrificielle**, parce qu'elle se sacrifie en se corrodant, laissant la pièce à protéger pratiquement intacte (*voir la figure 4*). Par exemple, pour protéger une pièce de fer ou d'acier, on peut utiliser une électrode sacrificielle faite de zinc, de magnésium ou d'aluminium. Pour assurer l'efficacité de cette protection, il faut veiller à remplacer l'électrode sacrificielle dès qu'elle est dégradée.

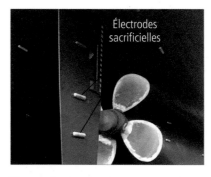

Figure 4
La protection électrochimique d'une coque de navire

🔲 **culture +**

D'ABORD UNE AFFAIRE SCIENTIFIQUE

Le ou la météorologue n'est pas qu'une personne qui présente la météo à la télévision, comme le font tout aussi bien des journalistes. Alors, qui est-il au juste, ce personnage qui fait la pluie et le beau temps ? D'abord un ou une scientifique. Sa mission ? Traiter les données météorologiques enregistrées au sol et dans l'espace par satellites, les insérer dans des modèles informatiques et en analyser les résultats afin de prévoir le temps qu'il fera dans les prochains jours. Son travail d'alerte est essentiel, car il permet de sauver des vies en cas de grosses tempêtes, de grands froids ou de canicules. En tant que spécialiste des statistiques, le ou la météorologue peut également contribuer à étudier le climat et les répercussions des changements climatiques.

Les systèmes mécanique et électrique

Le principe de fonctionnement du système de bascule

Le pluviomètre à auget basculeur recueille l'eau de pluie dans un auget, qui est un petit récipient en forme de cuillère. L'auget bascule lorsqu'il contient une certaine quantité d'eau. Dans son mouvement, il ferme brièvement un contact électrique, qui envoie un signal à un ordinateur qui enregistre les données. Plus la pluie est forte, plus les mouvements de bascule sont rapprochés les uns des autres. Lorsqu'il ne pleut pas, aucune bascule ne se produit.

La rotation de l'auget

Un entonnoir placé au sommet du pluviomètre guide l'eau à l'intérieur de l'appareil. Habituellement, le diamètre de l'entonnoir est d'environ 25,2 cm (pour un rayon d'environ 12,6 cm), ce qui correspond à une surface de $(\pi \times (12,6 \text{ cm})^2) = 500 \text{ cm}^2$. La plupart des pluviomètres sont calibrés pour mesurer la pluie en tranches de 0,02 cm de hauteur de pluie.

Le volume occupé par cette hauteur de pluie dans l'entonnoir est donc de $(500 \text{ cm}^2 \times 0,02 \text{ cm}) = 10 \text{ cm}^3 = 10 \text{ ml d'eau}$. L'extrémité de l'entonnoir est alignée avec un auget qui recueille l'eau. Quand 10 ml d'eau ont été recueillis dans l'auget, il bascule. Pourquoi ? Parce que le poids de l'eau est alors suffisant pour le faire basculer et lui faire faire un demi-tour autour de l'essieu (*voir la figure 5*). Pour que la mesure de la hauteur de pluie soit précise, l'appareil doit être bien calibré. C'est grâce à un mécanisme de guidage en rotation très efficace qu'il peut accomplir sa fonction convenablement.

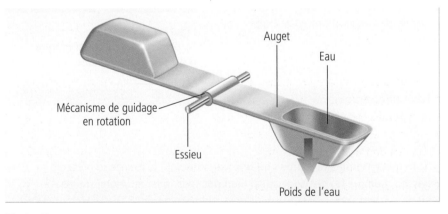

Figure 5
La bascule de l'auget Lorsque le poids de l'eau est suffisant, l'auget tourne autour de l'essieu.

Le mécanisme de guidage en rotation

Pour que la mesure des précipitations par l'auget basculeur soit précise, le mécanisme de **guidage en rotation** doit être très efficace. C'est grâce à un tel mécanisme (des roulements à billes), par exemple, que les roues des patins à roues alignées tournent si bien.

Divers mécanismes peuvent faciliter la rotation de l'auget autour de l'essieu. Tous ces mécanismes sont composés d'une bague extérieure fixée à l'auget, d'une bague intérieure fixée à l'essieu et, entre les deux, d'éléments roulants qui facilitent la rotation de la bague extérieure autour de la bague intérieure. Dans certains mécanismes de guidage en rotation, c'est la bague intérieure qui tourne et la bague extérieure qui demeure fixe, mais le principe demeure toujours le même.

QUELQUES MÉCANISMES DE GUIDAGE EN ROTATION SIMPLIFIÉS		
Roulement à billes	Roulement à rouleaux	Roulement à aiguilles
Essieu — Bague intérieure — Éléments roulants — Bague extérieure	Essieu — Bague intérieure — Éléments roulants — Bague extérieure	Essieu — Bague intérieure — Éléments roulants — Bague extérieure
Les éléments roulants sont des petites sphères.	Les éléments roulants sont des cylindres.	Les éléments roulants sont des cylindres de très petit diamètre.

---

info +

INFORMATIQUE, MAIS PAS AUTOMATIQUE

La météorologie a beau être une science, parfois, les spécialistes du temps se trompent. Pourquoi ? Ils obtiennent leurs informations à l'aide de puissants ordinateurs et de logiciels de simulation spécialisés dans la météo à échelle régionale et globale. Voilà pourquoi on parle de prévisions numériques du temps. Les météorologues saisissent donc des données (les pressions atmosphériques, les températures, etc.) et ils les intègrent dans des équations mathématiques. Celles-ci leur permettent de prévoir à court terme l'évolution de l'atmosphère dans les zones géographiques ciblées. Nous disons « à court terme », car s'il est possible de prévoir avec une certaine précision la météo du lendemain, il n'en va pas de même du temps qu'il fera dans une semaine. Preuve que même les modèles informatiques les plus perfectionnés ont des limites ! Il faut sans cesse les affiner. Et même alors, les risques d'erreurs persisteront toujours...

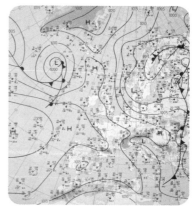

Le circuit électrique

Le système de bascule des augets est couplé à un circuit électrique qui comptabilise le nombre de bascules et transmet cette information à un ordinateur. Le circuit (*voir la figure 6*) se compose d'une source, d'une résistance et d'un interrupteur liés en **série** par des fils électriques. Un appareil de mesure (un voltmètre) est branché en **parallèle** avec la résistance : il mesure la tension à ses bornes et transmet cette information à un ordinateur.

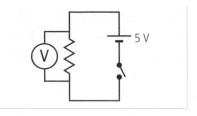

Figure 6
Le schéma du circuit électrique du pluviomètre à auget basculeur

FONCTION DES COMPOSANTS DU CIRCUIT ÉLECTRIQUE DU PLUVIOMÈTRE	
Composant	Fonction
Source de tension de 5 V	Alimentation
Fils électriques	Conduction
Résistance de 100 Ω	Opposition
Interrupteur	Contrôle
Voltmètre	Mesure

Lorsque les augets sont immobiles (quand il ne pleut pas), le circuit électrique est un **circuit ouvert**, si bien qu'aucun courant n'y circule. La tension mesurée aux bornes de la résistance par le voltmètre est alors }nulle. Lorsqu'il pleut, les augets basculent et ferment momentanément l'interrupteur. Le circuit électrique devient alors un **circuit fermé** et le courant peut circuler dans la résistance. Durant cet instant, la tension aux bornes de la résistance devient non nulle (elle devient égale à la tension aux bornes de la source, soit 5 V). Le voltmètre est en communication avec un ordinateur auquel il transmet la tension mesurée en fonction du temps. La figure 7 montre des exemples de graphiques ainsi obtenus. Chaque trait vertical correspond à une bascule de l'auget.

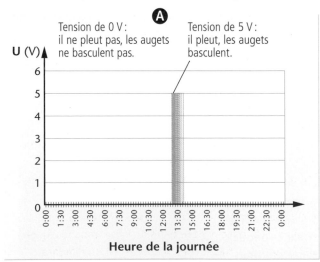

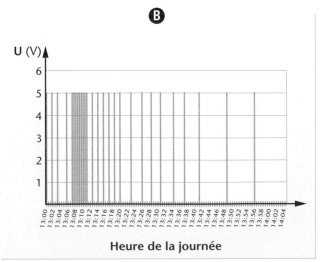

Figure 7
Le graphique de la tension *U* mesurée aux bornes de la résistance en fonction de l'heure de la journée Le graphique **A** indique qu'il a plu de 13 h à 14 h, environ. Le graphique **B** (gros plan du graphique A de 13 h à 14 h) permet de mesurer plus précisément la pluie tombée.

Sur le graphique **Ⓐ**, on voit que ce jour-là, il a plu de 13 h à 14 h environ : c'est la seule plage où on détecte des instants où l'auget a basculé. Sur le gros plan de cette plage (graphique **Ⓑ**), on remarque que la pluie a été plus forte de 13 h 07 à 13 h 11, car les instants où l'auget basculait sont plus rapprochés. En revanche, de 13 h 45 à 14 h 00, la pluie était faible, car les bascules de l'auget sont éloignées les unes des autres. À partir de ce graphique, on peut aussi connaître la quantité de pluie tombée durant cette averse : on dénombre sur le graphique 28 bascules (28 traits verticaux). Comme chaque bascule correspond à 0,02 cm de pluie, on calcule qu'une hauteur de 28 × 0,02 = 0,56 cm de pluie est tombée durant l'averse.

Les avantages et les inconvénients de ce système

Le principal avantage de l'auget à bascule est que ce mécanisme demande peu d'entretien. En effet, puisque l'auget vide automatiquement son contenu sur le sol une fois la mesure effectuée, aucune intervention n'est nécessaire. Toutefois, le principal inconvénient de ce système est qu'il est peu précis dans le cas de fortes averses de pluie. En effet, la pluie qui continue de tomber pendant qu'un mouvement de bascule se produit n'est pas mesurée. Heureusement, cette interruption est suffisamment brève pour ne pas fausser les mesures dans le cas d'averses d'intensité normale. Un autre inconvénient est que le mouvement des augets peut être entravé par la présence de toiles d'araignées. Bien à l'abri des intempéries, des araignées tissent souvent leur toile autour de la base des augets, ce qui nuit à la rotation du mécanisme. Pour prévenir les erreurs dues à ces intruses, on place souvent deux pluviomètres semblables côte à côte. De cette manière, quand les données recueillies par les appareils ne coïncident pas, on procède à leur inspection. Un dernier inconvénient de ce système est qu'il ne mesure que les précipitations liquides. Durant l'hiver, il faut recourir à un autre appareil pour mesurer les précipitations sous forme de neige.

1.4 La prise de mesures et les tolérances dimensionnelles

Dans un mécanisme, les dimensions des diverses pièces doivent être établies de manière précise avant leur construction, au moment de leur représentation en dessin technique. Une fois la pièce fabriquée, il faut vérifier que ses dimensions respectent les dimensions indiquées sur le dessin technique. Divers outils peuvent servir à les mesurer. Dans les cas où une grande précision n'est pas nécessaire, la règle ou le ruban à mesurer font l'affaire. Cependant, dans la majorité des cas, par exemple lorsque plusieurs pièces doivent s'insérer les unes dans les autres, il est essentiel de disposer d'un outil beaucoup plus précis : le pied à coulisse (*voir la figure 8*).

Le pied à coulisse se compose d'une règle graduée en millimètres, d'une vis de fixation et d'une tête coulissante munie de graduations supplémentaires, qu'on appelle le vernier.

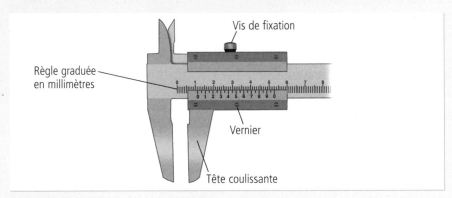

Figure 8
Un pied à coulisse

Cet outil permet de mesurer des dimensions extérieures, comme le diamètre ou la longueur, aussi bien que des hauteurs ou le diamètre intérieur d'un trou (*voir la figure 9*).

Mesure d'une dimension extérieure (un diamètre ou une longueur)

Mesure d'une hauteur

Mesure du diamètre intérieur d'un trou

Figure 9
Les usages du pied à coulisse Le pied à coulisse permet d'effectuer des mesures de différentes natures.

Sa grande précision distingue le pied à coulisse de la règle ou du ruban à mesurer. Pour effectuer une mesure précise, il faut utiliser le pied à coulisse correctement. La procédure est assez simple. Avec un peu de pratique, il s'agit d'un outil facile d'utilisation.

PROCÉDURE DE MESURE À L'AIDE D'UN PIED DE COULISSE

1. Faire glisser la tête coulissante autour de l'objet à mesurer, selon la nature de la mesure à effectuer.

2. Serrer la vis de fixation pour empêcher la tête de glisser pendant la lecture.

3. Sur la règle, lire la graduation alignée avec le « 0 » du vernier, comme on le ferait sur une règle ordinaire. Chaque graduation vaut 1 mm.

 Sur la figure, on lit 1,1 cm ou 11 mm.

4. Sur le vernier, observer quelle ligne est alignée exactement avec l'un ou l'autre des traits de la règle. Cette mesure est la précision au dixième de millimètre près (0,1 mm).

 Sur la figure, le trait « 5 » est aligné avec une graduation de la règle.

5. Si le trait du vernier aligné exactement avec un trait de la règle est entre deux graduations (par exemple entre le « 7 » et le « 8 »), on prend la moyenne entre ces deux graduations (7,5, par exemple).

6. Combiner les deux lectures pour déterminer la mesure finale. Sur la figure, la longueur mesurée est de (11 mm + 5 × 0,1 mm) = 11,5 mm ou 1,15 cm.

Quand on fabrique une pièce, il peut arriver que sa dimension ne soit pas rigoureusement identique à la cote demandée. Cette différence est due à la précision des machines utilisées pour la fabrication. C'est pour cette raison que, lorsqu'on définit les cotes d'une pièce à faire fabriquer, on doit déterminer les limites entre lesquelles la dimension peut varier au moment de la fabrication. Cette limite est appelée la **tolérance.** Il faut savoir que plus la tolérance est faible, plus la fabrication est précise. Toutefois, elle est aussi plus coûteuse. Il faut donc toujours veiller à choisir la tolérance la plus grande possible qui assure le bon fonctionnement du mécanisme.

L'utilisation des tolérances

- Les tolérances permettent de connaître à l'avance le degré de précision requis, ce qui peut guider le choix des appareils de fabrication à utiliser.

- Elles permettent également de remplacer facilement une pièce brisée par une pièce neuve, semblable mais non rigoureusement identique, sans nuire au fonctionnement du mécanisme. C'est la base du **principe d'interchangeabilité des pièces.**

Pour exprimer la tolérance, on indique la cote, suivie de la notation « ± » et de la tolérance, puis des unités.

Une cote de (11,5 ± 0,2) mm signifie que la longueur réelle de la pièce fabriquée pourra prendre n'importe quelle valeur entre
(11,5 − 0,2) mm = 11,3 mm et (11,5 + 0,2) mm = 11,7 mm.

L'INTERCHANGEABILITÉ DES PIÈCES

Autrefois, chaque objet conçu était une pièce unique, fabriquée par un artisan spécialisé. Réparer un tel objet, quand cela était possible, était alors une tâche réservée à l'artisan qui l'avait conçu. Dans le cas d'une arme à feu, par exemple, le bris de la moindre pièce la rendait inutile. Au début du XVIIIe siècle, Guillaume Deschamps propose donc à l'armée française un fusil normalisé aux pièces interchangeables. Mais le principe ne convainc pas : on le trouve trop difficile à mettre en œuvre et trop coûteux. En 1778, l'armurier français Honoré Blanc relance l'idée, avec succès cette fois. Rapporté par Thomas Jefferson, ambassadeur en France, le principe est mis en œuvre aux États-Unis dès 1798 pour la conception d'armes militaires. Adieu la production à l'unité. Le XIXe siècle marque le passage à l'ère industrielle moderne, qui se contente d'ouvriers moins qualifiés, mais plus faciles à trouver que les artisans au savoir-faire unique.

1.5 Le dessin technique

Entre un mécanisme imaginé et sa fabrication, la solution technologique doit passer par plusieurs étapes de dessin technique. Pour chacune des étapes, on peut recourir à différentes **projections.** Une projection est une manière de représenter en deux dimensions (2D), sur une feuille de papier, un objet à trois dimensions (3D). Deux cas particuliers de la **projection orthogonale** comptent parmi les plus fréquemment employés.

• La projection isométrique

La projection isométrique est un cas particulier de la **projection axonométrique**. Pour la dessiner, on imagine d'abord que l'objet est placé dans un cube transparent. On pivote le cube de 45° pour montrer deux faces plutôt qu'une seule, puis on l'incline vers l'arrière ou vers l'avant pour que trois faces soient visibles. En général, cette **perspective** permet de décrire complètement l'objet (*voir la figure 10*).

• La projection à vues multiples

Pour dessiner les différentes vues, on imagine que l'objet est placé dans un cube transparent déployé (*voir la figure 11*). Pour chaque vue, l'une des faces du cube est parallèle à la feuille. En général, trois vues sont requises pour décrire complètement l'objet. Pour un objet aux formes simples, on peut souvent se contenter de deux vues.

Figure 10
La projection isométrique de l'auget du pluviomètre
On dessine l'objet dans un cube transparent.

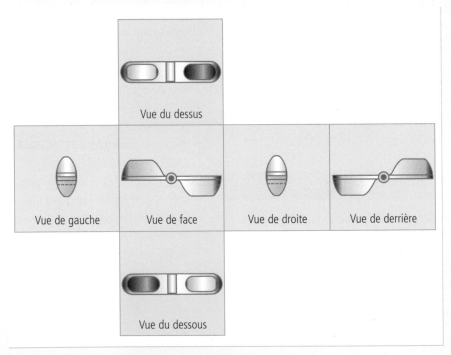

Vue du dessus

Vue de gauche | Vue de face | Vue de droite | Vue de derrière

Vue du dessous

Figure 11
La projection à vues multiples de l'auget du pluviomètre.
On dessine l'objet dans un cube transparent déployé.

● culture +

QUAND ARCHITECTE DEVIENT NOM FÉMININ

L'architecture a longtemps été l'apanage des hommes. Mais, au début du XIXe siècle, Esther Marjorie Hill vient changer la donne. En 1925, elle devient la première femme membre de l'ordre des architectes du Canada. Toute une victoire pour cette Ontarienne, qui a fait face à l'intimidation et à la discrimination de la part de ses collègues masculins pendant toutes ses études...

ÉTAPES DU DESSIN TECHNIQUE PERMETTANT DE PASSER DE L'IDÉE À LA FABRICATION			
Étape du dessin	Description	Fonction dans le processus de création	Type de projection et exemple
Croquis	Dessin exécuté à main levée (sans règle ni autre instrument).	Permet de choisir une solution technologique parmi différentes propositions.	Projection isométrique
Dessin d'ensemble	Représentation à l'échelle du système dans lequel toutes les pièces sont à leur position exacte, une fois le mécanisme assemblé.	Permet de valider la solution technologique.	Projection à vues multiples
Dessin de détail (ou dessin de définition)	Représentation de chaque pièce à fabriquer, dessinée à partir du dessin d'ensemble. On y trouve toutes les cotes (dimensions) utiles.	Permet de fabriquer chacune des pièces du mécanisme.	Projection à vues multiples
Vue éclatée (ou dessin d'assemblage)	Représentation à l'échelle, dessinée à partir du dessin d'ensemble. Les pièces y sont dissociées les unes des autres le long de leur axe d'assemblage.	Permet de visualiser chaque pièce séparément et d'assembler le mécanisme.	Projection isométrique

C'est le dessin d'ensemble qui permet de valider la solution technologique. En corrigeant les erreurs sur le dessin avant l'étape de fabrication, on réalise des économies substantielles, car la fabrication de mécanismes qui ne fonctionnent pas ou fonctionnent mal constitue un gaspillage d'argent et de ressources.

PROBLÈMES QUI PEUVENT ÊTRE MIS EN ÉVIDENCE ET CORRIGÉS PAR LE DESSIN D'ENSEMBLE		
Problème	Description	Exemple
Problèmes de montage	Problèmes qui empêchent le système d'être assemblé.	Une vis inatteignable : elle ne pourra jamais être vissée ni dévissée.
Interférences	Chevauchement de pièces fixes ou collisions non souhaitables entre des pièces dont au moins une est en mouvement.	L'auget du pluviomètre frappe le bord du support en tournant.
Encombrement	En ajoutant au dessin d'ensemble certaines dimensions principales (en particulier les dimensions extérieures), on facilite la visualisation du produit fini. Ces indications permettent parfois de réaliser que l'objet est trop grand ou trop petit.	Le diamètre du bâti dépasse les dimensions de la base de ciment sur laquelle on a prévu de fixer le pluviomètre.

1.6 La fabrication

Une fois les dessins techniques validés, l'étape de fabrication du pluviomètre peut débuter. Nous nous contenterons ici d'étudier la fabrication de l'entonnoir extérieur, qui peut être entièrement réalisé en atelier à l'aide de **machines** et d'**outils** de base. Les différentes techniques de fabrication sont décrites dans le tableau ci-dessous, accompagnées des outils ou des machines associés et d'un exemple propre à la fabrication de l'entonnoir du pluviomètre. Après la fabrication des différentes pièces, on procède à leur assemblage et à la finition de l'objet.

ÉTAPES, TECHNIQUES, OUTILS ET MACHINES USUELS DE FABRICATION
Le traçage

Technique et description

Tracer, sur une bande souple, les formes qui seront ensuite découpées dans le matériau. Cette technique constitue une représentation fidèle, aux dimensions réelles du dessin technique de la pièce à découper ou à percer. À la manière d'un patron de couture, le traçage permet de planifier la disposition des différentes pièces sur le matériau à découper. De plus, cette technique rend plus facile et précise la reproduction des pièces.

Exemple d'outils accomplissant cette tâche

- Règle ou pied à coulisse pour mesurer les longueurs
- Équerre pour tracer des lignes perpendiculaires
- Compas pour tracer des cercles et des arcs de cercle
- Crayon pour reporter les mesures sur la bande souple

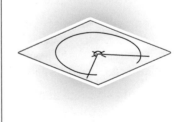

Le découpage

Technique et description

Découper une feuille ou une tige métallique, le plus souvent en ayant comme guide des repères dessinés à l'étape du traçage.

Exemple d'outils ou de machines accomplissant cette tâche

- Pour les tracés en ligne droite : des cisailles (outil de coupe muni de deux lames qui ressemble à des ciseaux).
- Pour les tracés quelconques : une grignoteuse (machine munie d'une lame très mince qui découpe par un mouvement de va-et-vient rapide).

Le perçage

Technique et description

Percer un trou, le plus souvent de forme circulaire, dans une pièce. Ce trou pourra notamment servir à l'insertion d'un essieu ou de l'arbre d'un moteur, ou encore subir un taraudage dans le but d'y visser un boulon.

Pour effectuer l'opération de perçage, il faut choisir un outil pourvu des bonnes caractéristiques :

Matériau utilisé pour fabriquer l'outil de perçage : Il doit être plus dur que le matériau à percer. Souvent, on utilise de l'acier ayant subi un **traitement thermique** durcissant : la **trempe**.

Vitesse de rotation de l'outil de perçage : En général, plus le matériau est dur ou plus le trou est grand, plus la vitesse de rotation doit être faible.

Angle de coupe de l'outil de perçage : C'est l'angle entre la surface à percer et le bord de la pointe conique coupante. En général, plus le matériau est dur, plus l'angle de coupe est grand, donc plus la pointe est effilée.

Exemple de machine accomplissant cette tâche

- Une perceuse : machine qui met en rotation l'outil de perçage, le foret. Le foret est un cylindre à l'extrémité tranchante le long duquel est creusée une spirale servant à évacuer les copeaux du matériau percé. On le fabrique en différentes tailles pour percer des trous de divers diamètres.

Le taraudage

Technique et description

Graver un sillon en forme de spirale (qu'on appelle filets) à l'intérieur d'une cavité cylindrique, pour en faire un écrou, par exemple. On y vissera un boulon ou une vis.

Avant de tarauder une pièce, on y perce un trou. Le diamètre du trou à percer dépend du diamètre extérieur de la vis et de son pas (la distance entre deux filets consécutifs). Le trou percé sera légèrement plus petit que le trou obtenu après le taraudage, car l'opération a pour effet de l'agrandir légèrement.

Exemple d'outil accomplissant cette tâche

- Un taraud : outil coupant qui grave des filets à l'intérieur d'une cavité cylindrique en traçant un sillon en forme de spirale.

Technique et description

Graver des filets à l'extérieur d'une tige, pour en faire un boulon ou une vis, par exemple.

Les filets sont caractérisés par :

- leur profil (inclinaison de la spirale) ;
- leur pas (distance entre deux filets consécutifs).

Exemple d'outil accomplissant cette tâche

- Une fileteuse : outil coupant qui grave les filets sur une tige en traçant un sillon en forme de spirale.

Technique et description

Plier une pièce découpée pour lui faire prendre une forme donnée. La forme du pliage dépend, bien sûr, de la fonction de la pièce, mais aussi du matériau plié et de son épaisseur, car certains matériaux ne supportent pas d'être pliés en formant une arête trop vive. Au moment du cambrage, la pièce est soumise à une contrainte de **flexion** qui la déforme de manière permanente. Une contrainte de flexion induit deux déformations :

- la face extérieure du pli est étirée (**traction**) ;
- la face intérieure du pli est écrasée (**compression**).

Le centre de la pièce, à la moitié de l'épaisseur, n'est ni étiré ni comprimé. On l'appelle la fibre neutre. Les dimensions de la fibre neutre de la pièce pliée donnent les dimensions de la pièce à découper avant le pliage.

Exemple d'outil accomplissant cette tâche

- Une plieuse : outil muni de deux blocs entre lesquels la tôle est placée pour être pliée. La pièce à plier est coincée entre un bloc supérieur (au-dessus) et un bloc pivotant (au-dessous). Quand on fait pivoter le bloc pivotant, la tôle se plie contre le bloc supérieur.

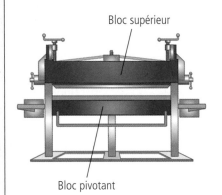

Bloc supérieur

Bloc pivotant

Technique et description

Une fois que toutes les pièces sont usinées, contrôlées et corrigées, il faut les assembler. Les diverses pièces seront réunies au moyen d'une ou de plusieurs techniques afin de constituer l'objet.

Exemples de techniques accomplissant cette tâche

Le collage, le clouage, le vissage, le rivetage, le boulonnage, le soudage.

Exemples d'outils ou de machines accomplissant cette tâche

- Un marteau et des clous : outils servant à réunir des pièces par clouage.
- Un tournevis et des vis : outils servant à réunir des pièces par vissage.
- Une riveteuse : Outil ou machine servant a réunir des pièces par rivetage.
- Une soudeuse à l'arc électrique : machine servant à réunir des pièces par soudure.

Technique et description

La finition est l'étape finale du processus de fabrication : elle consiste à protéger et à améliorer l'apparence de l'objet technique. Toutefois, si les pièces deviennent difficilement accessibles après assemblage de l'objet, l'étape de la finition précédera l'assemblage de l'objet.

Exemples de techniques accomplissant cette tâche

Le polissage, la peinture et le vernissage sont des techniques courantes de finition.

Sur le terrain

Dans une station météorologique près de chez vous

Même si, dans une station météorologique automatisée, bien des opérations sont effectuées sans qu'on s'en aperçoive, l'être humain demeure irremplaçable et certaines tâches ne peuvent, aujourd'hui du moins, être accomplies par les appareils.

C'est automatique !

De nos jours, toutes les données sont recueillies automatiquement. Pression, température, pourcentage d'humidité, quantité et intensité des précipitations, vitesse et direction du vent, altitude des nuages ou hauteur de la neige au sol : toutes ces informations sont recueillies par des instruments et transmises directement à un ordinateur, qui se charge même de tracer les graphiques appropriés, de calculer des valeurs moyennes ou d'exécuter tout autre traitement statistique requis. Nous sommes bien loin de l'époque où un employé devait faire quotidiennement, sur le terrain, le relevé des données météorologiques, compiler ces informations dans un cahier et tracer manuellement des graphiques pour en tirer les tendances saisonnières pour une région. L'automatisation facilite la tâche de compilation et de traitement des données. En outre, le perfectionnement des instruments rend l'information recueillie beaucoup plus précise qu'auparavant.

Personnel demandé…

Les stations météorologiques automatisées ne sont pas pour autant infaillibles. Des inspecteurs en météorologie visitent régulièrement chaque poste pour en vérifier le matériel. Ces inspecteurs sont notamment responsables :

- d'effectuer l'entretien des appareils (par exemple la lubrification des parties mobiles d'un mécanisme ou la peinture d'un abri défraîchi) ;
- de vérifier l'état de marche des instruments ;
- de s'assurer que toutes les données ont été transmises correctement à l'ordinateur servant à la compilation ;
- de calibrer les instruments de mesure pour assurer la précision des données.

C'est dire que, même dans les stations météorologiques automatisées, on ne peut se passer complètement de la présence de l'être humain.

info +

À NE PAS CONFONDRE…

La météo est un genre d'instantané, pris en un lieu donné, des phénomènes climatiques. Étudiés par des stations terrestres et satellites, les modèles informatiques la prévoient quelques jours à l'avance. Le climat est une tendance climatique observée sur une longue période et couvrant une vaste zone géographique. Il est donc examiné à l'aide de valeurs moyennes (de températures, de précipitations, etc.) à l'échelle des continents sur des décennies, des siècles, voire des millénaires.

Diagnostic

1 Vous devez choisir un matériau pour fabriquer des bancs de parc. Les bancs devront résister au froid, aux intempéries (la pluie, la neige) et aux rayons du Soleil, en plus d'être solides et durables. Lequel ou lesquels des matériaux suivants ne pourrez-vous pas choisir ? Justifiez votre réponse.

- Ⓐ Métal
- Ⓑ Plastique
- Ⓒ Composite
- Ⓓ Céramique

2 On préfère parfois utiliser le plastique plutôt que le métal pour fabriquer le bâti du pluviomètre. Nommez deux raisons qui pourraient expliquer ce choix.

3 Nommez deux dommages que la corrosion peut causer au bâti métallique d'un pluviomètre qui ne serait pas adéquatement protégé.

4 Reproduisez le tableau suivant, qui porte sur les méthodes permettant de protéger les métaux contre la corrosion, puis remplissez-le.

Méthode	Description	Exemple
Ⓐ	Ⓑ	La peinture
Ⓒ	Modifier la surface d'un matériau	Ⓓ
Protection électrochimique	Ⓔ	Le zinc protège l'acier.

5 En quoi un mécanisme de guidage en rotation est-il utile ?

6 Nommez les organes composant un mécanisme de guidage en rotation.

7 Quelle est la fonction des éléments roulants dans un mécanisme de guidage en rotation ?

8 Qu'est-ce qui distingue un roulement à billes d'un roulement à rouleaux ou d'un roulement à aiguilles ?

9 option Comparativement à la règle, quel est le principal avantage du pied à coulisse ?

10 option Effectuez la lecture des mesures suivantes, exécutées à l'aide d'un pied à coulisse.

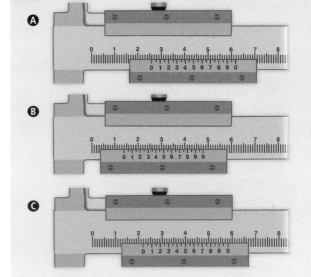

11 ✓ option Voici les dimensions d'une pièce ayant la forme d'un prisme rectangulaire. En comparant la dimension réelle avec la dimension souhaitée et en tenant compte des tolérances, indiquez pour chaque dimension si la tolérance a été respectée. Justifiez votre réponse.

a) Longueur réelle : 1,654 cm
Longueur souhaitée : (1,64 ± 0,02) cm

b) Largeur réelle : 2,52 cm
Largeur souhaitée : (2,53 ± 0,01) cm

c) Épaisseur réelle : 1,33 cm
Épaisseur souhaitée : (1,35 ± 0,01) cm

12 ✓ option Pour quelle raison doit-on choisir la tolérance la plus grande possible qui permettra au mécanisme de fonctionner ?

SECTION **1.5** Le dessin technique

13 ✓ option Nommez l'étape de dessin technique correspondant à chacune des fonctions suivantes.

a) Choisir une solution envisageable.
b) Valider la solution choisie.
c) Fabriquer les pièces du mécanisme.
d) Assembler le mécanisme.

14 ✓ option Le dessin d'ensemble permet notamment de mettre en évidence certains problèmes de la solution choisie et de les corriger avant l'étape de fabrication. Nommez les problèmes correspondant à la description et donnez-en un exemple concret.

a) Certaines pièces se chevauchent.
b) Le système est impossible à assembler.
c) Une pièce entre en collision avec une autre.
d) Le produit fini est beaucoup trop petit.

15 ✓ option Détaillez toutes les étapes du procédé de fabrication d'une chaise en métal que vous désirez construire.

16 ✓ option Quelles doivent être les trois caractéristiques de l'outil à choisir pour effectuer une opération de perçage ?

17 ✓ option Quelle est la différence entre le filetage et le taraudage, qui sont deux opérations consistant à graver des filets ?

18 ✓ option Au moment de l'opération de cambrage, on fait subir à la pièce une contrainte de flexion. Cette contrainte peut être décomposée, selon la face de la pièce observée.

a) Quel type de contrainte la face interne subit-elle ?
b) Quel type de contrainte la face externe subit-elle ?
c) Quel type de contrainte le centre de la pièce subit-il à la moitié de son épaisseur ?
d) Comment appelle-t-on le centre de la pièce, à la moitié de son épaisseur ?

19 ✓ option Nommez et expliquez deux exemples de procédé d'assemblage d'un objet technologique.

20 ✓ option Nommez et expliquez un exemple de procédé de finition d'un objet technologique.

2 > DES INSTRUMENTS POUR IDENTIFIER LES PRÉCIPITATIONS

Pour un observateur, il est très facile de distinguer la pluie de la pluie verglaçante ou de la neige. Pour une machine, la chose est moins aisée. Dans les stations météorologiques automatisées, aucun observateur n'est présent pour identifier les précipitations : les instruments doivent être en mesure d'accomplir cette tâche eux-mêmes avec fiabilité.

Il est essentiel d'avoir accès à des informations météorologiques sûres, que ce soit pour prévenir les usagers de la route de conditions difficiles ou pour assurer la sécurité des atterrissages dans les aéroports. Les thermomètres et les détecteurs de givrage sont des instruments utiles pour identifier les précipitations avec précision. L'entretien de ces instruments est facilité par d'ingénieux assemblages de circuits électriques variés qui mettent à profit la transformation de l'énergie électrique et un mécanisme de guidage en translation.

2.1 La mesure de la température

Le principe de fonctionnement du système électrique

Pour déterminer si les précipitations tombent sous forme liquide (pluie) ou solide (neige), la première mesure à effectuer est celle de la température. Si les températures sont largement au-dessus du point de congélation (supérieures à environ 6 °C), les précipitations seront liquides, alors que si les températures sont nettement sous le point de congélation (inférieure à −3 °C), elles tomberont sous forme de neige. Dans les stations automatisées, un thermomètre à mercure ou à alcool serait inutile puisqu'il y faudrait une personne pour en prendre la lecture. C'est pourquoi on y utilise souvent un thermomètre électronique dont la sonde renferme un thermistor (*voir la figure 12*). Un thermistor est une **résistance** dont la résistance électrique varie nettement en fonction de la température (*voir la figure 13*).

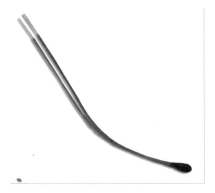

Figure 12
Un thermistor

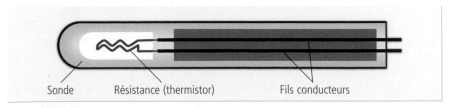

Sonde   Résistance (thermistor)   Fils conducteurs

Figure 13
La sonde d'un thermomètre électronique

Le circuit électrique est conçu pour appliquer une tension aux bornes de la résistance à intervalles réguliers et y mesurer la tension et le courant. Ces informations sont relayées à un ordinateur qui applique la loi d'Ohm $U = R \times I$, donc $R = \frac{U}{I}$, pour calculer la résistance. Des tables de conversion permettent de transformer cette résistance électrique en température.

Le plus souvent, la température n'est pas mesurée en continu, mais plutôt ponctuellement, une fois par minute, par exemple. Pourquoi ? Parce que si un courant électrique circule en permanence dans le circuit, une partie de l'énergie électrique fournie sera convertie en chaleur par la résistance. Cela aura pour effet d'augmenter la température du thermistor, et donc de fausser la lecture. Comme le courant ne circule que pendant un bref instant, il n'a pas le temps de se réchauffer sous l'effet du courant électrique.

Les mécanismes de guidage en translation

Les thermomètres sont placés à l'abri du Soleil et de la pluie dans une boîte qu'on appelle abri Stevenson (*voir la figure 14*). Cette boîte est toujours peinte en blanc pour bien réfléchir les rayons du Soleil et est munie de persiennes pour permettre à l'air d'y circuler. Dans ces boîtes, les thermomètres sont maintenus en place par des supports, qui peuvent prendre différentes formes. Ces supports doivent être facilement démontables afin de faciliter l'entretien ou le remplacement des instruments. Divers mécanismes de **guidage en translation** permettent d'insérer et de retirer facilement les instruments. Tous ces mécanismes sont composés d'une pièce fixe (la **glissière**) dans laquelle peut coulisser une pièce mobile (le **coulisseau**) sur laquelle est fixé le thermomètre. La glissière et le coulisseau ont des formes complémentaires qui permettent le mouvement de translation.

Figure 14
Des abris Stevenson

QUELQUES MÉCANISMES DE GUIDAGE EN TRANSLATION			
Queue d'aronde	En T	Double tige	Arbre cannelé
Vue du dessus — Glissière, Coulisseau **Vue de face** — Thermomètre, Glissière, Coulisseau, Thermomètre	**Vue du dessus** — Glissière, Coulisseau **Vue de face** — Thermomètre, Glissière, Coulisseau, Thermomètre	**Vue du dessus** — Glissière, Coulisseau, Thermomètre **Vue de face** — Glissière, Coulisseau, Thermomètre	**Vue du dessus** — Glissière, Coulisseau, Thermomètre **Vue de face** — Coulisseau, Thermomètre, Glissière
Le coulisseau a la forme d'un trapèze. Ce mécanisme tire son nom de la forme de la queue de l'hirondelle (*aronde* est l'ancien nom français de cet oiseau).	Le coulisseau a la forme d'un *T*.	La glissière est formée de deux tiges cylindriques.	Le coulisseau est un arbre (cylindre) muni de cannelures (des rainures distribuées le long de l'arbre) qui l'empêchent de tourner sur lui-même.

Peu importe le mécanisme de guidage choisi, la glissière est vissée au mur de l'abri Stevenson. À cause du poids du thermomètre, du coulisseau et de la glissière, les vis fixées au mur subissent des contraintes mécaniques de **cisaillement** (*voir la figure 15*).

2.2 Le capteur de givrage

L'électricité et la mécanique du capteur de givrage

Lorsque la température avoisine 0 °C, les précipitations peuvent se présenter sous forme de pluie, de pluie verglaçante ou de neige. Pour distinguer la pluie, qu'elle soit verglaçante ou non, de la neige, on mesure à l'aide d'un radar la vitesse à laquelle tombent les précipitations. En effet, la pluie tombe à une vitesse plus grande que la bruine, qui elle-même tombe plus rapidement que la neige.

Parce que la pluie et la pluie verglaçante tombent à la même vitesse, le radar est incapable de les différencier. C'est un capteur de givrage qui permet de les distinguer. Cet instrument est composé d'une sonde pointant vers le ciel raccordée à un système électronique de contrôle et d'analyse (*voir la figure 16*).

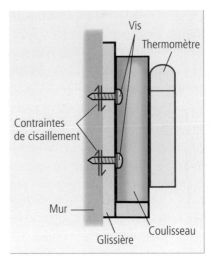

Figure 15
La contrainte de cisaillement subie par le mécanisme de guidage en translation

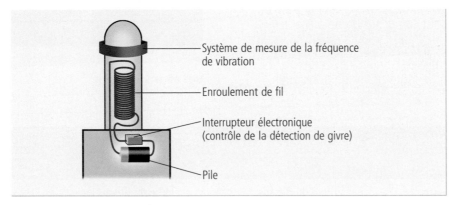

Figure 16
La représentation de l'intérieur du capteur de givrage : le détecteur

L'intérieur de la sonde renferme un enroulement de fil dans lequel on fait circuler un courant électrique, à intervalles réguliers. Lorsque l'enroulement de fil est parcouru par un courant, il devient un aimant (un **électroaimant**). Cet aimant attire vers lui le sommet de la sonde, qui subit une légère contrainte mécanique de **compression**. Lorsque le courant cesse de circuler à l'intérieur de l'enroulement de fil, il cesse d'être un aimant et n'attire plus la sonde. Celle-ci cesse donc de subir la contrainte de compression et se détend en vibrant, un peu comme un ressort vibre pendant un moment quand on cesse de le comprimer.

C'est l'énergie électrique qui a permis de créer cette **vibration** dans la sonde. Un instrument placé contre la sonde mesure la fréquence de la vibration. Si la sonde vibre à une fréquence plus faible que prévu, c'est que de la glace la recouvre : on peut alors affirmer que les précipitations tombent sous forme de pluie verglaçante.

L'électricité du système de dégivrage de la sonde

Une fois que la sonde est recouverte d'une certaine épaisseur de glace, il faut la dégivrer pour qu'elle puisse continuer de fonctionner. Cette tâche est confiée à un circuit électrique.

Un filament est enroulé autour de la sonde (*voir la figure 17*). Pour faire fondre la glace qui la recouvre, il suffit de faire circuler un courant électrique dans le filament, où une partie de l'énergie électrique est transformée en **chaleur,** qui fait alors fondre la glace. Une fois la glace fondue, le courant cesse de circuler dans le filament et la sonde est de nouveau prête à détecter la présence de givre.

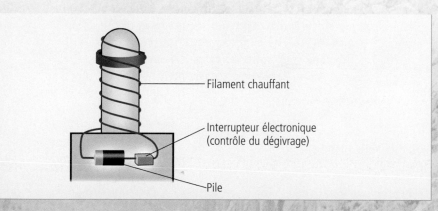

Filament chauffant

Interrupteur électronique
(contrôle du dégivrage)

Pile

Figure 17
**La représentation de l'extérieur du capteur de givrage :
le système de déglaçage**

La technologie et les changements climatiques

On sait que la technologie a des répercussions sur les changements climatiques, mais l'inverse est également vrai : les changements climatiques auront des effets considérables sur de nombreuses sphères de l'activité humaine. Le transport, l'exploitation forestière et la gestion de l'eau potable sont autant d'activités qui seront modelées par ces changements.

Le transport routier et les changements climatiques

Une hausse des températures risque de favoriser les épisodes de gel et de dégel durant l'hiver. Ces cycles de gel et dégel mettent à rude épreuve le revêtement des routes : ils sont responsables des « nids-de-poule ». Se formant surtout au printemps, ces creux pourraient dorénavant apparaître même en plein hiver. Des revêtements mieux adaptés, mais beaucoup plus coûteux, pourraient remplacer l'asphalte actuel afin de minimiser les effets de ces changements de température.

Les changements climatiques peuvent également favoriser l'apparition de tempêtes ou d'autres événements extrêmes. Ces tempêtes, qui apportent souvent de fortes précipitations et des vents violents, risquent de dégrader prématurément les ponts et les viaducs. Les normes d'entretien devront être resserrées et de nombreux ouvrages devront être renforcés pour pouvoir faire face à de tels événements sans risquer de s'effondrer.

Face à l'inconnu

Comme tous les vivants, l'être humain devra s'adapter aux changements climatiques. La technologie lui sera d'un grand secours. Mais il faut d'abord bien connaître la situation, sinon il n'est pas facile de trouver des solutions. Malheureusement, il y a bien des inconnues… Même les groupes de scientifiques sont souvent en désaccord sur l'ampleur ou les effets qu'auront les changements climatiques. Pourquoi ? Simplement parce que personne ne peut prédire l'avenir. Même si les prévisions sont basées sur des observations, elles ne sont que des hypothèses. La climatologie est une science complexe et bien mal comprise : difficile de s'y retrouver parmi tous ces paramètres à considérer.

Heureusement, de grands efforts sont faits pour mieux comprendre le climat et prédire ce que sont et ce que seront les changements climatiques. En attendant, nous devons tous faire notre part pour aider la nature à évoluer… plus naturellement !

culture +

ENVIRONNEMENT CANADA : AU CŒUR DE L'ÉCOLOGIE

La vocation initiale d'Environnement Canada, cette branche du ministère de l'Environnement du Canada, est d'abord la météorologie. Mais l'organisme s'attache aussi à la préservation des ressources (la biodiversité, l'eau, l'air) et à l'amélioration de la qualité du milieu naturel.

Le plan Prendre Le Virage est une des manifestations de son action. L'objectif de ce plan est de réduire de 20 % les émissions de gaz à effet de serre d'ici 2020 par rapport aux niveaux de 2006.

L'exploitation forestière et les changements climatiques

Une augmentation des températures et des modifications dans la fréquence des précipitations (de longues périodes de sécheresse suivies d'orages violents, par exemple) pourront influer sur la croissance des arbres. Certaines essences mieux adaptées à ces changements pousseront au détriment d'autres.

L'industrie forestière devra s'adapter, peut-être en choisissant les espèces les mieux adaptées pour la récolte et la transformation du bois. Les essences plantées au moment du reboisement devront également être choisies en fonction de cette nouvelle réalité.

L'eau potable et les changements climatiques

Les changements climatiques pourraient apporter une baisse générale du débit de nombreuses rivières. Cette situation aura pour effet de réduire les capacités d'approvisionnement des usines de production d'eau potable. Pour tenir compte de ce phénomène, il faudra abaisser le niveau des conduites d'entrée d'eau : il s'agit d'une solution simple, mais elle coûtera cher, étant donné le nombre de stations à transformer.

Enfin, la baisse du débit et les fortes variations dues à la fonte rapide des neiges, notamment, pourront dégrader la qualité de l'eau puisée. Pour produire une eau propre à la consommation, les usines de production d'eau potable pourraient devoir modifier leur façon de faire, voire recourir à de nouvelles technologies.

Somme toute, bien que l'impact des changements climatiques sur la technologie soit réel, il occasionnera sans doute l'apparition de nombreuses solutions que le génie humain se chargera d'imaginer.

◼ culture +

PAS DE MÉTÉO SANS BAROMÈTRE

L'aiguille du baromètre descend : il va pleuvoir... Mais qui a inventé cet instrument météorologique ? Son créateur est Evangelista Torricelli, un physicien italien, qui, en 1643, travaillait à reproduire à petite échelle une expérience de puisage d'eau avec du mercure. Du même coup, il créait le tube de Torricelli (futur baromètre), mettait en évidence la pression atmosphérique, et démontrait qu'elle avait un lien avec le temps qu'il fait à l'extérieur.

Diagnostic

1 Dessinez le schéma d'un circuit électrique qui conviendrait pour fabriquer un thermomètre électronique utilisant un thermistor.

2 Le tableau 1 ci-dessous fournit les données recueillies par un thermomètre électronique utilisant un thermistor. On y trouve la tension mesurée aux bornes du thermistor et le courant le traversant à différents moments de la journée. En appliquant la loi d'Ohm, calculez la résistance du thermistor pour chaque moment. Déduisez-en ensuite la température à l'aide des données du tableau 2.

Tableau 1
Tension aux bornes et courant à travers le thermistor à différentes heures de la journée

	Heure	Tension (V)	Courant (A)
A	8 h 00	12,0	1,091
B	10 h 00	12,0	1,132
C	12 h 00	12,0	1,143
D	14 h 00	12,0	1,188
E	16 h 00	12,0	1,176
F	18 h 00	12,0	1,165
G	20 h 00	12,0	1,154

Tableau 2
Résistance du thermistor pour différentes températures

Résistance (Ω)	Température (°C)	Résistance (Ω)	Température (°C)
11,3	7	10,6	14
11,2	8	10,5	15
11,1	9	10,4	16
11,0	10	10,3	17
10,9	11	10,2	18
10,8	12	10,1	19
10,7	13	10,0	20

3 Pourquoi le courant ne peut-il pas circuler en permanence dans le thermistor d'un thermomètre électronique ?

4 Comment nomme-t-on la pièce fixe et la pièce mobile formant un mécanisme de guidage en translation ?

5 Qu'est-ce qui différencie les divers mécanismes de guidage en translation ? Quelle caractéristique tous ces mécanismes ont-ils en commun ?

6 Nommez et dessinez trois mécanismes de guidage en translation. Indiquez chacun des organes qui les composent.

7 Dans le détecteur de givrage :

a) De quel type est la contrainte mécanique appliquée au sommet de la sonde ?

b) Comment cette contrainte est-elle créée ?

c) Que se passe-t-il lorsqu'elle cesse d'être appliquée ?

8 Comment déglace-t-on la sonde d'un détecteur de givrage ?

Univers technologique
En un clin d'œil

>>> La protection des métaux contre la corrosion

Les métaux doivent être protégés s'ils sont sujets à la dégradation due à la corrosion, comme l'acier l'est, par exemple.

Peinture

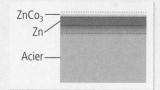

ZnCo₃
Zn
Acier

Traitement de surface
(la galvanisatiin)

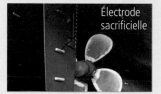

Électrode
sacrificielle

Protection électrochimique

>>> Le guidage en translation et en rotation

Dans un mécanisme, les pièces peuvent être guidées :

• En translation

Queue d'arronde

En T

Double tige

Arbre cannelé

● Glissière
● Coulisseau

• En rotation

Roulement à billes

Roulement à rouleaux

Roulement à aiguilles

● Bagues
● Éléments roulants

>>> Du dessin technique à la fabrication ✓ option

• Avant sa fabrication, l'objet technologique passe par plusieurs étapes de dessin technique.

Le croquis

Le dessin d'ensemble

Le dessin de détail

Le dessin d'assemblage

• La fabrication nécessite souvent plusieurs étapes.

Le traçage

Le découpage

Le perçage

Le taraudage

Le filetage

Le cambrage

L'assemblage

La finition

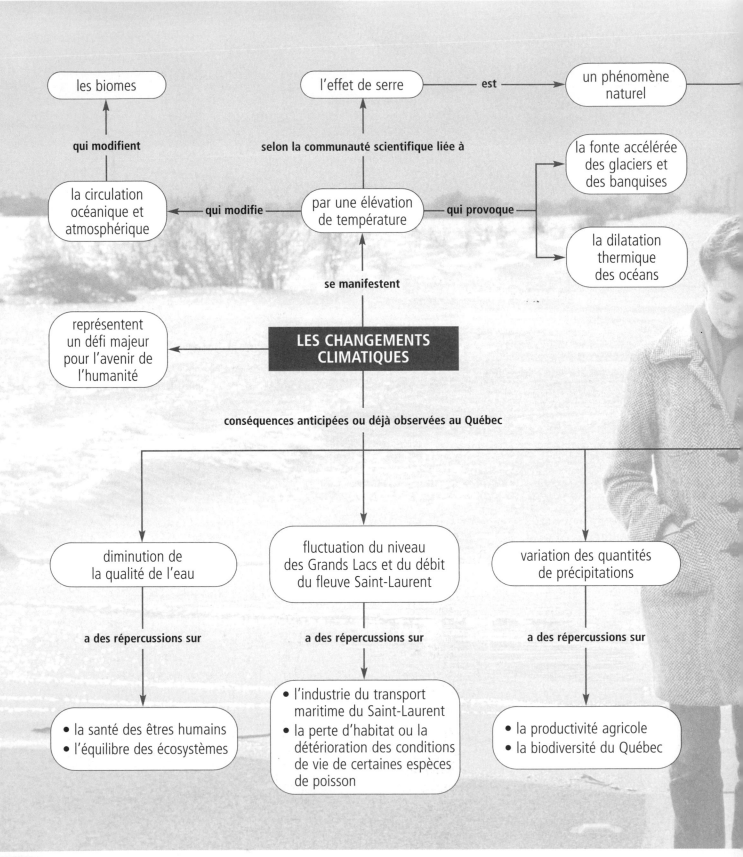

les biomes

l'effet de serre — **est** → un phénomène naturel

qui modifient

selon la communauté scientifique liée à

la circulation océanique et atmosphérique ← **qui modifie** — par une élévation de température — **qui provoque** →

la fonte accélérée des glaciers et des banquises

la dilatation thermique des océans

se manifestent

représentent un défi majeur pour l'avenir de l'humanité ← **LES CHANGEMENTS CLIMATIQUES**

conséquences anticipées ou déjà observées au Québec

diminution de la qualité de l'eau

fluctuation du niveau des Grands Lacs et du débit du fleuve Saint-Laurent

variation des quantités de précipitations

a des répercussions sur

a des répercussions sur

a des répercussions sur

- la santé des êtres humains
- l'équilibre des écosystèmes

- l'industrie du transport maritime du Saint-Laurent
- la perte d'habitat ou la détérioration des conditions de vie de certaines espèces de poisson

- la productivité agricole
- la biodiversité du Québec

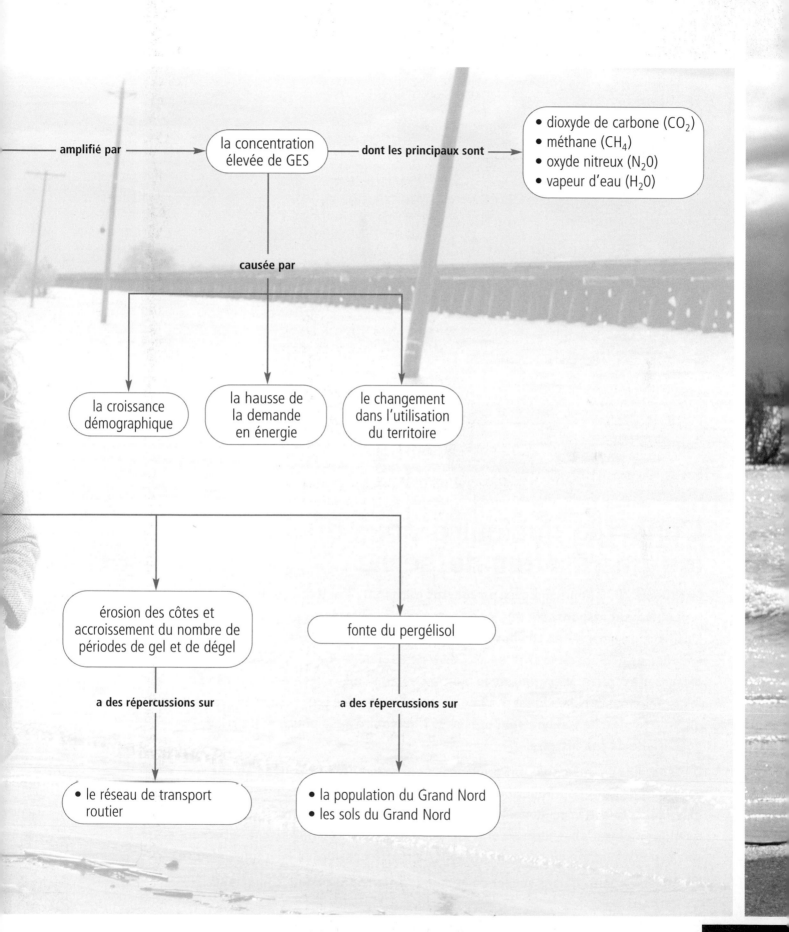

amplifié par → la concentration élevée de GES → **dont les principaux sont** →
- dioxyde de carbone (CO_2)
- méthane (CH_4)
- oxyde nitreux (N_2O)
- vapeur d'eau (H_2O)

causée par

- la croissance démographique
- la hausse de la demande en énergie
- le changement dans l'utilisation du territoire

érosion des côtes et accroissement du nombre de périodes de gel et de dégel

fonte du pergélisol

a des répercussions sur

a des répercussions sur

- le réseau de transport routier

- la population du Grand Nord
- les sols du Grand Nord

L'énergie nucléaire pour diminuer les gaz à effet de serre

Le rapport 2006 du GIEC dresse un constat alarmant : l'activité humaine est probablement responsable de l'augmentation de la température planétaire. L'utilisation massive de combustibles produisant des gaz à effet de serre serait la cause principale de la *montée de fièvre* de la planète. Selon le GIEC, si aucune mesure n'est prise, c'est plus de la moitié de l'humanité qui serait menacée par les changements climatiques d'ici 2080. Les divergences sont toutefois grandes quant à la marche à suivre pour préserver l'humanité de la plus grande crise potentielle de son histoire.

Des énergies de rechange sont proposées pour satisfaire la demande en énergie tout en réduisant la production de gaz à effet de serre. Leur exploitation efficace exige toutefois la mise au point de nouvelles technologies. Devant l'urgence d'agir, de plus en plus d'observateurs et d'environnementalistes préconisent le recours à une forme d'énergie que nous maîtrisons déjà efficacement : l'énergie nucléaire.

Le nucléaire peut-il nous sauver de la menace des changements climatiques ?

EXPERT 1 ▪ PERSPECTIVE ENVIRONNEMENTALE

Le nucléaire ne produit pratiquement pas de gaz à effet de serre. D'autre part, les déchets radioactifs ne constituent aucun danger pour l'environnement s'ils sont entreposés selon les normes internationales de sécurité.

La quantité de déchets nucléaires qu'engendre la production de l'électricité nécessaire pour satisfaire les besoins d'un Américain moyen au cours de sa vie entre dans une canette de boisson gazeuse. La production d'électricité par des centrales thermiques alimentées au charbon produira, comparativement, douze wagons de train remplis de déchets. Le charbon est la ressource qui alimente actuellement 50 % des centrales électriques aux États-Unis.

Les réserves d'uranium sont limitées. Ainsi, la plupart des centrales actuelles, telles que nous les connaissons, ne survivront pas au terme du prochain siècle.

Un accident comme celui de la centrale de Tchernobyl est toujours possible. La supervision des établissements n'est pas infaillible, sans compter que l'erreur est humaine.

Malgré l'étanchéité des centrales, on détecte une hausse minime des niveaux de radioactivité dans leur environnement immédiat (l'eau, la flore, la faune). L'étendue des conséquences qui en découlent pour les écosystèmes, ainsi que pour la santé humaine, n'est pas encore claire et demeure inquiétante.

EXPERT 2 ▪ PERSPECTIVE ÉCONOMIQUE

L'implantation d'une centrale nucléaire peut se faire pratiquement en tout lieu. Tous les pays peuvent ainsi avoir accès à leur indépendance énergétique.

Le rendement énergétique de l'uranium est très intéressant : 1 g de matière fissile permet de produire 24 GWh d'électricité, soit l'équivalent de 2 tonnes de pétrole.

Bien que l'opération d'une centrale nucléaire soit économique, sa construction est extrêmement coûteuse et demande des investissements très importants dont les pays émergents ne disposent pas.

La gestion d'un parc de nouvelles centrales nucléaires mondial engendrerait des coûts importants, tant en ce qui concerne la sécurité que la santé publique ou que la gestion et l'entreposage d'une quantité importante de déchets radioactifs.

EXPERT 3 ▪ PERSPECTIVE SOCIALE ET POLITIQUE

De nombreux pays émergents voient dans l'énergie nucléaire un puissant levier de développement les libérant des fluctuations du prix du pétrole, du gaz naturel ou du charbon, par exemple.

La construction et l'exploitation d'une centrale nucléaire exigent des travailleurs qualifiés, ce qui crée des emplois de qualité à long terme.

Le manque de ressources étatiques de certains pays peut conduire à une supervision défaillante de la sécurité des centrales privées et il pourrait en résulter des accidents aux répercussions désastreuses.

La multiplication des conflits armés ainsi que la recrudescence du terrorisme font que les centrales nucléaires sont devenues des cibles de choix. À ce jour, il est impossible de savoir si les mesures de sécurité entourant l'ensemble des centrales nucléaires du monde sont suffisantes.

FORUM

1. Les pays développés devraient-ils progressivement remplacer leurs centrales thermiques par des centrales nucléaires ?

2. Devrait-on investir dans l'implantation massive de centrales nucléaires ou dans le développement de nouvelles technologies permettant d'exploiter les énergies de rechange ?

Que
prévoit-il?

CLIMATOLOGUE

Depuis quelques années, les changements climatiques préoccupent tout le monde : les écologistes, les gouvernements, les agriculteurs, les militaires, etc. De ce fait, les climatologues sont de plus en plus souvent au premier plan.

Les climatologues s'intéressent aux facteurs naturels qui ont des effets sur le climat de la planète comme l'activité du Soleil, les courants marins et la pollution atmosphérique. Ils travaillent à l'analyse et à la prédiction des répercussions des changements climatiques sur l'environnement et sur les activités humaines. Ces scientifiques sont appelés à élaborer et à appliquer divers modèles mathématiques conçus par ordinateur. Ils doivent donc faire preuve de compétence et d'intérêt dans les domaines de la physique, de l'informatique et des mathématiques. Ce métier exige de la rigueur scientifique, un excellent esprit d'analyse et de synthèse, de même qu'une bonne dose de débrouillardise. Être à l'aise pour communiquer de façon orale et écrite est aussi un atout, surtout quand vient le temps de rencontrer les médias, de rédiger des rapports ou de prononcer des conférences.

Les climatologues peuvent travailler dans des milieux variés, notamment les ministères fédéraux et provinciaux, les forces armées, les sociétés d'experts-conseil et les entreprises qui exploitent les ressources naturelles (les mines, l'hydroélectricité, les forêts, les pêches).

La formation requise est de niveau universitaire.

Que regarde-t-elle ?

PHOTOGRAPHE ANIMALIER OU PHOTOGRAPHE ANIMALIÈRE

Qui ne s'est jamais extasié devant les photographies publiées dans des magazines tels que *Terre sauvage* ou *National Geographic*? Il y a de quoi rêver. Les photographes mettent énormément d'énergie et de temps pour réaliser de tels clichés. Cela est particulièrement vrai dans le cas des photographes animaliers, qui passent souvent des heures à l'affût sur le terrain, parfois sans succès.

En suivant des cours, le ou la futur photographe acquiert les habiletés techniques nécessaires à ce métier et apprend à manipuler adéquatement l'équipement (les objectifs, le trépied, le développement sur papier, etc.). Une fois ces compétences acquises, il ou elle doit prendre de l'expérience sur le terrain.

Les meilleurs photographes animaliers sont ceux qui sont de bons naturalistes. Comme ils connaissent bien leurs sujets, ils sont en mesure de prévoir leur comportement et de les croquer sur le vif au moment opportun. Savoir jouer avec la lumière est un autre atout de taille, puisque cela permet de mettre en valeur les bêtes sur lesquelles on braque l'appareil.

Un bon photographe animalier ou une bonne photographe animalière ou scientifique doit posséder un sens artistique bien aiguisé, faire preuve d'énormément de patience et être prêt à défier les conditions météorologiques défavorables. De nombreux photographes exercent leur métier à titre de travailleurs autonomes. Ils vendent leurs œuvres à des éditeurs de magazines, de livres ou de sites Internet.

La formation requise est de niveau collégial technique.

outils

La résolution de problème en science et en technologie

L'être humain a systématisé sa façon d'aborder les problèmes d'ordre scientifique et technologique. Le schéma ci-dessous illustre cette approche. C'est grâce à l'application de cette méthode que l'humanité a pu acquérir tant de connaissances scientifiques et technologiques.

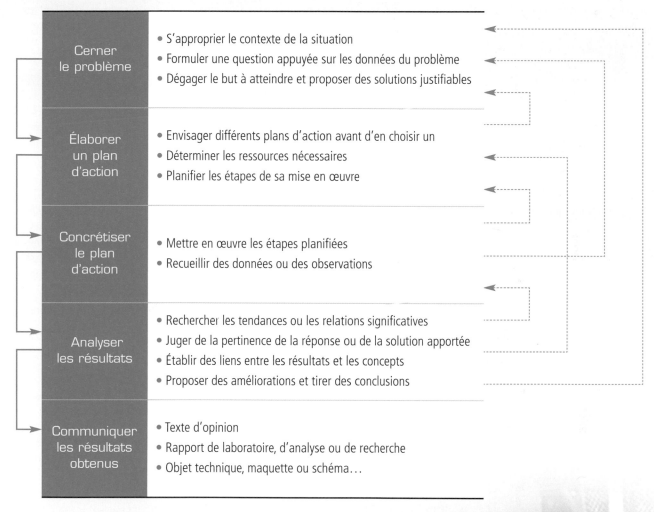

Cerner le problème
- S'approprier le contexte de la situation
- Formuler une question appuyée sur les données du problème
- Dégager le but à atteindre et proposer des solutions justifiables

Élaborer un plan d'action
- Envisager différents plans d'action avant d'en choisir un
- Déterminer les ressources nécessaires
- Planifier les étapes de sa mise en œuvre

Concrétiser le plan d'action
- Mettre en œuvre les étapes planifiées
- Recueillir des données ou des observations

Analyser les résultats
- Rechercher les tendances ou les relations significatives
- Juger de la pertinence de la réponse ou de la solution apportée
- Établir des liens entre les résultats et les concepts
- Proposer des améliorations et tirer des conclusions

Communiquer les résultats obtenus
- Texte d'opinion
- Rapport de laboratoire, d'analyse ou de recherche
- Objet technique, maquette ou schéma…

Selon la nature du problème à résoudre, une ou plusieurs démarches peuvent être employées. Cependant, toutes font appel aux cinq étapes mentionnées plus haut. Les principales démarches sont :

- la démarche d'observation ;
- la démarche empirique ;
- la démarche expérimentale ;
- la démarche de modélisation ;
- la démarche de construction d'opinion ;
- la démarche technologique de conception ;
- la démarche technologique d'analyse.

La résolution de problème n'est pas un processus linéaire. Comme le suggère le schéma ci-dessus, on peut à tout moment revenir à l'une ou l'autre étape afin d'entreprendre une nouvelle démarche que l'on juge plus appropriée.

Tableau synthèse des démarches utilisées en science et en technologie

DÉMARCHE	DÉFINITION	CONTEXTE D'UTILISATION	EXEMPLE
Démarche d'observation	La démarche d'observation permet de recueillir des informations et des données afin d'interpréter des phénomènes. Elle requiert une préparation minutieuse, afin d'éviter d'influer sur les résultats de l'observation.	On l'utilise pour observer un phénomène afin de mieux le comprendre, de découvrir de nouveaux comportements, de nouveaux faits. L'observation joue un rôle important en science. C'est l'action de décrire la réalité. Elle est préalable à l'explication souvent plus abstraite des faits.	• Disséquer un œil de bœuf afin d'en comprendre la structure. • Observer des cellules végétales au microscope pour en comprendre l'organisation.
Démarche empirique	La démarche empirique consiste à colliger un ensemble d'observations qualitatives ou quantitatives sur le terrain, dans l'environnement naturel. Contrairement à la démarche expérimentale, elle n'implique aucune manipulation de variable.	On l'utilise fréquemment en phase exploratoire d'une recherche, lorsque l'on souhaite examiner et se représenter différentes facettes d'un phénomène. Cette démarche ouvre fréquemment la voie à de nouvelles avenues de recherche ou à de nouvelles hypothèses.	• Recenser la population d'une espèce de poisson peuplant un lac en mesurant la longueur et la masse de chaque spécimen capturé. • Décrire les sentiers migratoires du caribou.
Démarche expérimentale	La démarche expérimentale se fait généralement en laboratoire, dans un environnement artificiel. Elle suppose la détermination et la manipulation d'une ou de plusieurs variables en fonction d'une hypothèse que l'on veut vérifier.	On l'utilise pour comprendre un aspect pointu d'un phénomène complexe en reliant un effet à une cause.	• Déterminer la relation existant entre la masse d'un objet et la force de gravité que la Terre exerce sur lui. • Déterminer la relation entre la tension et l'intensité du courant circulant dans une résistance.
Démarche de modélisation	La démarche de modélisation vise à faciliter la compréhension de la réalité, à expliquer certaines propriétés d'un phénomène et à prédire d'autres phénomènes.	On l'utilise pour concrétiser ce qui est abstrait, difficilement accessible ou invisible. Comme il s'agit d'une représentation, le modèle peut évoluer et se complexifier. Il peut même être rejeté.	• Représenter par une maquette la circulation de l'eau dans un bassin versant.

Tableau synthèse des démarches utilisées en science et en technologie (suite)

DÉMARCHE	DÉFINITION	CONTEXTE D'UTILISATION	EXEMPLE
Démarche de construction d'opinion	La démarche de construction d'opinion consiste à comprendre et à interpréter des faits de façon à pouvoir prendre position par rapport à une problématique. Les conclusions doivent être justifiées et être fondées sur une argumentation solide. Il faut prendre conscience de l'influence de nos valeurs, de nos croyances, de nos idées préconçues et de nos présupposés dans notre compréhension et notre interprétation de faits qui semblent parfois contradictoires.	On l'utilise pour proposer une solution à un problème scientifique complexe qui nécessite la compréhension de connaissances scientifiques et de certains aspects qui y sont liés : aspects social, environnemental, économique, personnel (valeurs, croyances, idées préconçues).	• Élaborer sa position sur l'utilisation responsable des sels de voirie. • Élaborer sa position sur l'utilisation des céréales pour produire des biocarburants.
Démarche technologique de conception	La démarche technologique de conception est associée à l'ingénierie. La conception d'un objet technique est liée à un projet de construction. Elle vise à répondre à un besoin en respectant certaines contraintes, telles que les conditions de réalisation, le choix des matériaux et du matériel ainsi que le budget.	On l'utilise pour concevoir et fabriquer un objet qui répond à certaines exigences.	• Concevoir un pont répondant à un cahier des charges. • Concevoir une éolienne qui pourrait recharger une pile.
Démarche technologique d'analyse	La démarche technologique d'analyse vise à effectuer l'analyse de la fonction globale d'un objet ainsi que de la fonction de ses sous-systèmes et de ses composantes.	On l'utilise pour déterminer l'utilité d'un objet, ses principes de fonctionnement, ses matériaux et ses principes de construction. Cela permet tout autant d'évaluer un objet de construction que d'explorer des pistes de solution au moment d'une conception.	• Analyser les conditions de fonctionnement d'un moteur à combustion. • Analyser les conditions de fonctionnement d'une éolienne.

Le rapport de laboratoire est l'outil de communication d'une démarche expérimentale. Il présente de façon succincte l'ensemble de la démarche expérimentale, du début à la fin. Un rapport de laboratoire doit comprendre les sections présentées ci-dessous.

❶ Le but

☐ Déterminer le sujet de l'expérience (préciser les objectifs).

☐ Exprimer le problème sous forme de question ou d'énoncé.

☐ Utiliser des termes propres à la science.

❷ L'hypothèse

☐ Proposer une réponse qui sera confirmée ou infirmée par les résultats.

☐ Mentionner la propriété que l'on prévoit être la cause d'un changement (variable indépendante).

☐ Préciser la propriété qui devrait varier (variable dépendante).

☐ Appuyer l'hypothèse sur des connaissances personnelles ou des faits documentés.

❸ Le matériel

☐ Dresser la liste des instruments, des objets et des substances nécessaires.

☐ Préciser les quantités (masse, volume, nombre) et les concentrations, s'il y a lieu.

☐ Noter la précision des instruments de mesure.

❹ La manipulation

☐ Faire un schéma du montage.

☐ Proposer des étapes de manipulation qui pourraient être suivies par une autre personne et qui décrivent :

   – la situation initiale ;

   – la manière de causer un changement ;

   – la façon de mesurer un changement ;

   – la manière de garder certaines propriétés constantes ;

   – le nombre d'observations et de mesures.

☐ Numéroter les étapes de la manipulation.

☐ Utiliser des verbes à l'infinitif.

☐ Déterminer s'il y a des situations potentiellement dangereuses et modifier les consignes de manipulation, s'il y a lieu.

❺ Les résultats

☐ Présenter les observations et les mesures sous forme de tableau.

☐ Garder des traces des calculs.

☐ Présenter les mesures et les résultats des calculs avec le nombre approprié de chiffres significatifs.

☐ Présenter les mesures du tableau sous forme de diagramme.

☐ Utiliser les symboles des unités de mesure du système international (SI) et respecter les conventions dans les représentations graphiques.

❻ L'analyse

☐ Rechercher les tendances ou les relations significatives entre les résultats obtenus et le problème posé au départ.

☐ Proposer des liens entre les résultats et les savoirs théoriques.

☐ Proposer des explications pertinentes en utilisant des termes propres à la science.

☐ Évaluer la justesse des résultats et mentionner les principales causes d'incertitude.

❼ La conclusion

☐ Confirmer l'hypothèse (elle est vraie) ou l'infirmer (elle est fausse).

☐ Proposer d'autres sujets qui pourraient s'inscrire dans le prolongement de votre expérience.

☐ Proposer des ajustements à la méthode qui permettraient d'obtenir de meilleurs résultats.

Le rapport-type

Le rapport de laboratoire doit comprendre les informations suivantes : une page titre qui précise le nom de l'élève, la classe ou le groupe, le nom de l'enseignant ou de l'enseignante, le titre du rapport, la date de remise, etc. ; le but et les informations connues ainsi que l'hypothèse, le matériel et la manipulation ; les résultats (observations, calculs, tableaux, diagrammes) ; l'analyse et la conclusion.

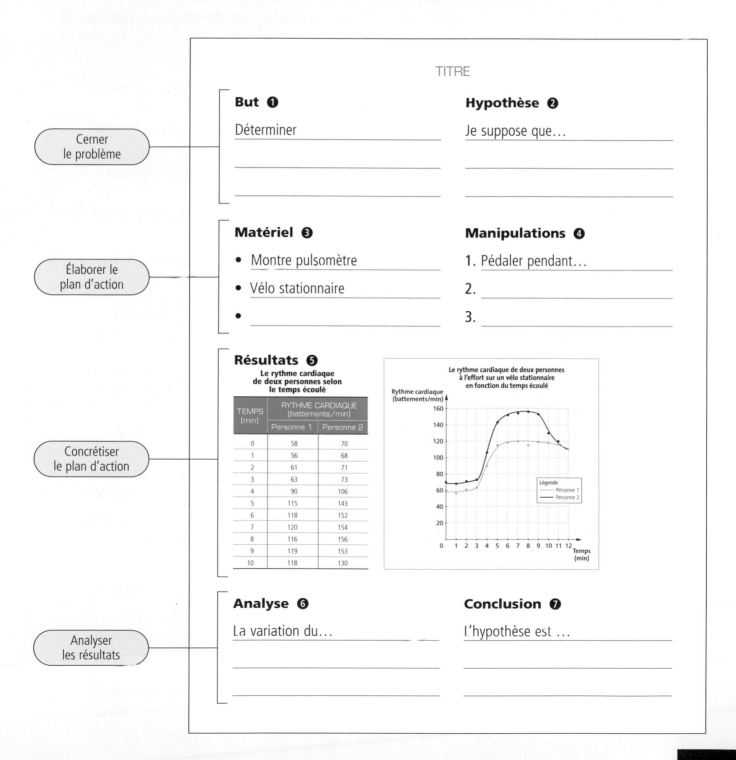

La sécurité au laboratoire ou en atelier, comme partout d'ailleurs, repose sur un comportement responsable et le respect de certaines règles. En voici quelques-unes qui vous permettront d'éviter les accidents en classe de science et technologie.

Comportement général

- Au besoin, ne pas hésiter à demander de l'aide.
- Rester calme et travailler sans précipitation.
- Éviter de se déplacer inutilement ; ne pas courir ni se bousculer.
- Ne pas déranger les autres.
- Signaler tout accident et faire soigner immédiatement toute blessure.
- Ne pas encombrer les surfaces de travail avec des objets personnels.
- Ne pas crier ni bavarder, de façon à maintenir un climat propice à la concentration et au travail.
- Prendre connaissance des manipulations à faire avant de commencer une expérience.
- Se laver soigneusement les mains avant et après les manipulations.

Code vestimentaire

- Attacher ses cheveux s'il y a lieu.
- Éviter les vêtements amples, les manches larges et traînantes, les pantalons dont le bord traîne sur le sol, les souliers instables, etc.
- Selon l'expérience menée, porter un équipement de protection adéquat : tablier, blouse de laboratoire, lunettes de sécurité, gants de protection, masque protecteur, etc.
- Avant d'entrer dans le laboratoire ou dans l'atelier, retirer colliers, bracelets, bagues et grandes boucles d'oreilles.

Outils, instruments, matériaux et substances

- Utiliser les instruments et les outils appropriés à chaque tâche ; ne pas les utiliser pour un usage auquel ils ne sont pas destinés.
- S'assurer du bon état de chaque instrument ou outil avant de l'utiliser.
- S'il y a lieu, vérifier la solidité du manche d'un outil ou d'un instrument.
- Vérifier l'affûtage des outils de coupe avant de les utiliser.
- Transporter les outils en orientant le côté tranchant ou la pointe vers le sol.
- Manipuler les matériaux et les substances avec prudence.
- Bien fixer une pièce avant de l'usiner.
- Diriger la lame d'un outil ou d'un instrument dans la direction de la coupe.
- Ne jamais couper une pièce en plaçant la main devant la lame.
- Ranger les matériaux et les substances après usage.

Lieu de travail

- N'apporter aucune nourriture ni boisson dans le local.
- S'assurer d'une aération et d'un éclairage adéquats.
- Jeter les déchets aux endroits appropriés.
- Repérer l'avertisseur d'incendie et l'extincteur.
- Repérer la trousse de premiers soins.

Avant d'entreprendre une démarche, il vous faut évaluer les risques associés à chaque technique utilisée. On doit prendre l'habitude d'analyser le risque de blessure selon les cinq situations potentiellement dangereuses au laboratoire ou en atelier :

- les transformations chimiques ;
- les mouvements mécaniques ;
- les dégagements de chaleur ;
- les réactions biologiques ;
- les courants électriques.

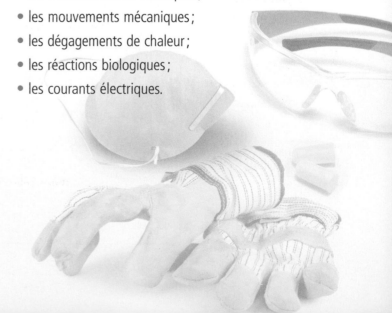

Voici du matériel de laboratoire fréquemment utilisé au cours d'une démarche expérimentale.

Pince et erlenmeyer

Pince, éprouvettes et support

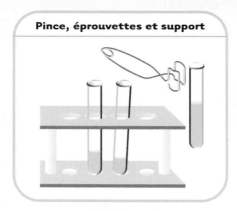

Pince, bécher et agitateur

Boîte de Pétri

Bouchons et tubes de verre

Cylindre gradué

Creuset et cristallisoir

Compte-gouttes et compte-gouttes gradué

Spatules

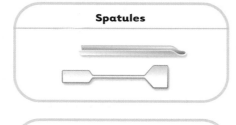

Pilon et mortier

Flacon laveur

Brûleur Bunsen et briquet

Ciseaux à dissection, pince et scalpel

Plaque chauffante

Entonnoir

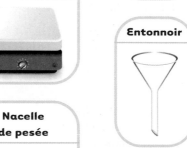

Support universel et pinces

Triangle et toile métallique

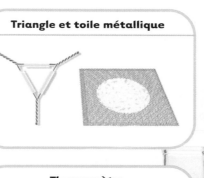

Nacelle de pesée

Vase à trop-plein

Thermomètre

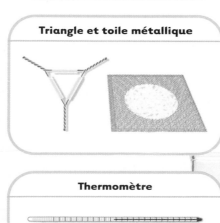

L'utilisation d'une calculatrice ou d'un programme de calcul permet d'obtenir des résultats ayant quelquefois une quantité étonnante de chiffres.

EXEMPLE ■ Un salaire moyen de 357,34570798 $

Intuitivement, vous savez qu'il faut garder les chiffres qui ont une réelle valeur (les **chiffres significatifs**) quand vous exprimez une donnée. Le montant d'un salaire est exprimé avec une précision que ne dépasse pas le centième de dollar. Il faut donc arrondir en gardant 2 chiffres décimaux.

EXEMPLE ■ Un salaire moyen de 357,34570798 $ devient 357,35 $

Le nombre de chiffres significatifs

> **Le degré de précision d'une donnée est indiqué par le nombre de chiffres significatifs.**

EXEMPLE ■ La donnée 1,5 A mesurée avec un instrument gradué en ampères est moins précise que la donnée 1,55 A mesurée avec un instrument gradué en dixième d'ampère.

> **Trois chiffres significatifs indiquent moins de précision que quatre chiffres significatifs.**

EXEMPLE ■ Votre masse peut être mesurée avec un degré de précision plus ou moins grand. Le résultat peut être 47,5 kg (3 chiffres significatifs), si votre pèse-personne est précis au dixième de kg, ou 47,53 kg (4 chiffres significatifs), si votre pèse-personne est précis au centième de kg.

> **Le nombre de chiffres significatifs doit être conservé quand on fait une conversion d'unités.**

EXEMPLE ■ 250 ml = 0,250 L = 25,0 cl = 2,50 dl.
On conserve 3 chiffres significatifs. Dans une mesure, les zéros à l'extrême gauche ne sont pas significatifs.

La mesure de quantités à l'aide d'instruments

> **L'incertitude d'une mesure est égale à la moitié de la plus petite graduation de l'instrument utilisé.**

Les mesures de temps, de longueur et de température comportent une marge d'erreur qui est due à la limite de précision de l'instrument qui a servi à leur mesure. En effet, la mesure recueillie est toujours imprécise car elle est située entre une valeur minimale et une valeur maximale, la marge d'erreur, qui ajoute ou soustrait la moitié de la plus petite division à la mesure lue.

EXEMPLE

La valeur réelle est située entre 14,0 A et 15,0 A.

Le résultat de la mesure exprime cette incertitude : 14,5 A ± 0,5A.

Dans le cas d'un appareil à écran numérique, l'incertitude absolue est de l'ordre du dernier chiffre affiché.

EXEMPLE ■ 4,73 V ± 0,01 V

Les calculs à partir des données recueillies

> **La précision de votre calcul ne peut être plus grande que les mesures elles-mêmes.**

Dans le cas d'une somme ou d'une soustraction, on garde le nombre de décimales de la mesure qui en a le moins.

EXEMPLE ■ 24,52 cm + 313,2 cm = 337,7 cm

Dans le cas d'une multiplication ou d'une division, on garde le nombre de chiffres significatifs de la mesure qui en a le moins.

EXEMPLE ■ 12,0 N × 34,52 m = 414,24 Nm = 414 Nm

Pour effectuer des mesures de tension et d'intensité du courant dans un circuit, on devrait toujours commencer par assembler le circuit avant de brancher les appareils de mesure. Pour illustrer le branchement de l'ampèremètre et du voltmètre, on utilisera un circuit composé de deux résistances branchées en parallèle alimenté par une source de courant continu.

Utilisation d'un ampèremètre

Les charges électriques doivent circuler dans l'appareil de mesure pour que l'on puisse en mesurer le débit. **Un ampèremètre se branche donc en série avec l'élément auquel on s'intéresse.**

Manipulation

1. Assembler le circuit électrique désiré, sans brancher l'ampèremètre (*voir la figure 1*).

2. Ouvrir le circuit immédiatement avant ou après l'élément dont on cherche à mesurer l'intensité du courant.

3. Si l'ampèremètre offre plus d'une échelle, choisir l'échelle la plus grande.

4. Insérer l'ampèremètre dans le circuit **en respectant la polarité**: la borne positive de la source vers la borne positive de l'ampèremètre (*voir la figure 2*).

5. Lire la mesure à la demi-graduation près.

6. Si la lecture est inférieure au maximum de l'une des échelles inutilisées, modifier le branchement de façon à sélectionner cette échelle et refaire la lecture à la demi-graduation près.

Utilisation d'un voltmètre

Pour pouvoir mesurer la différence de potentiel entre les deux bornes d'un élément, le voltmètre doit « sonder » le niveau d'énergie des charges en amont et en aval de cet élément. **Un voltmètre se branche donc en parallèle avec l'élément auquel on s'intéresse.**

Manipulation

1. Assembler le circuit électrique désiré, sans brancher le voltmètre (*voir la figure 1*).

2. Si le voltmètre offre plus d'une échelle, choisir l'échelle la plus grande.

3. Brancher le voltmètre aux bornes de l'élément désiré **en respectant la polarité**: la borne positive de la source avec la borne positive du voltmètre (*voir la figure 3*).

4. Lire la mesure indiquée par le voltmètre à la demi-graduation près.

5. Si la lecture est inférieure au maximum de l'une des échelles inutilisées, modifier le branchement de façon à sélectionner cette échelle et refaire la lecture à la demi-graduation près.

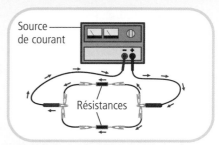

Figure 1
Un circuit avec deux résistances branchées en parallèle
Les flèches indiquent le sens conventionnel du courant électrique.

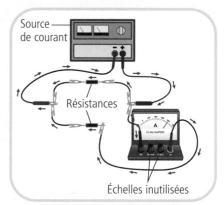

Figure 2
Le branchement de l'ampèremètre
Les flèches indiquent le sens conventionnel du courant électrique.

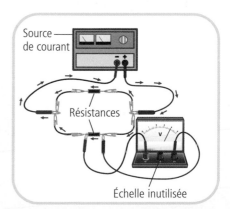

Figure 3
Le branchement du voltmètre

Le cahier de conception est l'outil de communication de la démarche de conception d'un objet technique. Il permet aux divers intervenants et intervenantes de se comprendre, d'avoir en quelque sorte un langage commun, qu'il s'agisse de conception, de fabrication ou de commande de l'objet technique. Tout comme le rapport de laboratoire, le cahier de conception doit être concis et complet. Le tableau suivant présente les différentes étapes d'élaboration du cahier de conception.

L'élaboration du cahier de conception

ÉTAPES	COMPOSANTES DU CAHIER DE CONCEPTION	FONCTIONS DES COMPOSANTES
1. Définition du besoin	Cahier des charges	• Décrire l'utilité de l'objet technique. • Établir la liste des contraintes de conception.
	Schéma d'analyse de la fonction globale du système	• Déterminer les intrants nécessaires au fonctionnement de l'objet et les extrants.
2. Principe de fonctionnement	Schéma d'analyse des composantes	• Établir la liste des composantes d'un objet technique existant qui remplit la même fonction que celui que l'on veut concevoir (analyse d'un objet technique).
	Schéma d'analyse de la fonction des sous-systèmes	• Décrire les sous-systèmes d'un objet technique existant qui remplit la même fonction que celui que l'on veut concevoir (analyse d'un objet technique). • Relier la fonction de chacun des sous-systèmes à un principe, puis à une piste de solution.
	Schéma de principe	• Représenter les principales composantes de l'objet technique à construire à l'aide de tracés géométriques. • Indiquer l'organe d'entrée et l'organe de sortie. • Indiquer le mouvement des principales composantes de l'objet à l'aide de flèches.
3. Solution proposée	Schéma de construction	• Décrire l'objet technique comme un assemblage de pièces dont on précise les dimensions. • Justifier le choix des matériaux en fonction de leurs propriétés mécaniques, physiques ou chimiques. • Dresser la liste des outils, du matériel et des matériaux à utiliser en fonction de chaque tâche et de la précision voulue.
4. Fabrication	Fiche des opérations	• Décrire les étapes de la fabrication de l'objet technique : mesurage-traçage, usinage-coupage, assemblage et finition.
5. Essai	Liste de vérification	• Vérifier le fonctionnement du prototype. • Vérifier le respect des contraintes de départ. • Vérifier si le prototype répond au besoin initial ciblé. • S'il y a lieu, proposer des améliorations au prototype. • Vérifier le degré de satisfaction des utilisateurs et des utilisatrices.

Un objet technique répond à un besoin et le cahier des charges sert à consigner les éléments nécessaires à sa conception. On y définit, d'une part, la fonction globale de l'objet et, d'autre part, les contraintes liées à sa conception, à sa fabrication et aux conditions d'utilisation. Il est souvent pratique de présenter les contraintes sous forme de tableaux ou de listes, mais on peut aussi le faire par un court texte explicatif. Le cahier des charges peut aussi inclure des éléments graphiques liés à l'objet technique, comme des plans, des dessins et des schémas ; il peut apporter des précisions sur sa réalisation. Il s'agit donc d'un outil de communication entre les personnes qui conçoivent l'objet et celles qui en ont besoin.

L'élaboration du cahier des charges

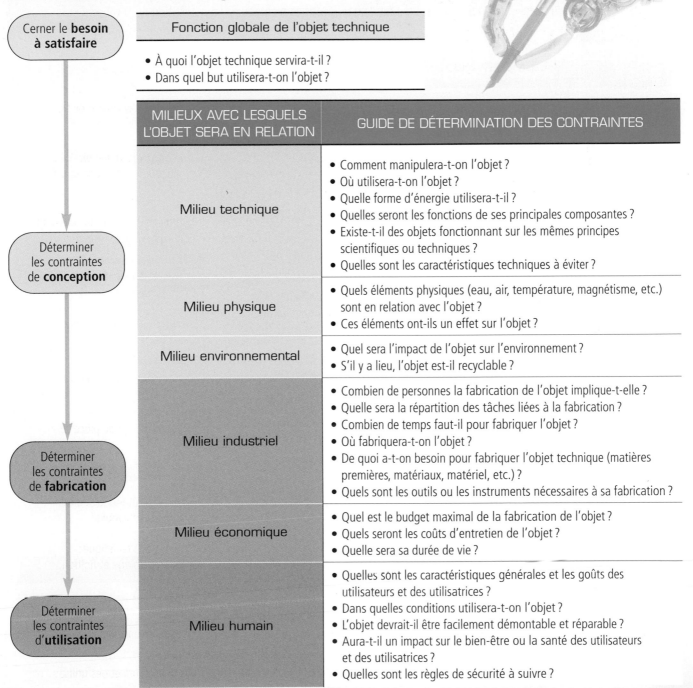

Cerner le **besoin à satisfaire**	Fonction globale de l'objet technique
	• À quoi l'objet technique servira-t-il ? • Dans quel but utilisera-t-on l'objet ?

MILIEUX AVEC LESQUELS L'OBJET SERA EN RELATION	GUIDE DE DÉTERMINATION DES CONTRAINTES
Déterminer les contraintes de conception → Milieu technique	• Comment manipulera-t-on l'objet ? • Où utilisera-t-on l'objet ? • Quelle forme d'énergie utilisera-t-il ? • Quelles seront les fonctions de ses principales composantes ? • Existe-t-il des objets fonctionnant sur les mêmes principes scientifiques ou techniques ? • Quelles sont les caractéristiques techniques à éviter ?
Milieu physique	• Quels éléments physiques (eau, air, température, magnétisme, etc.) sont en relation avec l'objet ? • Ces éléments ont-ils un effet sur l'objet ?
Milieu environnemental	• Quel sera l'impact de l'objet sur l'environnement ? • S'il y a lieu, l'objet est-il recyclable ?
Déterminer les contraintes de fabrication → Milieu industriel	• Combien de personnes la fabrication de l'objet implique-t-elle ? • Quelle sera la répartition des tâches liées à la fabrication ? • Combien de temps faut-il pour fabriquer l'objet ? • Où fabriquera-t-on l'objet ? • De quoi a-t-on besoin pour fabriquer l'objet technique (matières premières, matériaux, matériel, etc.) ? • Quels sont les outils ou les instruments nécessaires à sa fabrication ?
Milieu économique	• Quel est le budget maximal de la fabrication de l'objet ? • Quels seront les coûts d'entretien de l'objet ? • Quelle sera sa durée de vie ?
Déterminer les contraintes d'utilisation → Milieu humain	• Quelles sont les caractéristiques générales et les goûts des utilisateurs et des utilisatrices ? • Dans quelles conditions utilisera-t-on l'objet ? • L'objet devrait-il être facilement démontable et réparable ? • Aura-t-il un impact sur le bien-être ou la santé des utilisateurs et des utilisatrices ? • Quelles sont les règles de sécurité à suivre ?

Les représentations graphiques sont très utiles pour concevoir un objet technique ou pour comprendre la fonction globale, les composantes et le fonctionnement d'un objet technique déjà existant. Diverses représentations facilitent ainsi la visualisation d'un objet à concevoir ou à analyser : le schéma d'analyse de la fonction globale d'un système, le schéma d'analyse de la fonction des sous-systèmes, le schéma de principe et le schéma de construction.

Examinons ces schémas dans le contexte de la conception d'un bras mécanique à partir de l'analyse d'un bras humain.

Le schéma d'analyse de la fonction globale d'un système

Le schéma d'analyse de la fonction globale d'un système permet de bien cerner cette fonction. On l'utilise soit au début de la démarche d'analyse technologique, soit au début de la démarche de conception d'un objet technique. On y décrit les besoins de fonctionnement du système, c'est-à-dire les intrants, et ce que le système produit, c'est-à-dire les extrants. On annote ce schéma à l'aide de termes techniques. La réalisation d'un tel schéma n'implique pas la compréhension du fonctionnement du système.

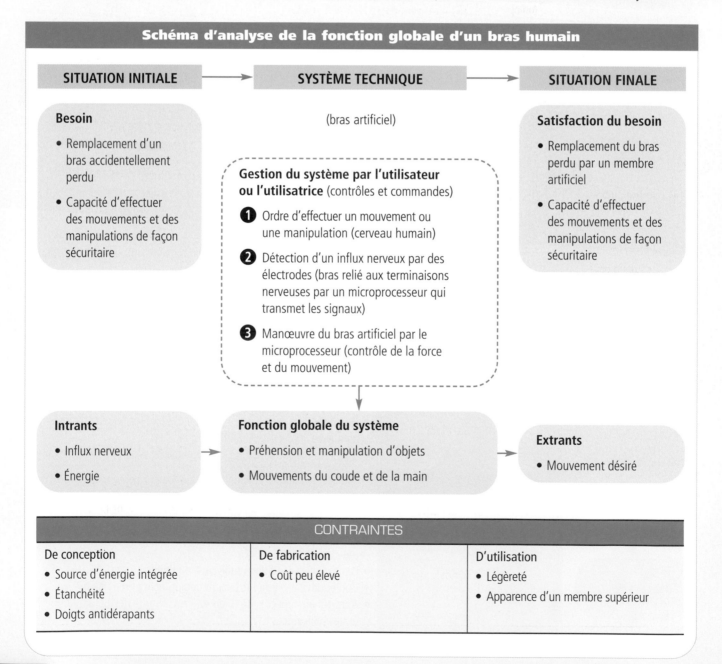

Schéma d'analyse de la fonction globale d'un bras humain

SITUATION INITIALE → **SYSTÈME TECHNIQUE** → **SITUATION FINALE**

Besoin
- Remplacement d'un bras accidentellement perdu
- Capacité d'effectuer des mouvements et des manipulations de façon sécuritaire

(bras artificiel)

Gestion du système par l'utilisateur ou l'utilisatrice (contrôles et commandes)
1. Ordre d'effectuer un mouvement ou une manipulation (cerveau humain)
2. Détection d'un influx nerveux par des électrodes (bras relié aux terminaisons nerveuses par un microprocesseur qui transmet les signaux)
3. Manœuvre du bras artificiel par le microprocesseur (contrôle de la force et du mouvement)

Satisfaction du besoin
- Remplacement du bras perdu par un membre artificiel
- Capacité d'effectuer des mouvements et des manipulations de façon sécuritaire

Intrants
- Influx nerveux
- Énergie

Fonction globale du système
- Préhension et manipulation d'objets
- Mouvements du coude et de la main

Extrants
- Mouvement désiré

CONTRAINTES

De conception	De fabrication	D'utilisation
• Source d'énergie intégrée • Étanchéité • Doigts antidérapants	• Coût peu élevé	• Légèreté • Apparence d'un membre supérieur

Le schéma d'analyse de la fonction des sous-systèmes

Le schéma d'analyse de la fonction des sous-systèmes permet de cerner la fonction et le principe technique de chaque sous-système et de chacun des organes qui le composent. Un sous-système est un ensemble d'organes qui contribue à une fonction mécanique déterminée. Un organe est une composante qui accomplit une fonction mécanique élémentaire (liaison, support, guidage, lubrification ou étanchéité).

Dans le contexte de la conception d'un système qui imite le fonctionnement d'un bras humain, le schéma peut présenter la solution technique envisagée.

SCHÉMA D'ANALYSE DE LA FONCTION DES SOUS-SYSTÈMES D'UN MEMBRE SUPÉRIEUR		
Sous-système de support (bras et avant-bras)	Fonction du sous-système : support Principe technique : rigidité des composantes	
Bras	Fonction : support Principe technique : appui et pivot de l'avant-bras Solution envisagée : bâtonnet en bois	
Avant-bras	Fonction : transmettre le mouvement Principe technique : levier en rotation autour du coude Solution envisagée : bâtonnet en bois	
Sous système de motricité (muscles et tendons)	Fonction du sous-système : flexion et extension de l'avant-bras Principe technique : mouvements antagonistes	
Muscles	Fonction : actionner le bras Principe technique : contraction Solution envisagée : élastiques	
Tendons	Fonction : liaison Principe technique : liaison complète, élastique Solution envisagée : liaison par montage serré (fente)	
Sous-système d'articulation (cartilages du coude, ligaments et synovie)	Fonction du sous-système : limiter le mouvement à un axe de rotation Principe technique : liaison partielle et guidage en rotation	
Cartilages du coude	Fonction : guidage limité à un axe de rotation Principe technique : surfaces lisses de formes complémentaires Solution envisagée : guidage par axe de rotation	
Ligaments	Fonction : liaison entre le bras et l'avant-bras Principe technique : liaison partielle, élastique Solution envisagée : rivet	
Synovie	Fonction : lubrification Principe technique : liquide visqueux Solution envisagée : jeu entre les pièces	

Structure fixe (omoplate)
Structure d'attache (tendons)
Muscle (biceps)
Structure fixe du bras (humérus)
Articulation (coude)
Structure mobile de l'avant-bras (radius et ulna)
Muscle (triceps)

Le schéma de principe

Le schéma de principe est au cœur de l'étude du fonctionnement d'un objet technique. Il sert à illustrer de façon simple le principe de fonctionnement d'un objet sans tenir compte de sa fabrication. Il n'est pas nécessairement à l'échelle, mais il respecte les proportions de l'objet. Quand l'objet comporte des mécanismes, on indique généralement la force et le mouvement en jeu à l'aide de symboles appropriés.

Le schéma de principe est utile à la conception d'un objet technique parce qu'il permet de proposer une piste de solution qui repose sur des connaissances ; il est utile à l'analyse technologique d'un objet existant parce qu'il permet de comprendre les choix effectués dans la conception du mouvement des pièces.

Le schéma de construction

Le schéma de construction est au cœur de l'étude de la structure d'un objet technique. Il en illustre les pièces ainsi que les organes de liaison et d'assemblage. Il fournit les détails nécessaires à la fabrication de l'objet. Ce schéma est à l'échelle. Il peut être complexe et inclure diverses vues et coupes de l'objet. Un schéma global représente l'objet dans son ensemble, alors qu'un schéma partiel n'en illustre qu'une partie.

Le schéma de construction est utile à la démarche de conception, car il permet de déterminer très précisément les dimensions finales de l'objet, y compris celles des pièces à usiner. Ce schéma est utile à l'analyse technologique, car il permet de comprendre les choix effectués dans l'assemblage.

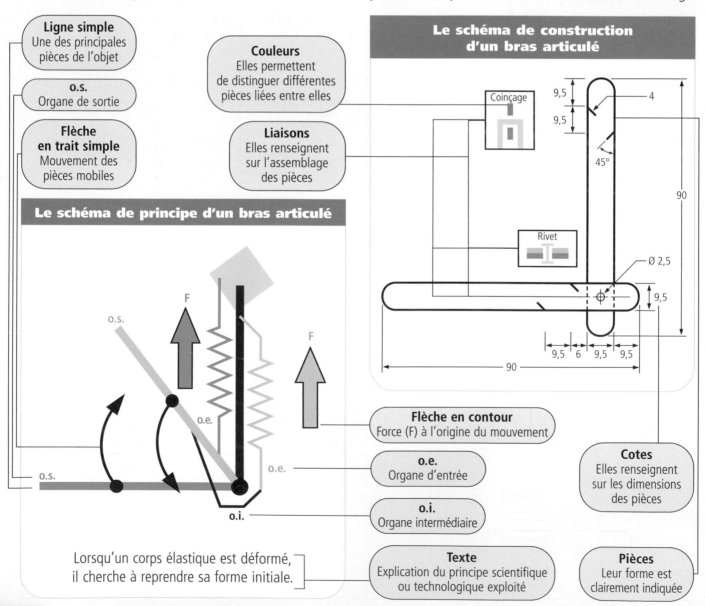

La fiche des opérations précise, à l'aide de textes descriptifs et de schémas, la marche à suivre pour fabriquer un objet technique. Dans l'industrie, ce document porte le nom de **gamme de fabrication** quand il porte sur les opérations nécessaires à la production en série d'une pièce d'objet technique.

L'élaboration d'une fiche des opérations fait partie de la démarche de conception. Cette fiche présente les tâches à effectuer avant la fabrication elle-même :

- la planification des achats de matériel et de matériaux ;
- l'anticipation des difficultés ;
- la réduction des erreurs de fabrication ;
- la rationalisation du temps par la planification des étapes de fabrication ;
- la rationalisation des matières premières (éviter le gaspillage), du matériel et de l'outillage ;
- la réduction du coût de production.

La fiche des opérations pour la fabrication d'un bras articulé

DESCRIPTION	MATÉRIAUX	MATÉRIEL	SCHÉMAS
Mesurage-traçage **Étape 1 –** Mesurer et tracer des traits de coupe sur les bâtonnets selon les précisions données dans le schéma de construction. **Étape 2 –** Marquer les traits de coupe.	2 bâtonnets de bois (9,5 mm × 90 mm)	Règle Pointe à tracer Crayon	
Usinage-coupage **Étape 3 –** Entailler les bâtonnets selon les précisions données dans le schéma de construction. **Étape 4 –** Percer un trou dans chacun des bâtonnets pour recevoir le rivet.	2 bâtonnets de bois	Couteau Chignole	
Assemblage **Étape 5 –** Riveter les deux bâtonnets de façon à permettre un guidage en rotation. **Étape 6 –** Coincer les extrémités des élastiques dans les fentes des bâtonnets.	1 rivet (n° 12) 2 élastiques (80 mm)	Riveteuse	
Finition **Étape 7 –** Étiqueter un bâtonnet humérus et l'autre, radius-ulna.		Crayon	

SCHÉMA DE L'OBJET		

Nom de l'objet :

Nom :	*Groupe :*
École :	*Date :*

Outils de traçage et de marquage

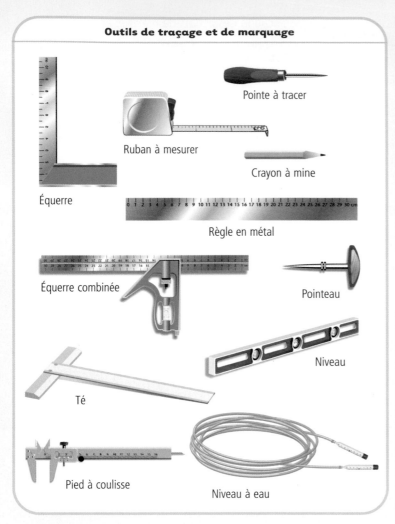

Pointe à tracer

Ruban à mesurer

Crayon à mine

Équerre

Règle en métal

Équerre combinée

Pointeau

Niveau

Té

Pied à coulisse

Niveau à eau

Outils de serrage

Étau de mécanicien

Serre en C

Étau de menuisier

Outils de perçage

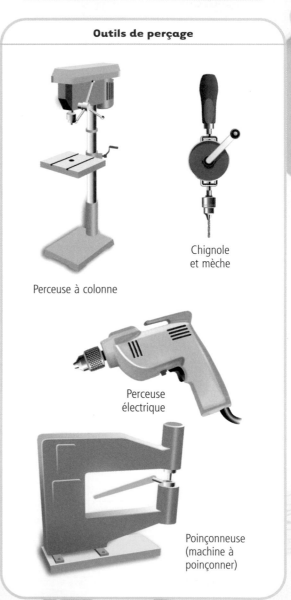

Chignole et mèche

Perceuse à colonne

Perceuse électrique

Poinçonneuse (machine à poinçonner)

Instruments de dessin

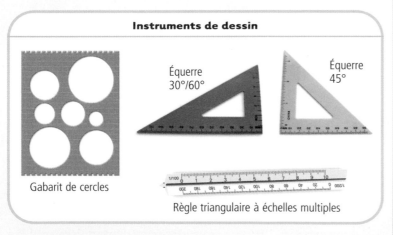

Équerre 30°/60°

Équerre 45°

Gabarit de cercles

Règle triangulaire à échelles multiples

Outils de coupe

Machines-outils

Scie à ruban

Scie à emporte-pièce

Outil portatif

Scie sauteuse

Outils manuels

Scie à dos et
boîte à onglets

Égoïne

Scie à métaux

Coupe-tubes

Scie à chantourner

Ciseaux
de bureau

Couteau rotatif

Couteau à
lame rétractable

Massicot

Tapis de coupe

Outils de formage

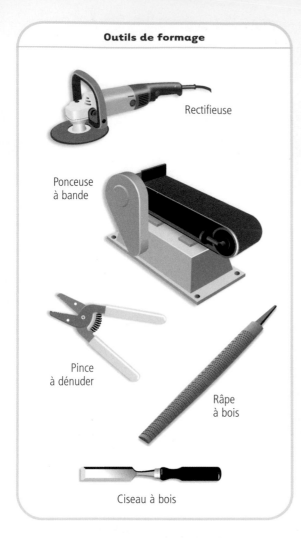

Rectifieuse

Ponceuse
à bande

Pince
à dénuder

Râpe
à bois

Ciseau à bois

Outils de finition

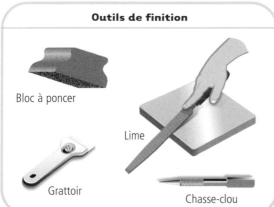

Bloc à poncer

Lime

Grattoir

Chasse-clou

Outils d'attache

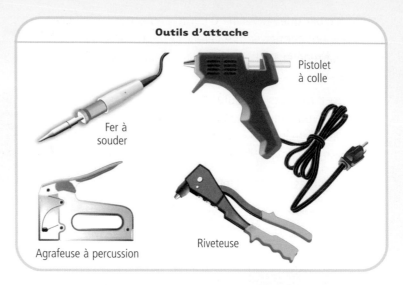

Pistolet
à colle

Fer à
souder

Agrafeuse à percussion

Riveteuse

Outils de montage et de démontage

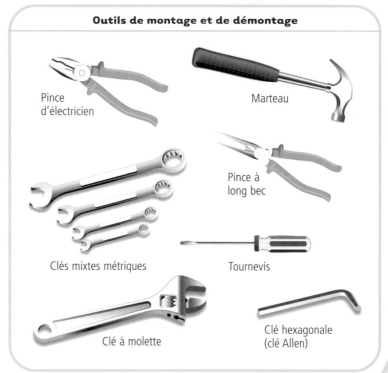

Pince
d'électricien

Marteau

Pince à
long bec

Clés mixtes métriques

Tournevis

Clé à molette

Clé hexagonale
(clé Allen)

Pour effectuer une recherche d'informations utile et efficace, il convient de définir des mots-clés qui permettent de cerner le thème de la recherche. Ces mots-clés sont très utiles pour repérer, dans des bases de données ou dans Internet, des titres susceptibles de vous aider.

Vous devez toujours consulter trois sources différentes pour vérifier les informations recueillies : vous vous assurerez ainsi de leur validité. Enfin, il importe de respecter la propriété intellectuelle en ne faisant pas siennes des phrases écrites par d'autres. À cet égard, il convient de citer ses sources d'informations de manière appropriée.

Voici différentes sources d'informations qui peuvent être utiles.

Source	Support	Fonctions	Fiabilité	Utilisation
Dictionnaires et encyclopédies	Papier	Fournir de l'information générale sur un sujet donné.	Très bonne	Le ou la bibliothécaire vous indiquera comment les trouver sur les rayons. Chercher les entrées correspondant à vos mots-clés.
Livres spécialisés	Papier	Fournir de l'information plus précise que celle des dictionnaires et des encyclopédies.	Très bonne	Le ou la bibliothécaire vous indiquera comment les trouver sur les rayons. Chercher les mots-clés dans la table des matières ou dans l'index.
Périodiques et magazines à vocation scientifique ou technologique	Papier	Selon le type de périodique : Fournir une bonne vulgarisation du sujet ou une source d'informations récentes et très spécialisée.	Bonne, mais parfois l'information peut être trop vulgarisée.	Le répertoire *Repère* recense des articles publiés dans plus de 250 périodiques de langue française. Les sujets sont classés dans l'ordre alphabétique.
Encyclopédies électroniques	Cédéroms, Internet	Fournir de l'information générale sur un sujet donné.	Très bonne	Utiliser la fonction « Rechercher » pour accéder aux références correspondant à vos mots-clés.
Professionnel (le) ou spécialiste d'un domaine	—	Donner de l'information par le biais d'une entrevue.	Très bonne	Préparer l'entrevue à l'avance de façon à savoir quelles questions poser.
Moteur de recherche	Internet	Fournir de l'information générale sur un sujet donné.	Variable, selon les sites	Utiliser la fonction « Rechercher » pour accéder aux références correspondant à vos mots-clés.

Pour évaluer la fiabilité d'un site Web

- Déterminer l'organisme qui met le site en ligne. Les sites se terminant par *.edu*, *.gouv.qc.ca*, *.org* ou *.qc.ca* sont généralement fiables, tout comme les sites d'universités reconnues. Cependant, les pages personnelles, les blogs, les forums de discussion et certains organismes diffusant de l'information sur des pages remplies de publicité sont habituellement suspects.

- L'absence de références, une date de publication ou de mise à jour trop lointaine, la présence de nombreuses fautes de syntaxe ou d'orthographe sont autant d'indices qui laissent planer le doute quant à la validité des informations publiées.

Glossaire

A

Acier galvanisé Acier recouvert d'une couche de zinc destinée à le rendre résistant à la corrosion.

Aire de distribution Étendue où il est possible de trouver une population d'une espèce donnée, animale ou végétale. Aussi nommée *aire de répartition*.

Alcool Composé organique oxygéné, constitué d'atomes de carbone, d'hydrogène et d'oxygène.

Ampère Unité de mesure de l'intensité du courant électrique.

Ampèremètre Appareil mesurant l'intensité du courant qui circule dans un appareil électrique.

Attraction gravitationnelle Force d'attraction exercée par un astre sur les corps qui l'entourent, qui maintient les planètes en orbite autour du Soleil et qui donne la verticale.

B

Bassin versant Territoire qui collecte naturellement toutes les eaux de précipitations vers un point donné.

Biodiversité Mesure de l'abondance des espèces qui composent la communauté d'un écosystème.

Biomasse Quantité totale de matière vivante (animale ou végétale) contenue dans un milieu naturel donné par unité de surface du territoire.

Biome Ensemble d'écosystèmes soumis à des conditions climatiques relativement uniformes.

C

Champ de force Zone d'influence d'une particule ou d'un objet susceptible d'exercer une force à distance. La représentation d'un champ de force se fait habituellement au moyen de lignes fléchées.

Changement climatique Modification du climat.

Charbon Formation minérale majoritairement constituée d'atomes de carbone.

Circuit fermé Circuit dans lequel le passage du courant est possible parce que le circuit forme une boucle fermée.

Circuit ouvert Circuit dans lequel le passage du courant est interrompu parce que la continuité du circuit est brisée.

Cisaillement Contrainte mécanique qui tend à faire glisser les pièces les unes sur les autres. Elle est causée par l'action de deux forces de sens contraire légèrement décalées l'une par rapport à l'autre.

Colonie Ensemble de vivants de la même espèce liés par leur vie collective. Ainsi les polypes, petits animaux fixés autour d'un même squelette calcaire, forment une colonie.

Combustion Réaction chimique productrice de chaleur qui se produit entre un combustible et l'oxygène (ou un autre comburant).

Communauté Ensemble des populations qui se rencontrent et partagent un même territoire et ses ressources.

Composite Famille de matériaux qu'on obtient en associant au moins deux constituants et dont le mélange possède des propriétés uniques, différentes de celles de ses constituants. La fibre de verre en est un exemple.

Compression Contrainte mécanique qui tend à écraser la pièce sur laquelle elle s'applique.

Coulisseau Organe mobile d'un mécanisme de guidage en translation dont la forme est complémentaire à celle de la glissière et qui peut se déplacer en translation le long de cette glissière.

Cycle biogéochimique Cycle de transformations d'une substance, généralement un élément, à travers l'atmosphère (air), l'hydrosphère (eau), la biosphère (vivant) et la lithosphère (sol).

Cycle de vie d'une ressource énergétique Bilan de la matière et de l'énergie utilisées et produites aux étapes d'extraction, de production, d'utilisation et d'élimination d'une ressource énergétique.

Cycle vital Ensemble des étapes de développement entre le début de la vie et la génération suivante.

Cycle vital d'un insecte Les étapes de développement de plusieurs insectes, tel le moustique, comprennent quatre stades : œuf, larve, nymphe et adulte.

D

Décarbonatation Décomposition de la roche calcaire sous l'effet de la chaleur. Cette réaction produit de l'oxyde de calcium solide et du dioxyde de carbone gazeux.

Delta Lieu où se déposent quantités d'alluvions à l'embouchure d'un fleuve, ce qui en fait une zone très riche en nutriments et donc très fertile.

Densité de population Nombre d'individus par unité de surface.

Dépression Masse d'air associée au mauvais temps qui possède une pression atmosphérique inférieure à 1 000 hPa. On la nomme également cyclone.

E

Écosphère Partie de l'enveloppe de la Terre où évoluent les écosystèmes et se produisent les grands cycles naturels.

Effet de serre Séquestration de l'énergie radiante du Soleil dans l'atmosphère terrestre.

Électroaimant Aimant artificiel qu'on obtient en faisant circuler un courant électrique dans un enroulement de fil.

Électrode Pièce conductrice en contact avec un électrolyte.

Électrolyte Solution aqueuse capable de conduire le courant électrique.

Élément radioactif Élément chimique instable qui se désintègre en émettant de l'énergie et des particules subatomiques.

Énergie chimique Énergie contenue dans les composés chimiques et susceptible d'être libérée sous forme de chaleur au moment d'une réaction chimique.

Énergie cinétique Énergie que possède un corps en raison de sa vitesse.

Énergie mécanique Terme regroupant l'énergie cinétique et l'énergie potentielle.

Énergie nucléaire Énergie contenue dans le noyau des atomes et susceptible d'être libérée sous forme de chaleur au moment d'une réaction nucléaire (la fission des noyaux lourds, par exemple)

Énergie potentielle Énergie que possède un corps en raison de sa position. Ce type d'énergie est susceptible d'être converti en travail mécanique.

Estuaire Embouchure d'un fleuve où l'eau salée de l'océan et l'eau douce du continent se rencontrent au gré des marées.

Eutrophisation Enrichissement des eaux à la suite d'un apport excessif de matière fertilisante (du phosphore, surtout).

Extrant Ce que produit un système (non-vivant ou vivant) ; ce qui en sort.

F

Fermé (*Voir* Circuit fermé.)

Ferromagnétique Catégorie de matériaux qui possèdent la propriété d'être attirés par les aimants permanents et de devenir eux-mêmes des aimants temporaires.

Flexion Contrainte mécanique qui tend à courber la pièce sur laquelle elle s'applique.

G

Gaz à effet de serre (GES) Gaz qui contribue au réchauffement de l'atmosphère en irradiant la chaleur (sous forme d'infrarouges) au voisinage de la Terre.

Glissière Organe d'un mécanisme de guidage en translation dont la forme est complémentaire à celle du coulisseau et qui guide son mouvement de translation.

Gravitation Attraction s'exerçant entre tous les corps qui possèdent une masse.

H

Halophile Se dit des plantes qui ont la capacité d'excréter le surplus de sel ou de retenir l'eau.

Hydrocarbure Catégorie de composés chimiques formés uniquement de carbone et d'hydrogène dans des proportions variables. Molécule faite uniquement d'atomes d'hydrogène et de carbone.

I

Intrant Élément nécessaire au fonctionnement ou à la vie d'un système (non-vivant ou vivant) ; ce qui y entre.

M

Machine Instrument servant à exercer une action mécanique. Par opposition à l'outil, la machine accomplit son action au moyen d'une force extérieure (électrique, hydraulique…).

Masse d'air Vaste volume d'air possédant des propriétés uniformes de température, de pression et d'humidité.

Matière organique Substance produite par un organisme vivant et contenant du carbone.

Métalloïde Élément possédant quelques propriétés métalliques et quelques propriétés chimiques non métalliques.

Minéralisation Transformation d'un élément d'un composé organique en un composé inorganique.

O

Outil Instrument servant à exercer une action mécanique. Par opposition à la machine, l'outil accomplit son action grâce à la force de son utilisateur.

Ouvert (*Voir* Circuit ouvert.)

P

Parallèle (circuit en –) Circuit dans lequel les composants consommant de l'énergie électrique sont liés directement à la source.

Perspective Dessin dans lequel plusieurs faces de l'objet sont représentées simultanément, dans une seule vue. Il s'agit d'une projection qui représente l'objet un peu comme il apparaît aux yeux de l'observateur.

Pôle nord géographique Point par lequel l'axe de rotation de la Terre coupe la surface de l'hémisphère Nord.

Pôle sud magnétique Région où les lignes de force du champ magnétique terrestre convergent et pénètrent la Terre à la verticale. C'est aussi l'endroit (situé à proximité du pôle nord géographique) vers lequel pointent les boussoles.

Polymère Famille de matériaux synthétiques dérivés du pétrole ou du gaz naturel formés de longues chaînes de molécules.

Population Ensemble des individus de la même espèce qui occupent un même territoire.

Pouvoir calorifique Quantité de chaleur contenue dans une unité de combustible et dégagée lors de sa combustion complète.

Principe d'interchangeabilité des pièces Principe selon lequel une pièce peut être remplacée par une autre, semblable mais pas rigoureusement identique, sans nuire au fonctionnement du mécanisme. Ce principe est à la base de la production en série.

Productivité primaire Quantité de matière organique produite par les organismes photosynthétiques par unité de surface d'un territoire pendant une unité de temps.

Protocole de Kyoto Traité international instituant différents mécanismes de réduction des émissions de GES.

R

Raffinage Transformation du pétrole brut en produits finis.

Règle de la main droite Astuce mnémotechnique permettant de se remémorer la façon dont sont liées l'orientation du courant conventionnel et celle du champ magnétique.

Rendement énergétique Rapport entre la quantité d'énergie utile et la quantité d'énergie fournie.

Résistance (électrique) Composant électrique caractérisé essentiellement par sa capacité de s'opposer au passage du courant électrique. Cette capacité est exprimée en ohms.

Ressource énergétique Élément de l'environnement que les humains peuvent exploiter pour en obtenir une énergie utilisable (ex. : le vent).

Rhizome Tige souterraine qui assure la propagation d'une plante par l'émission de racines et de tiges aériennes.

S

Sens conventionnel du courant Dans un circuit électrique, on représente le courant électrique par une circulation de charges positives allant de la borne positive de la source jusqu'à sa borne négative.

Sens réel de circulation des électrons Dans un circuit électrique, les électrons se déplacent de la borne négative de la source jusqu'à sa borne positive.

Série (circuit en –) Circuit dans lequel les composants sont placés les uns au bout des autres.

Série électrostatique Liste de matériaux classés selon leur tendance à céder les électrons.

Sol podzolique Sol gris, lessivé de ses minéraux, acide et peu fertile, impropre à l'agriculture.

Solénoïde Enroulement de fil électrique ayant habituellement une forme cylindrique.

Symbiose Interaction interspécifique, ou collaboration, entre deux organismes d'espèces différentes qui comprend des échanges de substances nutritives ou de soutien, et qui est bénéfique ou même indispensable.

T

Thermoplastique Polymère qui fond ou, du moins, se ramollit considérablement sous l'effet de la chaleur, ce qui permet de le mettre en forme un nombre infini de fois sans altérer ses propriétés. De ce fait, il est généralement un bon candidat au recyclage. (Contrairement au polymère thermodurcissable, que la chaleur endommage sans le faire fondre.)

Traction Contrainte mécanique qui tend à étirer la pièce sur laquelle elle s'applique.

Traitement thermique Traitement au cours duquel un alliage métallique est soumis à une série déterminée de chauffages et de refroidissements plus ou moins rapides qui modifient ses propriétés mécaniques. La trempe en est un exemple.

Travail Transfert d'énergie mécanique à un corps. On le calcule comme le produit de la force efficace s'exerçant sur le corps et du déplacement de ce dernier.

Trempe Traitement thermique visant à augmenter la dureté d'un alliage, mais qui a aussi pour effet d'augmenter sa fragilité. Il consiste à refroidir brusquement un alliage préchauffé au four en le plongeant dans un bain d'eau glacée.

Treuil électrique Appareil utilisant l'énergie électrique pour déplacer ou soulever de lourdes charges au moyen d'un câble s'enroulant autour d'un tambour cylindrique.

V

Vent dominant Vent de sol qui souffle principalement dans une direction du fait qu'il provient d'une des vastes cellules de convection de l'atmosphère.

Volt Unité de mesure de la tension électrique.

Voltmètre Appareil de mesure de la tension électrique aux bornes d'un élément d'un circuit électrique.

Index

Sources photographiques

1 © E. G. Pors/ShutterStock **2** © Zacarias Pereira da Mata/ShutterStock **4** © Zacarias Pereira da Mata/ShutterStock **5** (de **g** à **d**) © Hydro-Québec, © Hydro-Québec, © Mike Dembeck/LA PRESSE CANADIENNE, © Hydro-Québec **6** © SOHO (ESA & NASA) **8** (de **h** en **b**) © Sally Wallis/ShutterStock , © Fabian Cevallos/CORBIS SYGMA, © Lowell Georgia/CORBIS, © erikdegraaf fotografie/ShutterStock **9** fp © Maria Hetting/ShutterStock **10** (de **h** en **b**) © Mike Grandmaison/Corbis, © NATION BILL/CORBIS SYGMA, © BEMBARON JEREMY/CORBIS SYGMA, © Adalberto Rios Szalay/Sexto Sol **12 h** © Hulton-Deutsch Collection/CORBIS **bg** © Postnikova Kristina/ShutterStock **bd** © ASTRID & HANNS-FRIEDER MICHLER/SCIENCE PHOTO LIBRARY/PubliPhoto **13** (de **h** en **b**) © Roger Ressmeyer/CORBIS, © David Reed/CORBIS, © ExaMedia Photography/ShutterStock **16 h** © Zacarias Pereira da Mata/ShutterStock (de **h** en **b**) © SCIENCE PHOTO LIBRARY/PubliPhoto, © MARTIN BOND /SCIENCE PHOTO LIBRARY/PubliPhoto, © Jonathan Vasata/ShutterStock, © MARCOS BRINDICCI/Reuters/Corbis **17** (de **h** en **b**) © Colour/ShutterStock, © Stocksnapp/ShutterStock , © Michael S. Yamashita/CORBIS, © Thierry Maffeis/ShutterStock **fp** © Johannes Compaan/ ShutterStock **18** (de **h** en **b**) © Antonio V. Oquias/ShutterStock, © Reed Kaestner/ Corbis, © Kimberly Hall /ShutterStock **19** (de **h** en **b**) © Hydro-Québec, © Hydro-Québec, © Andrew K/epa/Corbis **20** (de **h** en **b**) © TebNad/ ShutterStock, © Hydro-Québec, © Martin D. Vonka/ShutterStock **22** © RIA NOVOSTI/SCIENCE PHOTO LIBRARY /PubliPhoto **23** (de **h** en **b**) © Pedro Nogueira/ShutterStock, © 0399778584 /ShutterStock, © Michel Stevelmans/ ShutterStock **25** (de **h** en **b**) © Otmar Smit/ShutterStock , © DIRK WIERSMA/ SCIENCE PHOTO LIBRARY/PubliPhoto **26** (de **h** en **b**) © MARTIN BOND/ SCIENCE PHOTO LIBRARY/PubliPhoto, © ROBERT BROOK/SCIENCE PHOTO LIBRARY/PubliPhoto, © BRIAN BELL /SCIENCE PHOTO LIBRARY/PubliPhoto **27** © Peggie Gosselin **28** © Simon Larose **31** © digitalife/ShutterStock **32** © EML/ShutterStock **33** © Jonathan Brizendine/ShutterStock **34** © Dariush M./ShutterStock **36 h** © Dariush M./ShutterStock **b** © Peggie Gosselin **38** Cordelia Molloy/SPL/PUBLIPHOTO **39** © Peggie Gosselin **40** © JEREMY WALKER/SCIENCE PHOTO LIBRARY **42** © Martin Fischer/ShutterStock **43** © Bettmann/CORBIS **44 h** Dieter Melhorn/Alamy **b** © Bettmann/ Corbis **46 fp** © TebNad/ShutterStock **47** © Pmphoto/ShutterStock **50** © Dariush M./ShutterStock, © GIPHOTOSTOCK/SCIENCE PHOTO LIBRARY, © Adam Borkowski/ShutterStock **52** © Peggie Gosselin **53** © Peggie Gosselin **54** (de **h** en **b**) © Dana Bartekoske /ShutterStock, ANDREW LAMBERT PHOTOGRAPHY/SCIENCE PHOTO LIBRARY, © cloki/ShutterStock **55** © Gabe Palmer/CORBIS **57** © Hydro-Québec **59** © Jupiter Images et ses représentants, 65292012 **60** © John Holst /ShutterStock **63** © Bruce Amos/ShutterSock **65** (de **h** en **b**) © Feng Yu /ShutterStock, © Stephen Firmender/ShutterStock, © Hydro-Québec, © Hydro-Québec **66** (de **h** en **b**) © Blaz Kure/ShutterStock, © Anne Kitzman /ShutterStock, © Natthawat Wongrat/ShutterStock, © Andreas Meyer /ShutterStock **fp h** © Alfgar/ShutterStock **fp b** © Olivier Le Queinec/ ShutterStock **70** © Dariush M./ShutterStock **72** © Amy Walters/ShutterStock **73** © mmm1ShutterStock **75** © Jupiter Images et ses représentants, 37775875 **77** Cordelia Molloy /SPL/PUBLIPHOTO **78** © Hougaard Malan/ShutterStock **80** © Hougaard Malan/ShutterStock **81** © TAOLMOR/ShutterStock **82** (de **h** en **b**) © Science Photo Library/Publiphoto, © John Hadfield/Science Photo Library/Publiphoto, © Christophe Testi/ShutterStock, © Otmar Smit/ShutterStock **83** © saim nadir /ShutterStock **84** © Ramin Talaie/Corbis **84** © STCUM **85** © Trutta55 /ShutterStock **86** © Mark Atkins/ShutterStock **88** © Hougaard Malan /ShutterStock **89** (de **h** en **b**) © Richard Sargeant/ShutterStock, © Peggie Gosselin, © Peggie Gosselin **91** © Michael W. Tweedie/Science Photo Library/ Publiphoto **92** © SIMON FRASER/SCIENCE PHOTO LIBRARY **93** (de **h** en **b**) © kavram/ShutterStock, © PETER FALKNER/SCIENCE PHOTO LIBRARY **94** © Jupiter Images et ses représentants, 7846686 **97** (de **h** en **b**) © SIMON FRASER/SCIENCE PHOTO LIBRARY, © Natalie Fobes/CORBIS **99** © Jupiter Images et ses représentants, 32140276 **100** © Péter Gudella/ShutterStock, © Andreas Gradin **101** © Lynda Richardson/Corbis **102** (de **h** en **b**) © Peggie Gosselin , © Corporation du bassin de la Jacques-Cartier (CBJC) **103** © Jupiter Images et ses représentants, 37836273 **106** (de **h** en **b**) © Hougaard Malan/ShutterStock, © Visuals Unlimited/Corbis **107** (de **h** en **b**) © DIRK WIERSMA/SCIENCE PHOTO LIBRARY, © Visuals Unlimited/Corbis, © DIRK WIERSMA/SCIENCE PHOTO LIBRARY **109** © JeremyRichards/ShutterStock **114** © Owaki - Kulla/CORBIS **116** (de **h** en **b**) © Owaki - Kulla/CORBIS, © cardiae/ShutterStock **119** © Andriy Doriy/ShutterStock **120** © Dainis Derics/ ShutterStock **fp** © by ry/ShutterStock **122** (de **h** en **b**) © Owaki - Kulla/CORBIS, John Clines/ShutterStock, Pchemyan Georgiy/ShutterStock **123** (de **h** en **b**) © Mariano N. Ruiz/ShutterStock, A. Lambert/SPL/PUBLIPHOTO (en **b**, de **g** à **d**)

© Bettmann/CORBIS, © Bettmann/CORBIS, © Stefano Bianchetti/CORBIS **124** (de **h** en **b**) © SPL/Publiphoto, © ervstock/ShutterStock **125 fp** Mr Lane /ShutterStock **b** Jose Gil/ShutterStock **126** © SPL/Publiphoto **128** (de **h** en **b**) © Owaki - Kulla/CORBIS, © ervstock/ShutterStock **130** (de **h** en **b**) © GUSTOIMAGES/SCIENCE PHOTO LIBRARY **132** (de **h** en **b**) © Peggie Gosselin **133** (de **h** en **b**) © Y-YS/ShutterStock , © 1236997115/ShutterStock **133** (de **h** en **b**) © ShutterStock © Ovidiu Iordachi/ShutterStock **135** © Adrio Communications Ltd/ShutterStock **138** (de **h** en **b**) © NATALE Matteo/ ShutterStock, © Armin Weigel/dpa/Corbis **139** ANDREW LAMBERT PHOTOGRAPHY/SCIENCE PHOTO LIBRARY **140** © Mau Horng/ShutterStock **141** (de **h** en **b**) © Peggie Gosselin, © YYS/ShutterStock **142 fp** © Jake Foster/ShutterStock **145** (de **g** à **d**) GIPHOTOSTOCK/SCIENCE PHOTO LIBRARY, A. Lambert/SPL/PUBLIPHOTO, Mariano N. Ruiz/ShutterStock **146** © E. G. Pors /ShutterStock **148** © Jim Parkin/ShutterStock **150** © Hydro-Québec **151** © Helder Almeida/ShutterStock **152** © Drew Kelly/Getty Images **154** © NOAA/Corbis **156 h** © NOAA/Corbis **c** © IMAGE ECOterre (en **b**, de **g** à **d**) © The Hound/ ShutterStock, © Roger Ressmeyer/CORBIS, Domaine public **158** (de **h** en **b**) sgame/ShutterStock, © NASA **159** © NASA/GODDARD SPACE FLIGHT CENTER SCIENTIFIC VISUALIZATION STUDIO/SCIENCE PHOTO LIBRARY **160** © Pallava Bagla/Corbis, © Stuart Westmorland /CORBIS, © George Burba/ ShutterStock **162** © Heiko Junge/epa/Corbis **166** © NOAA/Corbis **167** © Frans Lanting/Corbis **168** © Peter Brett Charlton/ShutterStock **169** Domaine public **171** © Roger Ressmeyer/CORBIS **173** © NASA/SCIENCE PHOTO LIBRARY **174 fp** © Roger Dale Pleis /ShutterStock **175 fp** © Roger Dale Pleis/ShutterStock **h** ©Roger Dale Pleis/ShutterStock **176** Gareth Trevor/ShutterStock **178** (de **h** en **b**) © Dmitry Naumov/ShutterStock, © Jurgen Ziewe/ShutterStock, © Vladislav Gurfinkel /ShutterStock, © Bram van Broekhoven /ShutterStock **180** © Laurin Rinder /ShutterStock **182** (de **h** en **b**) © Laurin Rinder/ShutterStock, © Scientifica /Visuals Unlimited/Alamy **184** © Dave Massey /ShutterStock **185** Domaine public **186** (de **h** en **b**) © Frans Lanting/Corbis, © Elena Elisseeva/ShutterStock, © Gary Blakeley/ShutterStock, © Gary Unwin /ShutterStock **187** © Elena Elisseeva/ShutterStock **188** © Linda Morstch **189 h** Domaine public **fp** Domaine public **182** (de **h** en **b**) © Peggie Gosselin, © Sharon Kingston /ShutterStock, © Jupiter Images et ses représentants, 34895826, © Jialiang Gao **191** © CHRISTINNE MUSCHI/Reuters/Corbis **194** (de **h** en **b**) © Laurin Rinder/ShutterStock, © Julián Rovagnati **195** © Joanna Zopoth-Lipiejko /ShutterStock **196** © Libor Pí ? ka/ShutterStock **198 fp** Jupiter Images et ses représentants, 24295073 **b** © Nadia Brodeur **199 fp** Jupiter Images et ses représentants, 24295073 **200** © Stormcab /ShutterStock **201** © ShutterStock **202** © Marc van Vuren/ShutterStock **205** © Joanna Zopoth-Lipiejko /ShutterStock **206** (de **h** en **b**) © Nic Bothma/epa /Corbis, © TTphoto /ShutterStock **207** © Jupiter Images et ses représentants, 63278690 **210 h** Domaine public, © Harri Arkkio (en **b**, de **g** à **d**) © Sam Chadwick /ShutterStock, © Hway Kiong Lim/ShutterStock, Domaine public **211** (de **h** en **b**) © Nik Niklz/ShutterStock, © Eric Isselée/ShutterStock **212** (de **h** en **b**) © Emily Veinglory/ShutterStock, © Ronnie Howard/ShutterStock, © Chris Windeyer/LA PRESSE CANADIENNE **213** (de **h** en **b**) © Greg Peterson /ShutterStock, © Samuel Blanc **215** © Alison Wright /CORBIS, Domaine public **218** (de **h** en **b**) © Nic Bothma/epa/Corbis, © Specta /ShutterStock, © Jeffrey L. Rotman/Corbis **219** © GEORGETTE DOUWMA /SCIENCE PHOTO LIBRARY **220** (de **g** à **d**) © Pinpin, © Wunson/ShutterStock **222** © John Nakata/Corbis **224** (de **h** en **b**) © Nic Bothma/epa/Corbis, Domaine public **226 h** Domaine public **cg** © Steve McWilliam/ShutterStock **cd** © bbbb/ShutterStock **227** Domaine public **229 c** et **fp** © Doug Matthews /ShutterStock **231** (de **h** en **b**) © Richard Fitzer/ShutterStock, © kuehdi /ShutterStock, © RLHambley /ShutterStock, © Specta /ShutterStock, © 3777190317/ShutterStock **232** © Martin B. Withers ; Frank Lane Picture Agency/CORBIS **234 h** © Martin B. Withers ; Frank Lane Picture Agency/CORBIS **fp** © Andrew Chin/ShutterStock **236 g** © Phasmatisnox **d** © SCIENCE PHOTO LIBRARY **237** (de **h** en **b**) © Brosen, © Visuals Unlimited/Corbis **239** © Frithjof Hirdes/zefa/Corbis **241** © NASA **243** © Polina Lobanova/ShutterStock **244** © Domaine public, University of Toronto **249 fp** © Hnatenko Oleksandr /ShutterStock **h** © Dainis Derics /ShutterStock **252 h** © Martin B. Withers ; Frank Lane Picture Agency/CORBIS **b** © Ahellwig **253** © DAVID HAY JONES /SCIENCE PHOTO LIBRARY **254** Domaine public **255** © Dainis Derics /ShutterStock **256** © 2001 Cédric Thévenet **257 h** © Science Photo Library **fp** © Jenny E. Ross/Corbis **259 hg** © Robert J. Beyers II/ShutterStock **hd** © Brosen **260** © Drew Kelly/Getty Images **262** © Kodda/ShutterStock **264** © Michael Hanschke/CORBIS **265** © Mircea Bezergheanu

Tableau de classification périodique des éléments

Légende

Numéro atomique — **17** | 35,45 — Masse atomique (u)
Cl — Symbole
Chlore
Point d'ébullition (°C) — -35 | ±1, 3, 5, 7 — États d'oxydation (le plus fréquent en gras)
Point de fusion (°C) — -101 | 3,0 — Électronégativité
2,95 | 99 — Rayon atomique (10^{-12} m)
Masse volumique (g/cm³)
[gaz: en g/L à 101,3 kPa]

Noir pour un solide
Bleu pour un liquide
Rouge pour un gaz
En contour pour un élément synthétique

L'Union internationale de la chimie pure et appliquée (UICPA) recommande d'utiliser les chiffres de 1 à 18 pour désigner les groupes d'éléments.

Groupe IA (1)

Période		
1	**1** 1,01 **H** Hydrogène 1 / -253 2,1 / -259 32 / 0,084	
2	**3** 6,94 **Li** Lithium 1 / 1342 1,0 / 180 123 / 0,53	
3	**11** 22,99 **Na** Sodium 1 / 883 0,9 / 98 154 / 0,97	
4	**19** 39,10 **K** Potassium 1 / 770 0,8 / 63 203 / 0,86	
5	**37** 85,47 **Rb** Rubidium 1 / 686 0,8 / 39 216 / 1,53	
6	**55** 132,91 **Cs** Césium 1 / 669 0,7 / 28 235 / 1,88	
7	**87** 223 **Fr** Francium 1 / 677 0,7 / 27 —	

Groupe IIA (2)

| **4** 9,01 **Be** Béryllium 2 / 2472 1,5 / 1278 90 / 1,85 |
| **12** 24,31 **Mg** Magnésium 2 / 1107 1,2 / 649 136 / 1,74 |
| **20** 40,08 **Ca** Calcium 2 / 1484 1,0 / 839 174 / 1,54 |
| **38** 87,62 **Sr** Strontium 2 / 1384 1,0 / 769 191 / 2,60 |
| **56** 137,33 **Ba** Baryum 2 / 1640 0,9 / 725 198 / 3,51 |
| **88** 226,03 **Ra** Radium 2 / 1140 0,9 / 700 — / 5 |

Groupes de transition

IIIB (3)	IVB (4)	VB (5)	VIB (6)	VIIB (7)	VIIIB (8)	VIIIB (9)	VIIIB (10)	IB (11)	IIB (12)
21 44,96 **Sc** Scandium 3 / 2831 1541 144 / 3,0	**22** 47,90 **Ti** Titane 4,3 / 3287 1,5 1660 132 / 4,51	**23** 50,94 **V** Vanadium 5,4,3,2 / 3380 1,6 1890 122 / 5,96	**24** 52,00 **Cr** Chrome 6,3,2 / 2672 1,6 1857 118 / 7,20	**25** 54,94 **Mn** Manganèse 7,6,4,2,3 / 1962 1,5 1244 117 / 7,20	**26** 55,85 **Fe** Fer 2,3 / 2750 1,8 1535 117 / 7,86	**27** 58,93 **Co** Cobalt 2,3 / 2870 1,8 1495 116 / 8,9	**28** 58,71 **Ni** Nickel 2,3 / 2730 1,8 1455 115 / 8,90	**29** 63,55 **Cu** Cuivre 2,1 / 2567 1,9 1083 117 / 7,14	**30** 65,39 **Zn** Zinc 2 / 907 1,6 419 125 / 7,14
39 88,91 **Y** Yttrium 3 / 3338 1,3 1522 162 / 4,47	**40** 91,22 **Zr** Zirconium 4 / 4377 1,4 1852 145 / 6,49	**41** 92,91 **Nb** Niobium 5,3 / 4742 1,6 2468 134 / 8,57	**42** 95,94 **Mo** Molybdène 6,5,4,3,2 / 5560 1,8 2610 130 / 10,2	**43** 98,91 **Tc** Technétium 7 / 4877 1,9 2172 127 / 11,5	**44** 101,07 **Ru** Ruthénium 2,3,4,6,8 / 3900 2,2 2310 125 / 12,3	**45** 102,91 **Rh** Rhodium 2,3,4 / 3727 2,2 1966 125 / 12,4	**46** 106,4 **Pd** Palladium 2,4 / 2970 2,2 1554 128 / 12,0	**47** 107,87 **Ag** Argent 1 / 2212 1,9 962 134 / 10,5	**48** 112,41 **Cd** Cadmium 2 / 765 1,7 321 148 / 8,65
57 138,91 **La** Lanthane 3 / 3457 1,1 921 169 / 6,17	**72** 178,49 **Hf** Hafnium 4 / 4602 1,3 2227 144 / 13,3	**73** 190,95 **Ta** Tantale 5 / 5425 1,5 2996 134 / 16,6	**74** 183,85 **W** Tungstène 6,5,4,3,2 / 5660 1,7 3410 130 / 19,3	**75** 186,21 **Re** Rhénium 7,6,4,2,1 / 5627 1,9 3180 128 / 20,5	**76** 190,2 **Os** Osmium 2,3,4,6,8 / 5300 2,2 2700 126 / 22,5	**77** 192,22 **Ir** Iridium 2,3,4,6 / 4130 2,2 2410 127 / 22,4	**78** 195,09 **Pt** Platine 2,4 / 3827 2,2 1772 130 / 21,4	**79** 196,97 **Au** Or 3,1 / 3080 2,4 1064 134 / 18,9	**80** 200,59 **Hg** Mercure 2,1 / 356 1,9 -39 149 / 13,6
89 227,03 **Ac** Actinium 3 / 3200 1,1 1050 — / 10,1	**104** 261 **Rf** Rutherfordium	**105** 262 **Db** Dubnium	**106** 266 **Sg** Seaborgium	**107** 264 **Bh** Bohrium	**108** 269 **Hs** Hassium	**109** 268 **Mt** Meitnerium	**110** 281 **Ds** Darmstadtium	**111** 281 **Rg** Roentgenium	**112** 285 **Uub** Ununbium

Groupe IIIA (13)

| **5** 10,81 **B** Bore 3 / 2550s 2,0 2300 82 / 2,34 |
| **13** 26,98 **Al** Aluminium 3 / 2467 1,5 660 118 / 2,70 |
| **31** 69,72 **Ga** Gallium 3 / 2403 1,6 30 126 / 5,90 |
| **49** 114,82 **In** Indium 3 / 2080 1,7 156 144 / 7,30 |
| **81** 204,37 **Tl** Thallium 3,1 / 1457 1,8 303 148 / 11,8 |
| **113** 284 **Uut** Ununtrium |

Groupe IVA (14)

| **6** 12,01 **C** Carbone ±4,2 / 4827 2,5 3650s 77 / 2,25 |
| **14** 28,09 **Si** Silicium 4 / 2355 1,8 1410 111 / 2,32 |
| **32** 72,59 **Ge** Germanium 4 / 2830 1,8 937 122 / 5,35 |
| **50** 118,71 **Sn** Étain 4,2 / 2270 1,8 232 141 / 7,30 |
| **82** 207,2 **Pb** Plomb 4,2 / 1740 1,8 327 147 / 11,4 |
| **114** 289 **Uuq** Ununquadium |

Groupe VA (15)

| **7** 14,01 **N** Azote ±3,5,4,2 / -196 3,0 -210 106 / 1,17 |
| **15** 30,97 **P** Phosphore ±3,5,4 / 280 2,1 44 102 / 1,82 |
| **33** 74,92 **As** Arsenic ±3,5 / 817p 2,0 613s 120 / 5,72 |
| **51** 121,75 **Sb** Antimoine ±3,5 / 1750 1,9 630 140 / 6,68 |
| **83** 208,98 **Bi** Bismuth 3,5 / 1560 1,9 271 146 / 9,8 |
| **115** 288 **Uup** Ununpentium |

Groupe VIA (16)

| **8** 16,00 **O** Oxygène -2 / -183 3,5 -219 73 / 1,33 |
| **16** 32,07 **S** Soufre ±2,4,6 / 444 2,5 113 102 / 2,07 |
| **34** 78,96 **Se** Sélénium -2,4,6 / 685 2,4 217 116 / 4,81 |
| **52** 127,60 **Te** Tellure -2,4,6 / 990 2,1 449 136 / 6,00 |
| **84** 209 **Po** Polonium 2,4 / 962 2,0 254 146 / 9,4 |
| **116** 292 **Uuh** Ununhexium |

Groupe VIIA (17)

| **9** 19,00 **F** Fluor -1 / -188 4,0 -219 72 / 1,58 |
| **17** 35,45 **Cl** Chlore ±1,3,5,7 / -35 3,0 -101 99 / 2,95 |
| **35** 79,90 **Br** Brome ±1,5,7 / 59 2,8 -7 114 / 3,12 |
| **53** 126,90 **I** Iode ±1,5,7 / 184 2,5 113 133 / 4,93 |
| **85** 210 **At** Astate ±1,3,5,7 / 337 2,2 302 145 / — |

Groupe VIIIA (18)

| **2** 4,00 **He** Hélium / -269 -272p 93 / 0,17 |
| **10** 20,18 **Ne** Néon / -246 -249 71 / 0,84 |
| **18** 39,95 **Ar** Argon / -186 -189 98 / 1,66 |
| **36** 83,80 **Kr** Krypton / -152 -157 112 / 3,48 |
| **54** 131,30 **Xe** Xénon / -107 -112 131 / 5,49 |
| **86** 222 **Rn** Radon / -62 -71 145 / 9,23 |

Lanthanides

| **58** 140,12 **Ce** Cérium 3,4 / 3426 1,1 799 165 / 6,65 | **59** 140,91 **Pr** Praséodyme 3,4 / 3512 1,1 931 165 / 6,77 | **60** 144,24 **Nd** Néodyme 3 / 3027 1,1 1024 164 / 7,00 | **61** 145 **Pm** Prométhium / 2460 1,1 1168 163 / 7,22 | **62** 150,4 **Sm** Samarium 3,2 / 1791 1,1 1077 162 / 7,52 | **63** 151,96 **Eu** Europium 3,2 / 1597 1,1 822 185 / 5,24 | **64** 157,25 **Gd** Gadolinium 3 / 3266 1,1 1313 161 / 7,90 | **65** 158,93 **Tb** Terbium 3,4 / 3123 1,1 1360 159 / 8,23 | **66** 162,50 **Dy** Dysprosium 3 / 2562 1,2 1412 159 / 8,55 | **67** 164,93 **Ho** Holmium 3 / 2695 1,2 1474 158 / 8,79 | **68** 167,26 **Er** Erbium 3 / 2863 1,2 1529 157 / 9,06 | **69** 168,93 **Tm** Thulium 3 / 1947 1,2 1545 156 / 9,32 | **70** 173,04 **Yb** Ytterbium 3,2 / 1194 1,1 819 174 / 6,96 | **71** 174,97 **Lu** Lutécium 3 / 3395 1,2 1663 156 / 9,84 |

Actinides

| **90** 232,04 **Th** Thorium 4 / 4790 1,3 1750 165 / 11,7 | **91** 231,04 **Pa** Protactinium 5,4 / — 1,5 — 15,4 | **92** 238,03 **U** Uranium 6,5,4,3 / 3818 1,4 1132 142 / 19,0 | **93** 237,05 **Np** Neptunium 6,5,4,3 / — 1,4 630 20,4 | **94** 239 **Pu** Plutonium 6,5,4,3 / 3232 1,3 641 13,6 | **95** 243 **Am** Américium 6,5,4,3 / 2607 1,3 994 13,6 | **96** 247 **Cm** Curium 3 / — 1,3 1340 13,5 | **97** 247 **Bk** Berkélium 4,3 / — 1,3 — | **98** 251 **Cf** Californium 3 / — 1,3 — | **99** 254 **Es** Einsteinium 3 / — 1,3 — | **100** 257 **Fm** Fermium 3 / — 1,3 — | **101** 258 **Md** Mendélévium / — 1,3 — | **102** 259 **No** Nobélium / — 1,3 — | **103** 260 **Lr** Lawrencium 3 / — 1,2 — 1,3 |